国家出版基金项目
NATIONAL PUBLICATION FOUNDATION

日本冲绳华裔中的阮氏族群

[日] 山川静香 著

厦门大学出版社
XIAMEN UNIVERSITY PRESS
国家一级出版社
全国百佳图书出版单位

图书在版编目(CIP)数据

日本冲绳华裔中的阮氏族群/(日)山川静香著.—厦门:厦门大学出版社,2018.6
(海上丝绸之路研究丛书)
ISBN 978-7-5615-6856-9

Ⅰ.①日… Ⅱ.①山… Ⅲ.①华人-家族-研究-冲绳 Ⅳ.①K833.130.9

中国版本图书馆 CIP 数据核字(2017)第 320879 号

出 版 人	郑文礼
责任编辑	薛鹏志
封面设计	夏　林
技术编辑	朱　楷

出版发行	厦门大学出版社
社　　址	厦门市软件园二期望海路 39 号
邮政编码	361008
总 编 办	0592-2182177　0592-2181406(传真)
营销中心	0592-2184458　0592-2181365
网　　址	http://www.xmupress.com
邮　　箱	xmup@xmupress.com
印　　刷	厦门集大印刷厂

开本	720 mm×1 000 mm　1/16
印张	14
插页	2
字数	230 千字
印数	1～3 000 册
版次	2018 年 6 月第 1 版
印次	2018 年 6 月第 1 次印刷
定价	45.00 元

本书如有印装质量问题请直接寄承印厂调换

厦门大学出版社
微信二维码

厦门大学出版社
微博二维码

海上丝绸之路研究丛书

总　　序

　　海上丝绸之路是自汉代起直至鸦片战争前中国与世界进行政治、经济、文化联络的海上通道，主要包括由中国通往朝鲜半岛及日本列岛的东海航线和由中国通往东南亚及印度洋地区的南海航线。海上丝绸之路涉及港口、造船、航海技术、航线、货品贸易、外贸管理体制、人员往来、民俗信仰等诸多内容，成为以往中外关系史、航运史、华侨史乃至社会史研究的热点领域。

　　当然所谓"热点"，也随时代的变化而呈现出冷热变化。鸦片战争前后，林则徐、姚莹、魏源、徐继畬、梁廷枏、夏燮等已开始思索有关中国与世界的海上关系问题，力图从历史的梳理中寻找走向未来的路。此时，中国开辟的和平、平等的海上丝绸之路何以被西方殖民、霸权的大航海之路所取代？中国是否应该建立起代表官方意志的海军力量，用于捍卫自己的国家利益，保证中国海商贸易的利益？

　　随着20世纪中外海上交通史学科的建立，张星烺、冯承钧、向达等对海上丝绸之路进行了诸多开拓性的研究。泉州后渚港宋代沉船的出土再度掀起了海上丝绸之路的又一股研究热潮，庄为玑、韩振华、吴文良等学者在这方面表现显著。20世纪80年代之后，海上丝绸之路研究又获得了国家改革开放的政策支持，呈现出"百花齐放，百家争鸣"的活跃局面。学者们对中国古代海外贸易制度演变、私人海上贸易、中国与东南亚海上交通路线、贸易商品和贸易范围等问题进行了更加深入的探讨。

　　进入21世纪，海上丝绸之路建设与研究逐渐明显地被纳入到"海洋强国"战略之中，先是有包括广州、漳州、泉州、福州、宁波、扬州、南京、登州、北海在内的诸多沿海港口的联合申请世界文化遗产项目的启动，继而有海洋考古内容丰富的挖掘成果,接着是建设海洋大国、海洋强国的政策引导,建设21世纪海上丝绸之路成为该领域研究更强劲的动员令。

从海上丝绸之路百年研究史中,我们能清晰地体会到其间反复经历着认同中华文明与认同西方文明的历史转换,亦反复经历着接受中国与孤立中国的话语变迁。

从经济贸易角度看,海上丝绸之路打通了中国与沿线国家之间的物资交流通道,中国的丝绸、陶瓷、茶叶和铜铁器纷纷输出到海外各国,海外各国的珍奇异兽等亦纷纷输入中国。在海上丝绸之路上活跃的人群频有变幻,阿拉伯人、波斯商人是截至南宋为止海上丝绸之路上的主角,时至明代,中国的大商帮如徽商、晋商、闽商、粤商乃至宁波商人、山东商人等等都纷纷走进利厚的海贸领域,他们不仅主导着中外货品的贸易,而且还多次与早先进入东亚海域的西班牙、葡萄牙、荷兰直至日本的海上拓殖势力展开了针锋相对的斗争,或收复台湾,或主导着澳门的早期开发。时至清代,中西海上力量在亚洲海域互有竞争与合作,冲突有时也会特别地激烈。中国的海上贸易力量在西方先进的轮船面前日益失去优势,走向了被动挨打的境地,但民间小股的海商、海盗乃至渔民仍然延续着哪怕是处于地下状态的海洋贸易,推动着世界范围内的物资交流与汇通。从文化交流角度看,货物的流动本身已是文化交流的重要载体,东亚邻国日本对"唐物"充满敬佩与崇拜,走出中世纪的欧洲亦痴迷中国历代的书画及各种工艺,因此,伴随着丝绸、陶瓷等的向外输出,优秀的中华文化亦反复掀起一波又一波的中国热。

在既往的海上丝绸之路研究中,或着眼于国际间的经贸往来,或着眼于港口地名的考辨、航海技术的使用与进步,或着眼于各朝海疆疆域、海洋主权的维护等内容,这些或被纳入中外关系史学科,或被定义为边疆史地研究,缺乏整体系统的全面把握。

重建21世纪海上丝绸之路战略的提出是在建设海洋强国的国策下的具体而微,这标志着中国将重启与海上丝绸之路沿线各国之间业已悠久存在的平等的国与国之间的政治关系、和谐的文化交流与融合互摄关系以及国与国之间友好的民间交往等等,历史的梳理便于唤起人们对共同文化理念的笃信,便于彼此重温既往共同精神纽带之缔结的机理,历史传统可以历经岁月的淘洗而显得清晰,亦势必将主宰人们的心理倾向和处世态度。

因此抓住重建21世纪海上丝绸之路的时代契机,认真开展历史上海上丝绸之路的人文思索和挖掘,其学术意义与社会意义都是不可小视的。借着国家"一带一路"策略的东风,海上丝绸之路研究进入了新的再出发阶段。与中国综合国力的迅速提升相比,中国当下的文化建设似未得到足够的重视。我们理应回归到更加理性的层面,思索在海上丝绸之路早期阶段中国话语权的树立,思索海上丝绸之路顿挫时期中国海洋话语权的失落,思索当今建设海上丝绸之路时我们在文化上、历史中可以寻找到的本土资源,形成具有中国风格、中国气派、中国特色的话语体系,弘扬儒家"仁"、"和"、"协同万方"思想,为新时期人类和谐、和平、合作开发利用和开发海洋做出我们自己的理论贡献。

如今,包括广州、漳州、泉州、福州、宁波、扬州、南京、登州、北海在内的九个港口城市联合申请世界文化遗产,这些城市的港口史研究均能被称为申遗的重要佐证。

如今,海洋考古取得了长足的发展,诸多的沉船考古新发现为我们拓展海上丝绸之路的研究提供了丰赡翔实的资料来源。

如今,若干新理论、新方法和新史料的调查、汇集与整理为我们开展专题性的研究提供了更好的平台。

我们有充分的理由相信,海上丝绸之路系列丛书的面世将能够向世人充分展示海上丝绸之路更加丰富的历史面貌,揭示以中国为主导的海上丝绸之路时代贸易的实态、参与人群及其生活方式、海洋贸易及其制度管理状况等,从而使中国海上丝绸之路文化有更进一步的呈现,为新时期海上丝绸之路建设提供一份资鉴。

王日根

2016 年 12 月

目　　录

第一章　导　　论 ··· 1
  第一节　问题的提出 ··································· 1
  第二节　学术回顾 ····································· 3
    一、关于民俗和祭祀的研究 ··························· 3
    二、海外华侨华人社团与联宗的研究 ··················· 9
  第三节　研究方法 ···································· 14
  第四节　内容构架与理论意义 ·························· 19
    一、内容构架 ····································· 19
    二、理论意义 ····································· 20

第二章　两国三地：阮氏的迁移与繁衍 ····················· 23
  第一节　阮氏的起源 ·································· 23
  第二节　阮氏入闽 ···································· 24
    一、阮氏迁入福建 ································· 25
    二、福州阮氏 ····································· 26
    三、泉州阮氏 ····································· 29
    四、漳州阮氏 ····································· 32
    五、小　　结 ····································· 42
  第三节　阮氏迁移琉球与其繁衍 ························ 44
    一、琉球、冲绳历史上的划分 ······················· 44
    二、久米村的发展与衰退 ··························· 44
    三、振兴久米村政策之一的阮氏入籍 ················· 46
    四、冲绳阮氏的分衍与发展 ························· 47
    五、阮氏门中的成立及变迁 ························· 60
    六、小　　结 ····································· 66

第四节　阮氏入垦台湾 …… 67
一、福建、广东的移民 …… 67
二、阮嘉尚入垦台湾 …… 69
三、小　　结 …… 71

第五节　移民与本土化进程 …… 72
一、冲绳阮氏的本土化与华裔日本人认同观的形成 …… 72
二、台湾阮氏的本土化进程 …… 74

第三章　异同之间：两国三地的祖先崇拜 …… 77

第一节　大陆阮氏的祖先崇拜 …… 77
一、泉州西门阮氏的祖先崇拜 …… 77
二、泉州南安大宇阮氏的祖先崇拜 …… 83
三、漳州石美阮氏的祖先崇拜 …… 85
四、漳州海澄镇豆巷村埭内阮氏的祖先崇拜 …… 88
五、小　　结 …… 92

第二节　冲绳阮氏的祖先崇拜与圣迹巡拜 …… 94
一、王府与道教、佛教、儒家的关系 …… 95
二、阮氏我华会的历年定例祭祀活动 …… 98
三、门中的圣迹巡拜 …… 102
四、远祖祭祀 …… 106
五、家庭层次的祖先祭祀：以小渡家的中元祭祀为例 …… 109
六、冲绳阮氏对祖先的执着 …… 111
七、小　　结 …… 115

第三节　台湾阮氏的祖先崇拜 …… 117
一、祠堂内的祖先祭祀 …… 117
二、坟墓祭祀 …… 121
三、小　　结 …… 122

第四节　小　　结 …… 123
一、祭文的比较 …… 123
二、祭祀仪式的比较 …… 125
三、祭品的比较 …… 127

第四章 异同之间：两国三地的神明崇拜 …… 129
第一节 大陆的地缘性祭祀组织及其活动 …… 129
一、漳州海澄镇豆巷村埭内社的地缘性神明祭祀 …… 129
二、血缘性神明的祭祀活动 …… 135
三、小　结 …… 138
第二节 久米村的地缘性祭祀活动 …… 140
一、久米村的社团 …… 140
二、久米崇圣会的成立及其事业活动 …… 141
三、释奠的祭孔仪式 …… 144
四、久米村人每年的定例活动 …… 145
五、小　结 …… 148
第三节 台湾阮氏的地缘性祭祀 …… 149
一、中湳仔的镇天府庙 …… 149
二、湳雅的民间信仰 …… 150
三、小　结 …… 151
第四节 小　结 …… 152

第五章 感情与理性：交流与隔阂 …… 155
第一节 冲绳阮氏与海外阮氏的交流 …… 155
一、冲绳阮氏与大陆阮氏的交流 …… 155
二、冲绳阮氏与台湾、香港阮氏的交流 …… 158
三、尝试与越南社会主义共和国的阮姓宗亲交流 …… 160
四、小　结 …… 160
第二节 冲绳阮氏对大陆远祖执着的追寻与敬重 …… 161
一、冲绳阮氏自身因素的影响 …… 161
二、冲绳阮氏外在因素的影响 …… 162
三、小　结 …… 162
第三节 从信件看两国三地阮氏的交流与隔阂 …… 163
一、冲绳阮氏与台湾阮氏：默契如兄弟 …… 163
二、冲绳阮氏与大陆阮氏：又背又抱 …… 165
三、小　结 …… 180
第四节 小　结 …… 180

第六章　期待与现实：跨境联宗的提议与实践 ································ 182
第一节　国际阮氏宗亲联谊会的提案与进程 ······························ 182
　一、"聚集阮氏于一堂"想法的酝酿 ·· 182
　二、国际阮氏宗亲联谊会的筹备与其进展 ·································· 183
　三、小　　结 ·· 189
第二节　冲绳阮氏对联谊会的心声 ·· 190
　一、访谈内容之一 ·· 190
　二、访谈内容之二 ·· 192
　三、小　　结 ·· 194
第三节　两国三地阮氏的期待与现实 ······································ 194
　一、大陆阮氏的期待与现实 ·· 195
　二、冲绳阮氏的期待与现实 ·· 197
　三、台湾阮氏的期待与现实 ·· 197
　四、国际阮氏宗亲联谊会的新动向 ·· 199
　五、小　　结 ·· 200
第四节　小　　结 ·· 201

第七章　结　　论 ·· 203

参考文献 ·· 206
后　　记 ·· 212

第一章

导　论

本书研究对象是日本冲绳华裔中的阮氏族群,这是一个生活在非华人社会环境,与祖籍地联系断绝已久,且早已本土化的华裔群体。本书关注的主要问题是:这一已经与祖籍地长期断绝联系的族群为何在中国改革开放之后,踏上前往中国的寻根之旅,他们如何与中国大陆和台湾的阮氏开始跨境联系与互动?本书力图追溯其发展历程,展现两国三地阮氏宗亲在跨境互动中显示出来的亲情与隔阂,剖析其形成的缘由,解读其现实意义。

第一节　问题的提出

自从改革开放以来,中国政府一直集中力量,调动一切可能的因素发展经济。为此,中国政府制定了一系列积极政策,为海外华人在华投资创造良好环境,从而成功地吸引了大量的海外华资。① 中国的改革开放为海外华人提供了投资的好机会。需要指出的是,对冲绳华裔而言,中国的改革开放却是再次唤起了他们对中国与冲绳交往的历史记忆,并促使他们走上了前往中国的"寻根"之旅。

冲绳华裔指的是中国明代洪武年间移居琉球(1879年之前冲绳的称

---

① 庄国土:《华侨华人与中国的关系》,广州:广东高等教育出版社,2001年,第303～304页。

呼)之"闽人三十六姓"①的后裔。"闽人三十六姓"移居到琉球之初被集中安置在久米村,随后因时代变迁,陆续有人迁往他处,但仍有部分早期移民的后裔一直聚居在久米村,并渐渐自称为"久米村人"。虽然过去了几百年,但今天的久米村人都知道他们的始祖来自中国,他们的祖先曾在琉球王国时代的国家政治中享有重要地位。总之,他们这个族群在历史上与中国有着不可分割的密切关系。

1984年,为了促使冲绳人思考冲绳曾在东南亚占有的经济地位,以冲绳新闻报社《冲绳时报》(冲绳タイムス)为主,以"回顾大交易时代遗留的交易手腕,注视今日冲绳之亚洲地位"为主题,发起策划了追寻先人足迹、访问中国的行动计划,并积极在报纸上刊登相关进展。该计划历时两年,不仅在当时引起热烈反响,而且受其影响,当地掀起了前往中国旅行的热潮。正是在这一旅行热潮中,久米村人也开始踏上了前往中国的行程,更重要的是,他们并不仅仅是去中国观光旅游,更是前去追寻琉球与中国的历史关系,追寻自己的祖先故土。②

本书的主要研究对象,就是参与这一寻根之旅的冲绳华裔中的一支,即冲绳的阮氏族群后裔(以下简称"冲绳阮氏")。笔者注意到,冲绳阮氏前往大陆寻根,是在冲绳县民回忆与追寻先人足迹行动的热潮中,在参与久米村人集体寻根行动之中开始的。在久米村人持续数年的寻根热潮中,冲绳阮氏开始与大陆各地阮氏之间建立联系与交流,从而出现了本书所提出的特殊的"跨境联宗"现象。

1987年,久米村的阮氏、毛氏及王氏代表们一同前往大陆探访祖籍地,在漳州市旅游局局长王先生的协助下,阮氏确认漳州市龙海县角美镇石美村埭头的世德堂为阮姓祖庙。其时,世德堂年久失修,长期被用作粮食仓库,久已没有祭祀祖先的活动了。冲绳阮氏确认祖庙后,协助当地石美阮氏购回了祖庙60年的使用权,并进行了简单的维修。次年,冲绳阮氏专门组

---

① 琉球正式有闽人聚族而居,通常认为肇始于明代洪武二十五年(1392年),当时明太祖朱元璋"赐闽人三十六姓善操舟者,令往来朝贡",琉球中山王对来客以宾礼相待,卜宅给俸。闽人聚居于唐营,又称唐荣,也是至今通称的久米村。至于这些名称的意思,在久米村人蔡世昌的《久米村记》里有如下说明:"久米村,一名唐荣,明太祖赐闽人三十六姓,聚族于此,故曰唐营。又以显荣者多,故改曰唐荣。国王厚其宾,世其糈,故取世禄之意,曰久米村。"(转引自东恩纳宽惇:《东恩纳宽惇全集》第三卷,东京:第一书房,1979年,第292页)

② 高桥俊和:《冲绳·福建交流颠末记》,那霸:ひるぎ社,1991年,第1~46页。

团到石美世德堂祭祖。1990年,阮氏组团再访世德堂,并承诺提供重修世德堂的经费。1993年,世德堂重修落成,冲绳阮氏兴冲冲地组团回祖籍地参加世德堂重修落成庆典与祭祖仪式。此后,冲绳阮氏又多次造访中国阮氏族亲并开展交流活动。

由于冲绳阮氏中已无人能够识读中文,因此,在他们开始寻根之后,为了翻译中国方面发来的信件及相关资料,辗转找到笔者,请求帮助。在协助翻译与联络的过程中,笔者发现,虽然冲绳阮氏通过寻根活动找到并确认了在中国大陆的祖庙,同时也与仍然生活在大陆的阮氏族亲建立了多方联系,但是在冲绳阮氏主要首领人物的心中,始终对寻根行动的结果感到存在诸多缺憾。而且,他们从确认祖庙后就希望召开全球阮氏宗亲大会虽一议再议,却迄今无法召开。可以说,跨境联宗只是一个从日本冲绳到中国大陆和台湾的各地阮氏之间一个不断探讨的话题,却是一个难以付诸实施的美好想象。这一系列相互矛盾的现象激发了笔者的思考:冲绳阮氏延续多年的寻根行动究竟寻到了什么,日本冲绳和中国大陆及台湾阮氏之间除了血缘关系之外,存在哪些异同,跨境联宗的愿望为何障碍重重?

本书正是笔者追踪研究冲绳阮氏跨境联宗活动多年撰写的研究心得。笔者力图以冲绳阮氏与中国大陆和台湾等地阮氏的往来交流为个案,探讨现代跨境联宗建立的纽带、存在的问题及其对于人类学研究的意义。

第二节 学术回顾

本书主要涉及民俗和祭祀、联宗以及海外华侨华人社团等方面的问题。在此,先对前人的学术研究成果做一回顾,并提出笔者的关注要点及思考。

一、关于民俗和祭祀的研究

本书从祖先崇拜与神明崇拜的民俗视角切入,分析两国三地阮氏之间文化上的差异。笔者认为神明崇拜与地缘性神明祭祀的祭祀圈问题密切相关。

"祭祀圈"概念系由日本学者冈田谦于1938年首次提出,他对此所做的定义是:共同举行祭祀一个主神的民众所居住的地域。此后有关祭祀圈的研究,在台湾有刘枝万、王世庆、许嘉明、林美容、施振民、庄英章及温振华等,在日本则有石田浩、末成道男、植野弘子、濑川昌久及三尾裕子(旧名木内裕子),在大陆有钱杭、张友庭。大部分学者的研究各有其不同的研究旨趣,鲜少直接以祭祀圈为研究重点。相对而言,台湾的林美容是对祭祀圈研究最为深入的学者,她认为要了解台湾汉人社会的地方组织,祭祀圈是一个很有效的概念(林美容 2000:92)。林美容所提出的祭祀圈定义,是指一个以主祭神为中心,共同举行祭祀的居民所属的地域范围。有了祭祀圈的明确定义,她指出无祭祀圈可言的有:(1)私庙和私坛;(2)佛寺;(3)一贯道等新兴教派;(4)祖先祭祀;(5)家祭神明;(6)石敢当、大树公与石头公等信仰;(7)附属于庙宇的神明会;(8)行业性的宗教组织(林美容 2000:130—133)。林美容也为祭祀圈提出六项指标:第一项,建庙或修庙由居民共同出资;第二项,收丁钱或募捐;第三项,有头家炉主;第四项,有演公戏;第五项,有巡境;第六项,有其他共同的祭祀活动,来划分祭祀圈的范围(林美容 2000:136)。

现任教于日本滋贺县平安女学院大学的大陆学者潘宏立,在他的著作《现代东南中国の汉族社会——闽南农村の宗族组织とその变容》里,关于祭祀圈的看法是:祭祀圈在闽南地缘组织未发达区域,不能像移民社会台湾的血缘不发达区域一样,在区域社会中起整合作用,充其量只能充当整合区域社会血缘组织(宗族组织)的补充作用(潘宏立 2002:18)。但笔者调查的结论则与潘宏立有所不同,本书的田野调查结果显示,在两国三地阮氏的居住地,恰恰是地缘组织才有整合区域社会的作用。因此,在本书第四章所论述的地缘性神明祭祀中,两国三地的地缘组织及祭祀实践内容正足以体现两国三地阮氏的共同性与冲绳阮氏的本土化与独特性。

潘宏立不采用祭祀圈(以祭神为对象)的概念,而仅参考冈田谦对社会组织的研究理论,即因共同祭祀的关系,在一定程度上有整合社会关系的功能,他提出了"在闽南,持有共同始祖的各村落宗族,以宗祠为中心,构成祭祀祖先的祭祀圈。然而在村落里,以祖厝为中心,构成祭祀房族祖先的小祭祀圈"(潘宏立 2002:19)。这是一种以祭祀祖先为对象的"大小祭祀圈"概念。与此同时,潘宏立借鉴莫里斯·弗里德曼的功能主义研究理念,且参考了陈其南在宗族组织研究中,对"房"的作用之重视,而提出了"功能房族"概念。即指拥有以祭祀祖先的种种习俗来结合族人的祖厝,且拥有着明确血缘关系的宗族下级单位的房族。虽然笔者在祖先祭祀上不能苟同潘宏立的小祭祀圈看法,但是本书在祖先崇拜研究的基本观念上,将参考他的"功能房族"概念。

林美容以严格的"居住地域"之范围局限为祭祀圈之划定指标,认为血缘性神明的祭祀因缺少公共性而无祭祀圈可言(林美容 2000:131)。但就这种神明的性质而言,在王世庆(1972)、许嘉明(1978)、林美容(1987)、施振民(1973、1992)、庄英章(1997)、温振华(1980)、石田浩(1996)、木内裕子(1987)、植野弘子(1988)及三尾裕子(1991、2003)等资料中,可看出其主祭神原先都是由在台湾的开基祖从大陆祖籍地带过来的神。由于家族的扩大及本土化,加上时代变迁,更因"神的灵验",神的性质也就从"家内佛仔"转为"地域神",甚至超出村落而拥有广大的祭祀群众。

在这里,笔者所重视的是由血缘集团祭祀的神,庄英章、李翹宏称之为"房头神",在福建惠东地区称之为"刊头神"(庄英章、李翹宏 1999:205),在台湾鹿港则以"祖佛"来称呼(施振民 1992:463)。在语意上有两个意思:(1)当为祖先奉祀的神。(2)祖先所奉祀的神。后面这个意义接近房头神的概念。

专对这种性质的神加以研究的有庄英章、李翹宏(1999)的《房头神与宗族分支:以惠东与鹿港为例》,他们提出,界于祖先崇拜的共祀群与各种地方神明的共祀群之间的中介性象征活动的是房头神崇拜。从社会动力或适应的角度来看,奉祀一个灵验的神明,比奉祀祖先具有更强的集合人群的吸引力和开放性。这正是台湾许多地方的民间信仰组织往往比宗族组织发达的原因,也是大陆在改革开放后,许多宗族或宗支普遍奉祀房头神的原因(庄英章、李翹宏 1999:209)。他们同时也提到,当不同宗支的分支祖先,因为社会主义政策或移民的波折而模糊了彼此的系谱关系时,名目各异的房头神便成为重新建构各宗支之间区别意识的另一种替代性文化符码(庄英章、李翹宏 1999:207)。

那么,这种房头神能成为重新建构各宗支之间区别意识的另一种替代性文化符码的想法,是否也适用于同一宗族分别移民到不同国家或区域后的情况?或者因某种原因,根本没有这房头神的概念?本书将以阮姓从大陆移民到台湾及日本冲绳后,以血缘性神明祭祀为例,探讨三地阮氏血缘性神明(房头神)祭祀的发展、变化与再造。

有关民间信仰中神灵世界的系统与层次,李亦园指出其差别的主要标准在于与自己的"亲疏远近",而表示这种差别的,则可以在祭祀用品及祭祀场所上清楚地看出来。祭神时用不同的祭品具有相当深的含义,使用象征的方式来表达祭祀者对神灵(天或天帝、神明、祖先、鬼)的"亲疏"关系与不同的感情。在民俗礼仪中,利用供品牺牲以表达对不同类别神祇的态度,有两对基本原则,那就是全部与部分、生与熟。用"全"来表示最高的崇敬与最隆重的行为,而将肉切得越小,尊敬的程度就越低;用"生"来表示关系的疏远,用"熟"来表示关系的熟稔与随和。在民间仪式上所用的冥纸分别用"金纸"的盆金、天金烧给玉皇上帝与三官大帝,寿金与割金烧给诸神明;用"银纸"分类中的大银烧给祖宗,小银烧给鬼。在烧香形式上,对天烧盘香,对神明烧三炷香,对祖先烧二炷香,对鬼烧一炷香。①

在祭品方面,朱峰参照英人(Rev. Thomas, Carstairs; Rev. Thomas, Barclay)所编印的《厦门白话辞典》(1899;1920)及荷人(De. Groot)所著的《中国的宗教礼制》第一辑(1892),对牲礼有较详细的叙述。所谓"牲礼",就是以猪肉、鸡、鸭、鱼、虾及其他物品而组成的祭物。"猪头"是牲礼之首,因其置于祭器之正中,故称为"中牲";鸡与鸭分置于"中牲"之左右,故称"边牲"。而鱼与虾又分置于"边牲"之后,故称"后牲"或"下牲"。但"后牲"与"后生"系同音,故平时后牲甚少使用。而装进牲礼的祭器成为"牲礼盘"或"五牲盘"。牲礼分为四种:

(一)五牲:以猪头全副(带前脚一副,附猪尾一副)为中牲;全鸡全鸭各一只,或双只为边牲;鱼、虾两牲为下牲,若海鲜奇缺时,则以干柔(鱿)鱼及干鱼翅代之。此种五牲不拘婚丧喜庆、忌辰、神诞,凡各种大场面,均可使用。有些守旧的人认为,喜庆使用奇数"五"字,似乎不妥,即可随意加添"面"为一牲,凑成双数为"六牲",亦无不可。

(二)四牲:以猪肉一大垛,全鸡全鸭各一只,没有鸭时,以若干鸭蛋代之,余一牲以虾、虾卷、干鱿鱼或大肠(内灌米与花生)等,酌用一物即可,无硬性规定。此种四牲仅用于喜庆、神诞、岁时。因为"四"字为双数,禁忌用于丧事。

(三)三牲:以猪肉一垛,全鸡全鸭各一只,没有鸭时,可以酌前条任何一物代之。乃以猪肉为中,鸡鸭为边。此种三牲仅用于丧事小旬祭、忌辰、墓

---

① 李亦园:《祭品与信仰》,《信仰与文化》,台北:巨流出版社,1978年,第125~132页。

祭而已。

（四）小三牲：以猪肉一小块，干鱿鱼一条，鸭蛋一个为原则。除猪肉外，余二牲均可以面干一个及小型炸豆腐分别代之。其摆法以肉为中心，其他两物为边，装进一个木质圆形牲礼盘，或随地铺纸放置。目前此种小三牲仅用于家礼（傀儡）戏开场前祭相公爷、乞丐的摆路祭及谢差仔（祭谢游方亡魂）等三种而已。①

在祭祀仪式中，除了牲礼外，还有其他祭品。林音对其他的祭品做如下解释：

（一）菜饭：俗称五味饭，一般用以祭祀祖灵或孤魂野鬼（好兄弟）。祭祖时，所供的祭品大都与家常菜肴无别，例如将鱼、肉切成小块，加以调味煮熟。一般来说，通常为腥料理及12碗油饭。在表达慎终追远的传统中，深含着对祖先的亲情。至于鬼魂的祭司，供品较为敷衍，不讲究是否成盘或整碗，只用白米饭，加上若干菜肴就行了。

（二）菜碗：用12种素菜，如香菇、金针菜、花生、海带、豆干、松茸、芋头、面筋、素鸡等，分盛12碗以上，多为佛家斋食者所准备的供品。因为佛道相混，供品也用起荤菜来了。

（三）青果：民间敬祀释家神佛时多用"四果"，意思是指四季的水果。道家祭祀时，即供"五果"，象征金、木、水、火、土五行。道家认为春属木，夏属火，秋属金，冬属水，而四季的末月，三、六、九、十二月是属土，属于这五期的水果都可用在祭祀上，所以五果也是属于四时的水果。在青果的禁忌里，忌用番石榴、番茄祀神。番石榴和番茄，经肠道排出体外后，仍可发芽生长，所以在民间信仰中认为不洁，有亵渎神祇之嫌，不得供神。②

对台湾烧金银纸的习俗，陈壬癸在研究台湾民间信仰时，认为烧金银纸是浪费资源，且实属迷信，应加以倡导改良。但他也认为此俗起源于人们有着阳间与阴间的思想，且为祭拜鬼神及崇拜祖先等观念所形成，祭拜时想以生前之礼，备办牲礼祭品、器具及金钱才可达意而来。另外台湾民间俗语"旧例无减，新例无设"普遍深入人心，因此旧例纵已不合时代要求，仍乏人敢挺身而出，倡导改革，因而代代相传，历久不变。他也分析出金银纸类之

---

① 朱峰：《牲礼》，《台湾风物》第17卷第4期，1967年，第15～17页。
② 林音：《祭神酒筵中的菜单：谈祭祀供品及其忌讳》，《民俗与信仰》第102期，1986年，第52～57页。

中最早使用的是纸钱,其次是银纸,似较金纸早先被使用。陈壬癸对金银纸的种类与用法,以及对烧金银纸的目的与范围有着详细的解说。金银纸的种类可分为金纸、银纸及纸钱。陈壬癸对纸钱的分析是:纸钱是阴间最下等的通货,也是最简陋的一种,是祭拜鬼神时烧的。如"金白钱"是为祭拜神的随神将兵,或寺庙的守护神(如虎爷)时所烧的。"白高钱"为祭拜一般鬼神烧用的。"黄高钱"为祭拜时先挂在祭桌边而后烧的。"去命钱"为解厄而烧,又称"补运钱"。而当为祭品之一不加以烧的有如逐张放在墓上,用小石头或土块压住的"压墓钱"。"库钱"为家里有人死亡时为使死者置备一时零用钱起见,将若干库钱放置棺木内一起埋葬。纸钱有白色与黄色之分,与金银纸不同的是,纸钱的纸张上面并无金银箔,但纸上穿有若干孔线,似为仿照古钱穿孔,串连一系列者。① 在此,笔者所关注的是,向祖先及其他亡灵敬送财物而烧的银纸及纸钱。

对于银纸,姚衍生提出:冥纸贴银色锡箔称银,加涂黄色槐花者则是黄金,是烧给祖先、鬼魂之用,同样有金有银,而示与神明的待遇平等,无分轩轾。此外,他还提出闽南在烧金银纸时的"围钱"习俗。在焚烧金纸或银纸,在即将成为灰烬之时,以祭拜的茶或酒瓶,在金纸或银纸堆外面围绕一圈。七月普度时,并多加一棵连根茎的白菜,用饭汤冲入碗中,连同倒在火堆旁边。此种围钱,其意思是告诉神明、祖先、鬼魂,这些金银是要给指定的神明、祖先与鬼魂,他方神鬼,希勿胡乱取去。②

笔者借助于上述研究成果,对祭品与冥纸的用意及种类有了明确的概念,这对笔者而言,有着重要借鉴意义。因此,本书在论述两国三地阮氏的祖先崇拜与神明崇拜时,将参照上述相关论述,考察祭品内容及祭祀过程,借此厘清两国三地阮氏在祖先崇拜与神明崇拜实践上的异同问题。本书关注的问题是祭品在跨境传播的过程中,哪些传统得到保存,哪些发生了变化,如何变化,为何变化?

笔者之所以详细考察评述祭品中的牺牲、冥纸等种类与作用,即在于无论祖先祭祀,还是神明祭祀,都离不开祭品的供奉,并且也可以从祭品的变

---

① 陈壬癸:《谈台湾民俗:烧金银纸》,《台湾文献》第32期,南投:台湾文献委员会,1981年,第158~162页。
② 姚衍生:《杂说二:酒、金银纸与围钱》,《兰阳》第47期,台北:台北市宜兰县同乡会杂志社,1986年,第38~39页。

化,深刻地反映出冲绳阮氏所呈现的对文化传统的保留与扬弃。与此同时,回顾祭祀圈的概念,是想借助于对祭祀圈的理解,就两国三地阮氏在地缘组织、神明崇拜实践中的异同进行比较与分析,进而体现冲绳阮氏的本土化,并指出冲绳阮氏对中华文化认同价值观的基本特点。

二、海外华侨华人社团与联宗的研究

本书探讨的另一主题与海外华人社团相关。这方面的研究有李明欢对全球华人的宏观研究,刘宏关于海外华人社团全球化研究,曾玲关于海外华人社团跨国网络的研究等。这些研究与本书的研究关系密切,给予笔者重要启示。

对海外华人社团的宏观研究,有李明欢的专著《当代海外华人社团研究》。该著作探讨战后海外华人的变化,剖析其组建动因,并从组织宗旨、组织结构等方面,来考察当代海外华人社团的组织形态;从社团的经费来源到管理及开支等不同角度,探讨海外华人社团内部的经济机制;从探讨华人社团具有的协调不同群体间的人际关系的特殊功能,与其对当地国大社会间的关系来论述当代海外华人社团的社会功能。与该书对海外华人社团进行宏观研究不同,笔者关注的是较为具体的跨境联宗问题。在论述当代华人社团组建动因中,有以血缘及地缘为纽带的动因,同时也指出在世界性华人社团组建中,最根本的纽带是血缘认同,这正是本书所要探讨的跨境联宗建构之基本纽带。

刘宏的研究探讨了海外华人社团全球化兴起、表现与特征、动力、作用、所面临的问题以及所得的启示(刘宏 2000)。

刘宏的《东南亚华人社团与跨国社会/商业网络:兼论客属与非客属之异同》一文,讨论了自 19 世纪出现的南洋华人社团是以血缘(宗亲会)、地缘(会馆或同乡会)、业缘(工商团体)以及融合方言和地缘因素(如客属总会)的组织及其功能与作用。20 世纪,华人社团成为侨乡与海外华人社会的桥梁。在 20 世纪上半叶,两者之间以发挥政治影响力,从事经济建设,建立社会救济与保障机制,为商业信用提供制度化的保障,以及推动中华文化的复兴等互动模式为主。1949—1980 年,侨乡联系受到严重削弱,但从 1980 年至今,东南亚华人社团在新一轮全球性侨乡联系复兴中发挥了积极而重要的作用,成为联结海外华人社群以及侨乡的一个战略性枢纽。海外华人社团一方面整合了海外华人中的各种地缘、方言、血缘和业缘的势力,建立起垂直的纵向联系;另一方面,海外华人社团通过横向交往,与区域内乃至全球范围内的同类机构建立密切的合作,并进而在侨乡展开社会与商业活动。①

刘宏的《旧观念、新网络:海外华人社团的全球化及其意义》一文,探讨了海外华人社团的全球化趋势,主要表现为全球性集会。这些集会的特征有:第一,世界性华人社团联谊会召开频率高,参与者众多。第二,这些联谊会的组织者和支持者大多是著名的跨国华人企业,同时也得到多数当地政治家的支持。第三,国际性的协调与联系机制的建立,通常在各次世界联谊会之后都随之成立永久性的秘书处。刘宏还分析了当代世界性联谊会与传统社团的不同。促成海外华人社团全球化的动力有着内部因素以及外部因素,内部因素包括:(1)海外华人社团具有内在的商业功能,并且其活动在历史上就是以跨国跨区域为特征。(2)有强大的领导层与领导者所寻求的"象征性资本"(信用)。(3)社团成员"集体意识"的体现以及他们试图建立商业与社会关系的愿望。而外部因素是全球性资本主义的兴起,亚太区域华人经济的成长,中国的改革开放,海外华人经济与侨乡的密切联系,以及整个亚太地区政治形势,是海外华人社团迅速而大规模国际化的外部环境。海外华人社团全球化的作用有三:其一,通过面对面的接触,全球化作为建立联络与培养信用的渠道。其二,海外华人社团的全球化为侨乡带来巨大的经济利益,全球化作为投资与慈善活动的机构性建制。其三,世界性社团的联谊大会包括具有地方色彩的文化活动,通过强调地方文化的特色,有助于加强海外华人对其祖籍地的认识与了解,全球化作为塑造族群认同的文化土壤。最后此文提供了一个重要的启示:海外华人社团全球化的主要动力是建立在与地方认同(文化、习俗、方言、祖籍地)的基础上,全球化的进程又反过来加强了地方性因素(如侨乡经济、海外华人对原籍地的情感)的重要性,并成为海外华人社团在国界之内持续发展壮大的推动力。② 刘宏的海

---

① 刘宏:《东南亚华人社团与跨国社会/商业网络:兼论客属与非客属之异同》,《中国—东南亚学:理论建构·互动模式·个案分析》,北京:中国社会科学出版社,2000年,第141~161页。

② 刘宏:《旧观念、新网络:海外华人社团的全球化及其意义》,《中国—东南亚学:理论建构·互动模式·个案分析》,北京:中国社会科学出版社,2000年,第241~265页。

外华人社团的研究也是宏观的研究。

曾玲的研究以认同形态讨论海外华人社团跨国网络的建立、特征及功能,进而思考有关当代世界的全球化与地方化的双重进程等问题(曾玲2002)。

曾玲在《认同形态与跨国网络:当代海外华人宗乡社团的全球化初探》一文中指出,遍布于世界各地的华人社团能够在短短数十年里展开跨国活动,并建起世界性的联系网络是基于对宗乡文化的认同。她强调海外华人宗乡文化涵盖了祖籍地和移居地两大方面。在祖籍地方面,宗乡文化主要包括华语华文与方言、宗族观念、祖先崇拜、神明信仰、节庆习俗等海外华人乡土文化的内容与形态。另一层内容是海外华人运用祖籍地的宗乡文化资源,在移居地构建起来的社会与文化的形态。① 曾玲认为当代宗乡社团跨国网络建构是以对祖籍地与移居地双方宗乡文化的认同为纽带,但在本书所探讨的跨境联宗问题上,何为其联宗纽带?这是笔者所要探讨的重点。

上述关于海外华人社团的研究,虽然从不同层面或多或少探讨了政治、经济、文化方面的问题,但对于本书所要着重探讨的问题,关注尚嫌不足。本书所探讨的是一个生活在非华人社会环境,与祖籍地联系断绝已久,早已本土化的华裔团体。笔者相信,对于这一特殊华裔团体的研究,可填补海外华侨华人社团研究的不足。

"联宗"是本书研究的重点。本书的研究不只注意到台湾阮氏在台湾的联宗与大陆阮氏在福建省的联宗情况,更主要的是讨论从日本冲绳延伸到中国大陆和台湾的跨境联宗问题。有关中国大陆联宗的研究,以钱杭的专著《地缘与血缘之间——中国历史上的联宗与联宗组织》为代表,而有关大型跨国联宗的研究,则以潘宏立对闽南农村与海外华人社会的异姓跨国网络研究为代表。

笔者认为在大陆关于"联宗"问题的研究中,以钱杭的专著《地缘与血缘之间——中国历史上的联宗与联宗组织》最具重要性。

钱杭在《地缘与血缘之间——中国历史上的联宗与联宗组织》一书中说明,联宗组织中没有宗子、宗孙、大宗、小宗等宗法性级别,无论是在联宗的过程中,还是在联宗组织内部,都不存在任何意义上的继嗣关系,推动联宗

---

① 曾玲:《认同形态与跨国网络:当代海外华人宗乡社团的全球化初探》,《世界民族》2002年第6期,第45~55页。

的动力来源于地缘性的利益趋同,而各同姓宗族参加联宗与否,主要取决于是否能够通过这一地缘组织联盟获得实际的利益。作者还指出基于与该联盟其他成员之间存在某种世系才参与联宗的考虑,不具有决定性的意义,不同于传统宗族发展史上的"归宗"现象。联宗在整个机制运作上所显示的程序公开、自愿、协议、非强制性等基本原则,并不是因为传统宗族组织发生了多少"现代性"的转变,其根本原因在于联宗活动和联宗组织本身位于血缘与地缘之间的双重性。联宗是一种特殊的社会现象,其性质界于血缘与地缘之间。越到近现代同姓联宗的文化意义越浓厚,而具体功能动机则趋于淡化,同姓人们之间出于历史消费兴趣和自娱自乐性的联合,已成为近现代联宗所希望达到的主要目标。

钱杭的联宗研究是中国大陆的联宗研究,并认为对联宗问题的探讨,应从实际生活中所观察到的动态联宗过程,以静态的角度进行讨论。[①] 但是本书的研究与此不同,本书的关注点是跨境联宗,将以两国三地的阮姓联宗为例,与钱杭的研究进行比较和对话。主要问题包括:

(1)钱杭认为宗族间联宗的具体表现包括:编撰一部联宗谱或建造一座联宗祠,只要有了其中一项就可算是联宗成功。那么,在大陆与台湾区域的阮氏联宗是一个什么样的状况?以冲绳阮氏为主导的跨境联宗情况又是如何?

(2)钱杭认为联宗祠的设立位置,一般多会与当地居民传统的、适合自然经济流通规律的,并且是历史形成的汇聚点相重合。这些汇聚点也就是农村地方性的商业集镇,也就是 Skinner 的"中心集市"。对此,笔者将验证大陆阮氏与台湾阮氏现时的联宗祠的设立位置,考察其原因。

(3)钱杭认为联宗的基础是若干独立的宗族实体,无论在联宗发起还是在联宗完成之后,各同姓宗族始终独立存在,互不隶属,资格平行。这是静态联宗世系特征,若以动态的观点来看,在冲绳阮氏的跨境联宗运作中,其意识上是否有上下隶属的情况发生,为什么?

(4)钱杭还认为联宗的功能只是强化祖源认同意识,具备一定文化意义

---

① 根据不同的联宗行为主体而做的类型区分,即联宗的静态类型。但实际生活中观察到的联宗,却是一个动态的过程(参见钱杭:《血缘与地缘之间——中国历史上的联宗与联宗组织》,上海:上海社会科学院出版社,2001年,第280页)。

而已,不可能形成真正地建立在具体功利目标基础上的同姓地缘联盟。①对此,在冲绳阮氏的跨境联宗运作中,是否只局限于文化意义上的追求?

大型跨国联宗的研究,有潘宏立关于闽南地区的宗亲会复兴以及跨国网络的研究,对笔者亦有重要的启示。潘宏立在泉州晋江、石狮范围以蔡姓为中心,与拥有共同远祖的柯姓所组成的全省性"福建省济阳柯蔡委员会"为例,探讨了闽南地区宗亲会的复兴问题。他指出像这种拟制性宗族集团的宗亲会复兴,是基于在该地区宗族复兴过程中现实社会的需要,以一宗族间关系的协调机构,以利于故乡村落间关系的安定,以及宗亲们期望借宗亲会来强化与海外华人的关系,借此带来海外宗亲扩大对故乡投资的经济利益而提高自身在当地社会的地位。这种联宗宗亲会复兴,是宗族复兴的延伸,是在国家政府基于祖国统一和经济发展的国策上,重视与海外华人建立更加密切关系,采取灵活且具弹性的政策而达成的联宗行为。"福建省济阳柯蔡委员会"是对外的名称,其正式的名称是于1994年以学术研究会名义成立的"福建省蔡襄学术研究会"。该会获得福建省民政厅批准,承认其为"全省性社会团体法人"。此宗亲会的组织庞大,国外宗亲占75%的名誉职位,作为处理实际事务的理事会也有259人之多。②

潘宏立在研究中提出了传统文化的"逆输入"问题,他认为华侨社会对故乡传统文化复兴的参与,始于对民间信仰的复兴参与,尔后是宗族复兴的参与。华侨的参与从最初的讨论到为了重建家庙组成的委员会,及其所衍生出的各种委员会,宗族内的组织与华侨有着密切的关系。比如"福建省济阳柯蔡委员会",此宗亲会的章则是如同菲律宾济阳柯蔡宗亲总会的章则,并且也以菲律宾济阳柯蔡宗亲总会的祭祖仪式为范本,重新构筑祭祀祖先的传统文化,因此是传统文化的"逆输入"。③

濑川昌久也概括地指出,移居海外的华侨华人与侨乡的互动关系。他

---

① 钱杭:《血缘与地缘之间——中国历史上的联宗与联宗组织》,上海:上海社会科学院出版社,2001年,第23~30页。
② 潘宏立:《闽南地区宗亲会的复兴及其跨国网络——以"福建省济阳柯蔡委员会"为例》,陈志明、张小军、张展鸿编:《传统与变迁——华南的认同和文化》,北京:文津出版社,2000年,第26~32页。
③ 潘宏立:《福建省南部農村の同姓結合と華僑——蔡姓の宗族および宗親団体を中心に》,吉原和男、鈴木正崇编:《現代東南中国の漢人社会——閩南農村の宗族組織とその変容》,东京:风响社,2002年,第123~132页。

认为移居海外的华侨华人提供各类经济援助,为当地宗族的复兴创造了机会,同时也由他们带来了重视祖先的传统观念。华侨既能推动宗族内部的团结,也可能是导致他们之间发生分歧的因素。①

王铭铭在具有"闽南侨乡"代表性的村落——晋江金井镇塘东村的自然村塘东蔡姓家族的调查中,细致地显示了海外塘东人与侨乡之间的紧密互动关系。菲律宾的塘东移民早在1921年就成立了"菲律宾东同乡会",并在章程里制定了"策划建设家乡"的章则。"菲律宾东同乡会"在20世纪50年代就集资捐建小学校舍。20世纪80年代后又再度捐资家乡,同乡会先后集资50多万元兴建小学新校舍,发动个人捐建12座大公厕,支持重建村庙"三乡宫",捐资30多万元建环村公路等。海外塘东人全力支持重建了象征塘东人族源的"东蔡家庙"。而且,海外的族亲为乡土工业的发展提供了部分资金,并开拓了乡土工业的国际市场,拓展了乡土工业的社会—经济网络。②

濑川昌久道出了"侨资"带给侨乡的"利"与"弊",王铭铭与潘宏立的研究显示出了海外华侨华人与侨乡之间的紧密互动关系,及其对侨乡的影响。

除了关注海外华侨华人与侨乡之间的互动关系,从宗亲会组织上来看,潘宏立的研究对象是石狮区域中最大的大姓,在全省性的宗亲会组织上也具有社会财团法人资格的实体机制,有章程有实体的总部会所,并且组织庞大。相比较而言,本书的研究对象是近400年与中国大陆没有任何联系的小姓华裔冲绳阮氏。本书关注的问题是,冲绳阮氏带给大陆阮氏的影响如何,他们的互动形式如何,他们的互动形式带给跨境联宗什么样的影响?

第三节　研究方法

本书研究的特点是以比较祖先与神明崇拜的民俗视角为切入点,探讨跨境联宗问题。笔者收集了大量的文字资料及口述资料,通过人类学的参

---

① 濑川昌久:《跨海的宗族网络》,《史林》2004年第1期,第73~80页。
② 王铭铭:《村落视野中的文化与权力:闽台三村五论》,北京:三联书店,1997年,第128~147页。

与观察,力图通过纵向与横向比较,深化对跨境联宗问题的认识。

笔者先后进行了连续三年多的田野调查,大量参与观察,并依照研究内容,选择访谈对象。在参与仪式时,对参加仪式的祭祀者做一般访谈来了解在观察仪式中产生的疑问。对于地缘性的祭祀活动,除了参与观察外,将社区的祭祀组织长老作为深度访谈的主要对象。在调查中,使用了录音机、录像机、数码相机等器材,尽可能详细地记录调查对象。事后遇到问题时,则通过电话做进一步调查。

为了解宗族组织及有关宗支之间的往来,笔者花了大量的时间精力,对各宗亲会的会长及委员做了深度访谈,记录了丰富的口述资料。尤其值得一提的是,笔者当初介入的研究,是从帮助冲绳阮氏翻译大陆宗亲给予的资料以及其与大陆宗亲来往的中文信件入手。因此笔者知道他们与大陆宗亲之间有大量来往信件,探讨了许多彼此共同关心的问题。随着笔者的研究不断深入,真诚的态度得到了冲绳阮氏的充分信任,当笔者为了进一步研究而提出希望能够复印相关信件时,冲绳阮氏宗亲会负责人破例应允了笔者的要求,提供了该会与大陆、台湾方面来往的信件总计达225封,大大丰富了本研究的文字资料。因此以扎实的第一手资料为基础,对阮氏的跨境联宗问题做出定性研究,是本研究在方法上最重要的特点。

关于调查点的选定。为了能够了解福建省阮姓之共同性及其本质的一面,也为了观察区域文化的差异性这些问题,笔者注意在调查点选择上的多样性。笔者选择的调查点在大陆主要分布在以下三个地区:

福州地区,包括福州市仓山区城门樟岚村湖地里、福州市晋安区鼓山前屿村。

泉州地区,包括南安市仑苍镇大宇村及泉州市西门。

漳州地区,包括龙海市角美镇石美村埭头社及龙海市海澄镇豆巷村埭内社两个调查点。龙海市角美镇石美村埭头社是阮氏最初入漳之地,但现只剩一户看守祠堂,而龙海市海澄镇豆巷村埭内社是龙海市角美镇石美村埭头社的最早分支,现有100多人,祠堂一年祭祖两次,组织完善。因此龙海市海澄镇豆巷村埭内社为大陆方面的主要调查点。

台湾方面,依据《台湾地区阮姓宗祠第100次祭祖纪念特刊》资料显示,阮氏祖先从大陆入垦台湾最早时期为雍正七年(1729年),有漳浦县的阮信入垦林仔边(即今屏东县林边),嗣后均成当地的大族。也有南安县的阮嘉尚于雍正七年(1729年)入垦笨港(今云林县北港)。此两支的入垦皆属于较早者。阮嘉尚孙阮文尧兄弟（五大房）又于乾隆五十年（1785年）移垦半线、和美线（今彰化县和美镇嘉犁里）。由于屏东县林边阮姓没有确定的祭祖日期，只利用适当的机会举行祭祖，而且祭祖仪式还得邀请彰化县和美镇嘉犁里阮氏协助主持祭祖。而彰化县和美镇嘉犁里的阮氏至2004年10月已举行了135次祭祖仪式，保留着良好的文化传统，而且是全台湾地区阮姓宗祠的所在地，因此定为台湾方面的主要调查点。

在日本冲绳方面，于琉球王国时代，冲绳南部地区的首里、泊、那霸、久米村等均为士族们的居处，故有首里士族、泊士族、那霸士族、久米村士族之称。而久米村士族为入籍琉球的中国人及其后裔。由于经济、政治的原因，多数士族陆续迁往农村，未迁出的各姓子孙召集分散于各地族人成立"门中会"，这些宗族组织设立在现行的行政区那霸市内。冲绳阮氏也在1926年成立"门中会"，现为中间法人冲绳阮氏"我华会"，并在事务所里设有祭祀始祖阮国的牌位，他们称之为"庙"。由于族内的一切活动操之于"我华会"，而且留住在久米村的华裔还持有较强的士族意识，在祖先崇拜及民间信仰方面保有特征，加上久米村华裔的寺庙也设于该区域，因此冲绳那霸市为主要调查点。

两国三地的田野调查于2004年1月开始，依调查日期排列顺序，主要调查内容如下：

2004年
1月22日　　　　　冲绳县那霸市阮氏我华会（年始祭）
1月25日　　　　　冲绳县那霸市至圣庙（夏天祭）
3月9—12日　　　 参加在福州市阮公祠举行福建省阮氏宗亲联谊会及初步访谈
4月7日　　　　　 漳州龙海市角美镇石美村埭头（祖坟扫墓）
4月9日　　　　　 泉州西门（祖坟扫墓）
5月1日　　　　　 海澄镇豆巷村埭内社（祖坟扫墓）
5月7—9日　　　　泉州西门（放兵仪式）
5月10—11日　　　海澄镇豆巷村埭内社（妈祖生日）
5月12—13日　　　福州市仓山区城门樟岚村湖地里（大爵主生日）
5月18—20日　　　泉州西门（阮钦为纪念日）
8月21日　　　　　冲绳县那霸市我华会访谈

8月28—30日	冲绳县那霸市（小宗小渡家的普度）
9月14、21日	冲绳县那霸市阮氏我华会（深度访谈）
10月1—4日	台湾彰化县和美镇嘉犁里阮氏宗祠（第135次祭祖）
10月23—25日	南安市仑苍镇大宇（杨府真人生日）
12月20—21日	龙海市海澄镇豆巷村埭内社（晋主、冬至祭祖）
12月26日	龙海市角美镇石美村埭头社（祭祖）
2005年	
1月14日	冲绳县那霸市（大祖御命日）
2月26日—3月2日	海澄镇豆巷村埭内社（正月十八日祭祖、"春祈"，以及与社区的长老做较深入的访谈）
4月2—3日	台湾彰化县和美镇嘉犁里（祖坟扫墓）
4月10日	冲绳县那霸市阮氏我华会主持的（清明祭）
6月21日	冲绳县那霸市久米神村本家的（五月祭）
11月21—23日	福州市晋安区鼓山镇前屿村（冲绳阮氏始祖阮国的出生地调查）
2006年	
1月29日	冲绳县那霸市我华会参加年始祭，目的深入访谈
3月10—13日	台湾屏东县林边乡竹林村（宗亲的拜访）、彰化县（参加第138次春季祭祖）、台北、台中、彰化、台南孔庙的初步调查
9月16日	冲绳县那霸市我华会，书信的收集与访谈
2007年	
3月3日	冲绳我华会访谈及收集书信

本书的研究主要有以下几个特点：

特点之一：以民俗比较角度为研究的切入点。一个群体的特征，最集中的体现是共同的价值观，而共同的价值观能表现在群体的日常行为，即在风俗习惯上。笔者从两国三地阮氏之间的信仰体系中，通过祖先及神明崇拜的比较来分析厘清其间的同和异，进而理解他们生活在不同社会文化环境下所形成的思维模式与行为举止之异同，为剖析本书所探讨的"期待与现实"两者之间的碰撞做基本的铺垫。

特点之二：跨境追踪。本书是针对一个姓氏的跨境追踪研究。本书的调查点具有跨境、跨国的特点,各地距离远,差异大,笔者为此投入了大量的精力、物力与财力。

特点之三:丰富的第一手田野调查资料。从笔者关注阮氏的寻根活动至今已有五年多,实际介入调查前后历时三年多,与调查对象建立了良好的关系,获得了约85小时的口述资料、近910分钟的影像资料。因此可以说,笔者的访谈对象有着广泛的代表性,且与许多重要访谈对象有过多次沟通回访,取得了他们的高度信任,收集到两国三地阮氏之间重要信件225封。

特点之四:笔者本人有跨境生活的亲身经历,在研究中融入了更加直接的切身感受。本研究始于冲绳阮氏找到笔者,为他们翻译相关资料与信件。冲绳阮氏对笔者的需求,促使笔者与他们的互动顺畅进行。这种顺畅的互动不仅是冲绳阮氏的需求,更因为笔者是日本的华人,是个"局内人",①对有关事情进行解释时会有比较丰富的背景知识作为支撑(陈向明2000:139)。同样对三地阮氏来说,笔者也在一定程度上被视为"局内人",因为笔者既能说日语和中国普通话,也能说台湾和福建阮氏都使用的闽南语,与他们中的任何一方交谈不仅没有障碍,而且十分亲切。大陆阮氏时常希望笔者带信息给冲绳阮氏,并且寄望于笔者帮助他们增进与冲绳阮氏的友好交往,并带来好结果。

然而,笔者不姓阮,从姓氏上的关系来看,笔者又是他们之间的"局外人",还是个"陌生人",因为笔者在研究前与他们互不相识,只是在研究中才开始建立联系(陈向明2000:139)。笔者以这种在姓氏上的"陌生局外人"身份介入研究,也有一定的益处,即被研究者很有可能选择向一位"陌生局外人"吐露更多、更加隐秘的消息(陈向明2000:140)。

由于笔者本人特殊的生活经历,祖籍福建,出生于台湾,并在台湾完成中小学基础教育。结婚后长期生活在日本冲绳,现为日籍华人,在中国厦门大学攻读博士学位。近年来,笔者结合学习进行深入追踪研究,对于三地社

---

① 陈向明以"局内人"与"局外人"的概念来表示研究者与研究对象之间的关系。"局内人"是指那些与研究对象同属于一个文化群体的人,他们享有共同的(或者比较类似的)价值观念、生活习惯、行为方式或生活经历,对事物往往有比较一致的看法。而"局外人"指的是那些处于某一文化群体之外的人,他们与这个群体没有从属关系,与研究对象有不同的生活体验,往往只能通过外部观察和倾听来了解研究对象的行为和想法(参见陈向明:《质的研究方法与社会科学研究》,北京:教育科学出版社,2000年,第134页)。

会经济、民情风俗、人文心态等都有切身的体会。笔者基于自己的文化观念和生活经历,能够比较容易了解被研究者的意义建构和思维方式,这是本书研究方法中最重要的特点,并且笔者在两国三地阮氏之间,在语言上不存在任何阻碍,在跨境研究上有着来去自如的优势,这是其他研究者难以做到的。

第四节 内容构架与理论意义

一、内容构架

日本冲绳华裔中的阮氏族群是一个生活在非华人社会环境、曾经与祖籍地断绝联系达400年之久的华裔群体。本书以比较阮氏祖先崇拜和神明崇拜为切入点,追溯冲绳阮氏跨境联宗的发展历程,解读日本和中国阮氏宗亲在跨境互动中体现的亲情与隔阂及其历史原因。通过对两国三地阮氏民俗文化的零距离观察,对其成员的深度访谈,对两国三地书信往来的条分缕析,剖析两国三地阮氏的文化异同与认同心态。虽然血缘认同是跨境联宗的基本因素,但血缘文化因素在阮氏进行跨国联宗进程中,迄今未能彻底冲破政治、经济乃至地域的隔阂。两国三地阮氏都对跨境联宗抱有美好期待,希望实现超越地域界限的全球阮氏大联谊。大陆阮氏对冲绳阮氏过高的经济期待,冲绳阮氏对大陆宗亲若干行为的不信任、不理解,台湾阮氏对台湾当局相关政策的顾忌,在不同程度上阻碍跨境联宗朝向具有实质性阶段的进展。

在冲绳、大陆、台湾阮氏三方互动中,冲绳阮氏与大陆阮氏之间的隔阂,正在而且将继续随着大陆经济的发展,随着双方沟通往来频繁而深化相互了解,共同促使因历史上长期隔阂形成的鸿沟逐渐缩小乃至弥合。台湾阮氏则有可能通过冲绳阮氏居中穿针引线而参与到跨境联宗的活动之中。因此,两国三方阮氏如果能够充分发挥各自的长处,增进了解,形成有效的互动与交流,将有可能促使民间的跨境联宗活动跃上一个新的起点。

第一章导论,阐述本研究的学术史回顾、研究方法、内容构架与理论意义。第二章追溯阮氏的起源,探讨阮氏的入闽情况、入籍琉球的进程、入垦台湾后的繁衍等有关阮氏在大陆、琉球、台湾的历史沿革,讨论移民与国家认同问题。接着,以民俗视角为切入点,在第三章论述大陆本土的祖先崇拜与定居台湾、日本冲绳的阮氏在祖先崇拜上的同与异,并解释冲绳阮氏对于寻根溯源和祖先崇拜表现执着的原因。第四章论述文化复兴后,大陆阮氏的神明信仰与台湾、冲绳阮氏的神明信仰之间有何异同?在历经时代变迁的跨境传播历程中,在神明信仰上有何变化?从剖析神明信仰的异同,体现台湾及冲绳阮氏的本土化进程,梳理冲绳阮氏的寻根对中华文化的认同,理解冲绳阮氏在寻根后,还继续与大陆宗亲交流,甚至倡议举办国际联谊会的基本动因,为探讨跨境联宗的建立问题做铺垫。第五章通过剖析冲绳、台湾、大陆三地阮氏之间的信件,来体现三地阮氏交往的实际状况,并力图解释所呈现的现象对建构跨境联宗有何重大的影响。第六章探讨三地阮氏对联谊会的期待与他们各自所面临的现实问题,有哪些问题阻碍举办联谊会。同时注意分析最近再度出现的促进举办国际阮氏联谊会的新动向。第七章是全书的总结,围绕两国三地阮氏对于联谊会的期待与现实,进行综合评述。

二、理论意义

本书主要研究对象是与大陆已没有任何联系达 400 年之久的日本冲绳华裔阮氏。在族群认同上,庄国土指出了华人群体的特征表现在共同心理状态上,这种心理状态体现于风俗、习惯、宗教、崇拜、行为方式等泛文化上,而这种共同心理特征集中表现在价值观上。一旦华人的共同心理状态不再保持,他们也不应再被称为华人。[①] 就本书的研究对象冲绳阮氏而言,他们已经表现出与中国大陆阮氏所不同的价值观,不同的心理状态,因而只是庄国土所定义的"居住在中国之外的含有中华民族血统"的华裔。[②]

冲绳阮氏基于血缘的认同,踏上了他们前往中国大陆的寻根旅途,进而发展到试图与中国大陆和台湾乃至世界其他地区阮氏建立跨境联宗的美好想象。虽然这是三地阮氏之间随着跨境交流发展而出现的事先未曾预料的

[①] 庄国土:《华侨华人与中国的关系》,广州:广东高等教育出版社,2001 年,第 12 页。
[②] 庄国土:《华侨华人与中国的关系》,广州:广东高等教育出版社,2001 年,第 11 页。

结果,但我们同时也注意到,由于冲绳阮氏已经表现出明显不同的价值观,因此,他们在与大陆阮氏的交流中也就遇到了许多意想不到的隔阂、矛盾,甚至冲突。

笔者认为本书对于阮氏跨境联宗历程的研究具有如下意义:

首先,在民间层面上,比较分析两国三地阮氏的祖先崇拜与神明崇拜,探讨他们之间在风俗、习惯、文化上的相似性与不同之处,进而剖析他们受各自属地之政治文化影响而形成的基本价值观,才能真正理解为何同是阮氏宗亲却在思维模式与行动方式上存在诸多差异。笔者在三年多的研究实践中深深地体会到,只有下田野做扎实的调查,才能厘清两国三地阮氏不同的思维模式与行动方式。笔者在两国三地阮氏的祖先崇拜与神明崇拜的比较分析中,力图通过社会历史背景的探讨,进而分析祭祀实践中所涵盖的各种因素,同时剖析现代社会背景来解释冲绳阮氏心理状态的形成。本书注重历史与现实的结合,注重族群小文化与属地大文化相结合进行研究。

其次,从细微处入手,着重梳理宗族情感与理性之间的微妙关系。借鉴王铭铭与潘宏立的研究,我们认识到许多海外华人长期与家乡保持着密切的来往与互动,故乡是其情感释放的载体。冲绳阮氏的确基于对血缘认同这份感情而寻根,并展开交流互动,但基于各属不同的文化圈,在冲绳阮氏与大陆阮氏之间的交流中所产生的隔阂现象也就必然所致。感情与理性的呈现,只能从交流互动的迹象中寻找。长期以来,笔者与冲绳阮氏的互动中得到冲绳阮氏的信赖,有幸得到大量书信。笔者从大量书信中去寻找两国三地阮氏之间在交流互动中出现的问题与原因,从书信的剖析中厘清他们之间交流互动的实际状况,了解到为什么冲绳阮氏与台湾阮氏之间的交流显示了亲密,而冲绳阮氏与大陆阮氏之间的交流却存在不少的隔阂。

最后,注重历史与现状的结合,注重血缘文化与政治、经济关系互动的影响,并依此厘清两国三地阮氏对跨境联宗的期待与面临的现实问题。对于期待与现实问题上的矛盾,笔者不仅从书信中来梳理两国三地阮氏各自对跨境联宗期待之目的与他们对现实问题的理解程度,还从多次访谈中去体会他们之间真正的愿望,进而提出导致跨境联宗停滞的主要因素。书信的分析与访谈口述资料剖析具有相辅相承的作用,也有相互印证的功能,也是最能体现问题所在。

人类学的田野调查、深度的访谈口述资料、文献的解读等是笔者在跨境联宗研究个案的基本方法,同时真实地记录跨境追踪所得的大量第一手资料。本书所研究的是既往相关研究中尚未得到学者们充分重视的一个以海外华裔发起的跨境联宗的个案,笔者希望通过长期的跨境追踪研究,能够为当代海外华人研究提供一个新的实证个案,从一个新的角度加入当代海外华人研究的学术对话,并做出具有一定特点的创新与贡献。

第二章

两国三地：阮氏的迁移与繁衍

第一节 阮氏的起源

根据阮氏族谱的记载，阮氏起源可以追溯到上古时代，青帝太皞伏羲氏为阮氏的血缘始祖，而三皇时代的阮隃伯为阮氏的得姓始祖，而且在历史传承上是由大西北向大东南迁移。据《中华阮姓通谱》的记载：

> 见《八闽阮氏家谱》系出凤姓，太昊，伏羲氏，"羲皇少子名枬，号俞伯，赐姓为阮始"。"佐皇帝，臣有功，受封食邑于昆仑上大夏之西阮隃邑"，逐称阮隃伯承家，世袭荫地。……阮隃伯得姓始祖，先居陈州（宛丘），下传四十代（约一千年）至皋陶。

关于皋陶的记载是：

> 阮咎繇，号陶，先居于偃地，赐为偃姓。后封住甘肃皋的地方，又名叫皋陶，虞舜时代大理官，制定五刑律法，文明先驱。……

从皋陶至竹林衍派的形成其记载如下：

> 皋陶、伯益父子佐禹治水有功，封益父子于大费等……夏代阮姓后裔受禹封邑，尽忠仕夏四百余载。夏桀无道，阮姓乃去夏归商。商始，阮姓子孙受封侯以阮为国，在平凉岐渭间（今甘肃省泾川县东南一带），阮国诸侯六百余载仕商。商末，阮僖公尽忠弃国而隐逸，阮国被姬周大诸侯国吞并，阮国亡。
>
> 西周立，成王又录僖公子阮闿为西周大夫，仍邑于原世袭阮国之邑，以主其祀。西周末，幽王通褒姒，废申皇后与太子宜臼。为博褒姒

一笑,不惜放烽火台。后申侯联合犬戎部族起兵,为申后与太子报仇,进兵长安(西岐镐京)。幽王再放烽火台,各国诸侯大夫都以为又是儿戏都不来,犬戎部族终于擒杀幽王,立太子宜臼为平王。

平王立,东迁洛阳东京,以阮近秦,为秦附庸。阮肥子十五传大夫仍尽忠弃邑,义不贰秦,奔迁陈留郡尉氏县(河南)隐逸。几经沧桑,发展壮大,成为陈留郡望族。阮氏一个衣冠之族,在春秋战国五百多载中,与世无争,不参政治,甘于隐逸,史有"陈留君"之称。至东汉三十传阮肇分支为竹林衍派,晋乱迁光州固始,永嘉南渡长江之东南江左、江右,会稽、东越、南粤等地。

阮氏自甘肃省迁徙河南后,分东南两支移迁。往东由河南迁安徽、江苏、浙江、福建、广东,再迁台湾。往南由河南迁湖北、四川、湖南、贵州、云南而到广西、越南(交趾)。

以阮肇为竹林衍派的太始祖,其支系上的脉络都连接不上。但这支系却有名闻四海的建安七子的阮瑀、竹林七贤的阮籍与阮咸等名士。

以上有关阮氏的起源是大陆阮氏的一种传说,而根据河南尉氏县阮氏的追踪,约在公元前 770 年的西周末,当今的河南尉氏县阮氏的祖先阮肥子从洛阳迁入河南尉氏,其子孙有阮瑀及其子阮籍,至今已传两千多年。因此,河南尉氏县阮氏于 2002 年 1 月 26 日,借县城阮籍箫台处成立尉氏县阮姓宗亲联谊会。现在河南尉氏县的阮氏分布在小陈乡阮庄村 60 户 400 人;庄头乡阮家村 470 户 1700 人,魏家村 70 户 320 人,栗林村 8 户 260 人;永兴镇金寨村 16 户 63 人;水坡镇三家村 20 户 95 人;门楼仁乡栗林村 8 户 49 人,共 652 户 2887 人。

第二节　阮氏入闽

阮氏入闽自南朝到中华人民共和国成立时为止,大致可分为 12 批次逐渐迁入福建。他们在福建的福州、泉州及漳州各地繁衍,建立了众多供奉先祖的祠堂祖厝。

一、阮氏迁入福建

阮氏迁入福建,从南朝元嘉年间一直延续到1949年中华人民共和国成立时。据《中华阮姓通谱》的记载,共分12批次。

1.阮氏入闽始于南朝刘宋元嘉初年(424年)。元嘉二年(425年),阮弥之初任交州刺史后,阮弥之三兄弟从江左(江苏)入闽,出任昌国(福州)太守。见闽人不知学,阮弥之择乌石南面三十余亩地,二十余房,兴办学校,邀请江左名士阮籍与阮咸两支后裔来闽讲学,传播中原华夏文化,宣仁广义,正风俗,采士风,倡文明。不数年而俗风丕变,使夫妇有别,长幼有序,家有书声,市无争斗,改变了闽人的精神面貌。此乃闽瓯师表阮弥之办学治绩之一。至隋唐,其后裔迁漳州府龙溪、泉州府晋江,兴化府莆田、仙游金沙,福宁府宁德、宁川之漳湾、富平之赤峰,延平府之建阳,福州府之长乐、古田、罗源等府县。

2.阮咸后裔阮大旻等两支入闽协助阮弥之办学,于隋唐入莆田崇莱乡。

3.唐咸通年间(860—873年),阮晏共奉命运粮入闽,陈请定居福安溪中。十年后又移居灵岩,又分阮家坑、坂中乡、溪潭乡、穆阳乡等地。

4.阮直卿,唐末广明元年(880年)避难入闽,先迁入怀安县,后迁往古田富洋。继迁转福安溪柄等地,在今溪柄中坂村定居。

5.唐末光启元年(885年),阮溪渊入闽,居漳州市龙溪县石美村。入闽的原因未详。

6.阮能,字仲仁,行十,京畿陈留尉氏人,唐节度使,官封国公,娶吴氏十七安人。唐广明元年(880年)避黄巢起义军,遂迁河南光州固始。系王绪起义军阮、韩、荷、谢、周五大将军之一。乾宁三年(896年)携七子,随王潮、王审知兄弟由光州迁光寿,由南康抵汀州、漳浦入福州。王潮位观察使,阮能公七子各授为官,分居各处,能公于后梁贞明二年(916年)五月卒,葬未详。长子希颜佐闽王,官兴化太守。子少彰闽侯县令,迁居莆田黄石,又迁广东潮汕地区。次子希郡,官福州太守,子少惹(若)官罗源县令,迁罗源鳌峰岭峰漳溪定居,后迁入罗源城关。三子希畋,泉州千总,守泉州有功(时农民起义刀兵四起),子少杰,南都元帅,迁福安甘棠、大留(大梨)、漳港、下井等地定居。四子希璠,官漳州太守,子少看(省),官罗源县令,迁霞浦长春、下浒等地定居。五子希袭,闽王驸马,子少祯,迁福安县漳港。六子希实,随驾将军,子少辉,福安县令,迁福安大留(大梨)后出游,今未详。七子希邵,官御使,子有二,长子少盛,梁开平进士,监宁德盐场,入赘林家,居漳湾;次子少伟,南都元帅,平定蛮獠(畲族)造反有功,敕建防御祠于漳江尖峰山下。

7. 阮三,后梁乾化二年(912年)保皇眷李璟弟入闽,卜居周宁阮家祠,分布全县内外。

8. 阮九,宋末避难,由江西广信入闽,迁居霞浦长春,又迁十三都长沙渡。其子孙明初游迁福鼎县秦屿吉坑、佳洋、郭洋等地。

9. 阮恂质,宋末元初避难,由直隶淮安府山阳随宦入闽,定居南靖山城。四世千五郎,号逸叟,迁永定湖雷上南村,为闽西南一支望族。

10. 阮法旺四兄弟于明洪武年间从四川入闽,由安邑长圳(今四川安县)迁居永春县桂洋乡新岭村,后又迁光泽十八都饶坪村与崇安石雄里大安源等地定居。

11. 梁山泊阮氏三雄后裔为避难,于元末明初从山东入闽,迁居厦门、龙海、石码等闽南水乡,组成专业渔业队谋生。

12. 1949年解放战争中,阮克明由江苏盱眙县古城镇随军入闽,今居福州大凤山。

阮氏入闽后大致分布在宁德漳湾、古田、福安,福州鼓山、罗源,莆田仙游,泉州晋江,漳州龙海、石码,厦门等地。

二、福州阮氏

据《中华阮姓通谱》的记载,南朝刘宋元嘉二年(425年),由江左(江苏)阮弥之、仁之、永之三兄弟入闽,出治昌国三太守。聘请阮籍与阮咸两支系后裔入闽,办学于乌石山南西(今市府市委之地),定居于闽都乌山、钱屿、莆头三地。传至二十二世,阮鹏为避黄巢、王仙芝之难,迁隐兴化府仙游之金沙村。三十六世阮日谊回迁钱屿(前屿),为前屿阮氏的始祖。

(一)前屿村忠惠阮公祠

据《中华阮姓通谱》的记载,阮弥之三兄弟三太守治闽廉洁自守,忧国忧民。阮弥之三兄弟均卒于官,百姓闻知,哭声震动全城。闽人为阮公立七闽人师庙于乌石山南麓兴学地仁王寺边,塑像为神,焚香礼祭。刘宋文帝赠资政大夫,谥忠惠,钦赐葬祭。祠庙设有司春秋两祭,历代官府出银,知府莅祭。闽人尚在阮公廨署旁，立忠惠庙敬之。祠于万历七年（1579年）移建归善里钱屿墩。乾隆旨赐重建忠惠阮公祠，乾隆二十四年（1759年）奉旨重建阮公祠，一通四进。赠闽瓯师表。至道光年间，遭飓风，推倒后山第三进，剩下两进，在光绪中重修古圣遗迹。

忠惠阮公祠，今坐落于晋安区鼓山前屿村，坐南背靠五虎山，朝北面向莲花山峰，明代建筑风格一直延存至今。忠惠阮公祠历来是办学的文教场所，特别是1933年至1938年在此开办福建省立义务教育实验区工读学校。1949年8月17日福州解放之后，成为福建省人民革命大学第一分部的三校舍之一。1953年，阮公祠成为石油仓库，仓库管理员把牌位、匾额、柱上的对联木板当作柴火烧饭。1957年，阮公祠成为拖拉机的停车场。1958年至1961年，阮公祠是鼓山人民公社的办公场所，1962年至1966年又挂上了公安派出所的牌子。此后的阮公祠成为编制草席、草帽的草织厂，直到1970年。之后的五年，阮公祠又成为皮鞋厂，因亏本于1975年搬出。此后至1996年为止是制茶厂。

早在1987年，前屿阮氏宗亲16人就联名与政府交涉，要求归还阮公祠，也曾几次要求日本冲绳阮氏我华会协助他们向政府要回阮公祠，但冲绳阮氏我华会因一向不涉及政治的关系，不愿参与。1990年，阮公祠的长老代表阮武水（1921年生）向郊区文化局申请阮公祠为古迹文化保护单位，终于在1995年4月获得福州市郊区人民政府批准，成为市第三批文物保护单位，保护范围前后左右仅8平方米。1996年，前屿村民委员会向鼓山镇人民政府递上报告书，称该村委会经研究成立文物保护领导小组，以不搞封建迷信和宗族派性为原则，对文物按明代古建筑进行设计修缮，达到修缮和解决村民活动场所的目的，恳求鼓山镇人民政府将所支持鼓山镇茶厂生产场让给前屿村民作为文化活动场所。前屿村民的恳求获得了鼓山镇人民政府的批准，得以着手重修阮公祠。

昔时，前屿村有阮、黄、王、陈等四姓，1950年增至12姓，现已有20多个姓，在1000多的人口中，阮姓占了一半。由上述报告书可知，在1997年重修阮公祠的捐资者中，除了阮姓之外，还有当地的他姓居民，包括叶、陈、刘、杨、黄、柯、郑、徐、王、林、张、潘、许、李等姓氏。1998年工程开工，至2000年竣工。阮公祠现占地600多平方米，大门向北，一通四进，前门为牌楼式。现在的阮公祠已是该地居民的休闲场所。村内各姓红白喜事的仪式虽然在家里举行，但可利用阮公祠为办酒席的场所，由阮姓族人掌厨，一桌

20元的劳务费。平时村民前来看报纸、打麻将的收费（1人1元），均可充当祠堂的开销。

前屿阮氏的族谱在"文革"时被毁，据阮武水所述，武水的堂叔阮贵治之父阮支立掌管阮氏祠堂的财产，死后由阮贵治继承管理。"文革"期间，阮贵治被当民兵的侄儿阮武气告发，说阮贵治有反革命言论，阮贵治遭抄家，从南朝到北宋的祖先画像4幅、山水画及族谱皆被搜走。阮贵治以"地主、富农、反革命、坏分子"的四大罪名被批斗，之后，受民兵管制，街上的清洁工作皆由他承担。前屿阮氏幸亏前屿始祖阮日谊的次子阮明支系的《陈留阮氏家谱》侥幸存留，保存了有关前屿阮氏到光绪七年（1881年）的资料。

（二）福州城门的阮氏支祠"竹林堂"

阮氏支祠竹林堂，在福州市仓山区城门樟岚村湖地里。樟岚村共有155户537人，是一个由陈、王、洪、魏、庄、许、李、林、杨、欧、萧、曾、潘等十三姓组成的杂姓村。原先是阮姓占绝大多数，但现在以许姓人数最多。

关于阮氏在此地落根发展的由来，在族人中有这样一个传说：不知何时，43岁的奶奶（始祖）带了三个孙子先落脚于三角埕。三角埕在清朝是个驿站，乡亲来往经商时必经此地，路过时就投靠奶奶以求照料。久而久之，奶奶经不起接二连三地接待乡亲们的开销，于是迁往较山区的樟岚村湖地里，定居在山脚下。湖地里的阮氏子孙大多数在福州市内工作，也在福州市里买房子（26户112人），现仅剩23户110人（含6户29人信奉基督教）住于此地。

2000年，第二族长阮家煊（80岁，第二十二代）开了两桌宗亲聚会的酒席。席间提起了家神"大爵主"的诞辰是农历三月二十五日（"康大爵主"是当初始祖迁来时所携带而来的），因此一同决定建立一座规模较小的庙宇，安置家神。随后演变成建立阮氏支祠竹林堂。阮氏支祠竹林堂的建立，由外住福州市的族人出资，在乡的族人出力，在筹集到4万多元人民币后，就开始动工。此工程的设计是由学习古建筑专业的阮品生（63岁）承担。阮品生从小就有这么个疑问：为何别人有祠堂而我们没有，我们是从何处来的？但这些疑问无法从他的祖父那里找到答案。鉴于许多族人都有这样的寻根心理，同时也急需设置神主龛以重新安置在"文革"时被烧毁的牌位（现寄放于祠堂旁的阮家煊家），阮氏族人决定建造351平方米的祠堂。

除了信奉基督教的6户族人外，所有族人都参加祠堂的建设。初始，一个月当中开了6～7次会议来商讨如何进行这项工程。由于外住的族人上班工作,在乡的族人白天须出力建造祠堂,故会议均在晚上进行。会议的内容主要是设法筹资,由于捐资不足,参加会议的理事就得出钱。比如有一次,由服务于公安局的刑警阮宏为(2004年3月11日当选福建省阮氏宗亲联谊会会长)以个人名义打电话赊欠木材、水泥等。祠堂可以说是盖一段算一段,族人们千方百计让工程继续进行下去。

2002年5月,祠堂终于落成。祠堂坐南朝北,阮氏支祠理事会由1名理事长(第二族长阮家煊)和11名理事所组成。祠堂旁的土地(祖产)在解放时被分掉,此时族人也以每平方米30元的价格将其收回。现已筑了围墙,同时还计划建造厨房及住宿的地方。祠堂后的一片山坡地被设计为养老院。但如果不借助于外力,这项计划不知需要几年才能完成。

族人在描述建造祠堂的过程时兴奋地说:"刚开始建造祠堂时,也就想在祠堂用地旁买地皮,但地主不卖。"从以前到现在,阮姓在本地是个小姓,人数本来就少,虽未被欺负,但免不了被轻视。但此次族人同心协力,终于把祠堂给盖好,总算把面子给要回来了。

祠堂落成后,开始了寻根之旅。据阮品生所述,由于始祖墓碑上有着"晋邑"两字,以及湖地里的阮氏家族各户都有"晋邑家声远,龙湖世泽长"的对联,得知自己是从晋江迁来的。他们首先找到了晋江池店镇新铺村及茂厝村的阮氏,但这两村的族人未曾听老前辈说过有迁出之事,也就搭不上关系。最后找到泉州西门的阮氏,因没有族谱的记载,就以民间问神的方法,向阮钦为公"掷筊",得了"圣筊",这才认了西门为祖籍地。这也就说明了为什么在祠堂的神主龛里,除了一个总牌位外,还摆置了阮钦为公的画像。

三、泉州阮氏

(一)晋江茂趣"竹林堂"

晋江茂趣村,属池店镇,现规划在青蒙科技开发区范围内,地处福厦公路后厝街地段。公路左旁有条可通行小型机动车的小道,道口立有一大石碑,刻有"晋江茂趣村"。沿着这条小道,蜿蜒直通茂山上,村民沿山坡建屋而居。全村2100多人,有卓、朱、黄、郑、阮、蔡、邱等七姓,但以卓、朱、黄姓人口居多。阮姓在户数与人口上都是一个小家族。据《晋江茂趣竹林紫溪阮氏族谱》的记载,泉州晋江的阮氏以阮起凤为开基祖,此世系从何地入迁晋江青阳沟头未详。依照先辈叙述,于18世纪末由晋江沟头的阮凯先移居茂趣,相传至今七代(二十二世),现有两房(柱)共7户32人。但是在谱内的详细记载是从十七世到二十二世。坐落在晋江池店镇茂厝村北区47号的"竹林堂",虽因年久失修破败了,但还摆着三个牌位,挂着一张遗像。

(二)晋江新铺"竹林祖厝"

据《晋江新铺竹林紫溪阮氏族谱》的记载,晋江池店镇新铺村与上述茂趣村仅隔茂山,在茂山的南面。新铺自然村的人口近500人,有曾、阮、李、胡、王诸姓。晋江新铺阮姓,不知是哪一年代、哪一世祖先移入新铺,相传至今已分四房。据四房长者回忆,能记起的有:十七世三房的阮夏兰;十八世长房的阮良,二房的阮凯,三房的阮太与阮仁,四房的聪先;十九世长房的阮巩与阮江,二房的阮猪史与臭壁,三房的阮德某,四房的阮九治;二十世长房的阮仔枝与阮传料,二房的阮文吟,三房的阮子文、阮建德与阮追仔,四房的阮传小与阮屋。现已传至二十三世。1949年前,阮姓只有4户30人,现有15户70多人。"竹林祖厝"内有一大屏风,2个牌位,悬挂着10张遗像。由于建公路,现在的"竹林祖厝"须搬迁。

(三)泉州西门阮氏的由来

以1932年《泉州西门紫溪阮氏家谱》为依据,在1994年编制的《泉州西门紫溪阮氏族谱》记载,一世祖阮起凤,直至五世公妈的生卒年月日及墓葬均无记载。十二世阮抚义于清朝雍正年间,由晋江沟头迁入,徙居晋江县城西门奉圣铺,为竹林紫溪西门阮氏的开基祖。

依据《泉州文史资料》中关于泉州瓦窑业发展史的记载[①],阮氏祖代相传,唐太宗贞观三年(629年)在西门即建有2座窑。到宋朝为止,泉州西门计建有5座窑。正德十四年至十五年间(1519—1520年)间又建3座窑。到了清朝乾隆二年丁巳(1737年)道汀(现西门竹林紫溪阮氏宗亲会会长阮传恭的祖父)的远祖阮怡亭(阮教)和他的哥哥阮偶观因与人结怨,由沟头外徙。他们原在沟头经营瓦窑业历时很久,几经迁移,认为泉州对砖瓦的需要

---

① 《泉州文史资料》第八辑,泉州:福建省泉州市鲤城区地方志编纂委员会、政协泉州市鲤城区委员会文史资料委员会,1991年,第26~28页。

量大,有利可图,遂转来西门,合建4座窑。又道光二十一年辛丑(1841年),阮心愿再建1座窑。到这时候泉州西门包含他姓所建的窑共计17座窑。至民国五年丙辰(1916年),道汀和哥哥道欣合建1座窑。1930—1931年,陈宝梅和阮道佑合建1座窑。1941年,汤姓在自己的园里建1座窑。至此西门计有20座窑。其中几经易主,前后经营此业的以阮姓最多。1956年改为地方国营时,此20座窑中,阮姓拥有14座窑,由此俗有"西门阮"之称。

"西门阮"相传至今已有十二世,现有100多户,500～600人。在建祠堂时有87户455人,共捐款244000元,现门牌号西门孟衙巷47号的"竹林堂"于2000年完成。西门阮氏成立了"泉州市西门竹林紫溪阮氏宗亲会",由阮传恭任理事长,另有十多人任理事,此宗亲会并无章程。

(四)南安洪濑的阮氏宗祠

阮氏宗祠位于泉州市南安市洪濑镇洪南小区阮厝,紧贴着宗祠的左墙盖有一小祠,其内供奉的,右边是土地公,左边是张公、张妈之神位。依据长老所言,以前旧宗祠的后左方侵占了一些张家的土地,重建新祠堂时有人反对设小祠,但据说凡反对者都死于不测,最后还是加盖了小祠。该祠堂的经济来源是阮氏族人不分男女长幼,每人缴纳10元会费,另外还出租麻将桌,一场1元。每年正月十五日,阮姓来添香油钱。现有87户,人口大约350人。

(五)南安大宇阮氏

南安市仑苍镇大宇村是以蔡姓为大姓,连同颜、阮、蓝、王、陈、洪、叶、黄、郑、吴等姓被称为本地人,现有8000多人(不包括外地来的打工者)。阮姓属于第三大姓,现有130多户1000多人,男性占60%,女性占40%,其中在三世时分为两房的"顶房"共有4户20多人,其余都是二房的子孙。除阮姓以外,蔡、颜姓在当地也拥有祠堂。

大宇村的主要街道是南街和北街,现在南街的街道是在1990年形成的。阮姓绝大多数居住在南街上,"顶房"有2户(兄弟)居住在南街后方祠堂旁的旧屋,另2户也住在南街。

大宇村阮氏祖先在明朝时从漳州南靖下碑迁到杏林,再迁到大宇,先是居住在离今大宇村大约3公里的山下,因老虎多,才迁到现在这个地方。大宇阮氏居处虽离晋江中游不远,但阮氏祖先并不驾船打鱼,只在水边设置捉捕鱼虾的工具,隔天才去收回。以前南街是一片平坦的农地,阮氏祖先曾私酿度数颇高的酒,还掌握了其他姓氏所不会的制造蔗糖技术。阮氏的经济发展始于20世纪60年代,许多人到漳州、福州、泉州、三明、永安等地从事补锅、配钥匙等零工。到了1976年,阮德州经营了水龙头的小工厂后,族人纷纷到全国各地(除了西藏外)维修推销阀门及水龙头。之后,多数的阮氏经营多家的小工厂。虽然现在只剩十多家的水暖洁具工厂,但约40%的阮氏还是在全国各地设立门市部推销阀门、水龙头或是建筑装潢材料,而50岁以上的老人及20岁以下的青少年则留在工厂配合制造销售。有关阮氏的人口流动,这里有句老话说:"五百年前漳州混泉州,五百年后泉州混漳州。"意思是说:500年前阮氏族人从漳州迁入泉州,500年后又有阮氏族人从泉州迁入漳州。如在1964年,有很多人迁去南靖、漳州。

1949年后,阮氏祠堂曾被当作夜校的教室。1958年时,这里是煮大锅饭的食堂,后来有一宗亲在此办起电镀厂,直到2002年被收回重建。祠堂的重建经费以捐款方式取得。从前祠堂的地面高度一丈五尺八寸,人丁发达,祠堂地面就得增高,此次增高了二尺,达一丈七尺八寸,面积150平方米,加上宽阔的前庭,总面积共有1000多平方米。

南安阮氏,曾由大宇阮氏的阮竭进于1993年召集英都镇南坪阮氏(约400多人)、美林镇西埔阮氏(400多人)、城美镇露仁阮氏(约90人)、南安洪濑阮氏(约350人)及仑苍镇大宇阮氏(约1000人)组成"南安阮氏联谊会",每年十月十五日在各地开会,会后更换会长。因每次开会就得捐款来充当经费,因而出现有些人不参加的情况,现已不再活动。

四、漳州阮氏

(一)阮氏漳州肇基祖及其祖居地

《漳州阮氏族谱研究参考资料之二》显示,阮氏在漳州聚居的有32个村落,人口16990人。他们的始祖来自龙溪县角美镇石美村的阮厝,俗称"石美祖"。由于中华人民共和国成立以来行政区划的变动,龙溪县于1960年与海澄县合并,改称龙海县,角美镇划分为4个行政村。据从前看过族谱的老人回忆,他们祭祀的肇基祖名叫阮溪渊,祖妈陈氏,是"开漳圣王"陈元光的第十世孙女。祠堂内现存有两副楹联：

　　　　石美地灵钟择里居人到处皆康夫义士，竹林先烈绍作求世德传家尽孝子忠臣

　　　　自鹭岛富兴□□□□□□，从河南固始至清漳石美肇基

从楹联上可知漳州阮氏是从河南光州固始县而来的。阮氏的发祥地为陈留郡尉氏县（今河南省开封市），这发祥地之说，可由阮氏族人所撰写的《中华阮姓通谱》里1996年11月7日尉氏报的记载来做佐证。尉氏报报道：河南尉氏县委统战部的领导带领着受台、澳、港、越阮氏宗亲研究会的委托而组成的，包含河南大学历史系朱绍侯教授一行十多人的考察团，依据《尉氏县志》的记载，来到位于县城东城墙，当时为阮籍吹箫作赋的阮籍箫台遗址，阮籍的出生地——小陈乡阮庄村，瞻仰了阮籍的墓，鉴定了墓碑的年代与真实性。他们还翻阅阮氏家谱，看了近年来海外阮氏后裔到此地寻根问祖的照片与信件，及访问阮籍后裔的合影。经过几日的实地寻访、鉴定及资料的考证，考察团一致认为一代名人阮籍的出生地，千真万确在尉氏县，阮氏的祖籍毫无争议是尉氏县。

根据《漳州阮氏族谱研究参考资料》的记载，固始县在历史上与漳州有着特别密切的关系，出现过两次人口大迁移：第一次是唐朝总章二年（669年），陈政、陈元光父子从河南固始率领2600人的军队，前来闽南平定畲族叛乱。后来建立了漳州府，这些军人就长期定居下来了。第二次是唐朝光启元年（885年），王潮、王审知兄弟从河南固始县率军入闽，攻克漳州、泉州、福州等地，建立闽国，后来一部分人也在漳州定居下来。由于漳州气候温和，发展农业的自然条件优越，所以每当战事平定之后，仍然有些河南固始的乡亲陆续迁徙漳州定居。阮溪渊可能就是在这种背景下来漳州肇基的。

（二）漳州阮氏的繁衍与迁徙

漳州阮氏的祖居地石美村阮厝，目前阮氏人家只有2户，人口20人左右（现有1户常住）。阮氏宗祠"世德堂"，在1993年由冲绳阮氏资助修建完成，由阮晋江、阮江青两兄弟负责管理。肇基祖名阮溪渊，祖妈陈氏，有子十三：一、二子留龙溪，三子入漳州，四子去南靖，五、六子迁两广，七、八子到南

洋,九子至厦门,十子南渡越南,十一子东渡台湾,十二子迁居海澄,十三子未详。① 漳州阮氏在数百年的历史进展中,人口大量向外迁移,主要分布于九龙江沿岸及沿海地区。

在《漳州阮氏族谱研究参考资料》的记载中,关于阮氏人口外流的传说是:"阮厝村"的地形像一朵莲花,它的根是深深地扎在故乡的土地上,但花却开在外头,因而阮氏子孙如果守在故土会永远贫穷,只有到外地去谋生才能发达致富。不过,无论阮氏子孙到多远的地方去开花结果,都离不开故乡的根。其实,阮氏人口外迁是有客观原因的。阮氏自古以来习水性,善舟楫为特长,以航运或捕鱼为业,航行于九龙江西、北两溪及南溪,视渔场的改变而迁居他处。就如"西溪房阮氏"在1949年前后尚有木帆船1200艘左右,由于公路、铁路的兴建,交通运输通畅,水运大受影响,加上河床泥沙阻塞货物的疏通,陆运逐步代替了绝大多数的水运。有的随着船的行驶航线或有的改行从事农业、手工业、工商业或其他事业,纷纷在各处沿江、沿海地区定居下来,因而造成了阮氏人口大量外迁。

在阮氏族人之间,以所聚居的地名来表示自己所属的房系,以下依据《漳州阮氏族谱研究参考资料之二》分析阮氏在漳州各地的分衍情况。

1."海澄阮氏"的分衍情况

约在元代初期(1300年),从石美阮厝村迁出的有:一支房迁至厦门(其后裔就是现在厦门渔业队的阮氏),另一支房迁往龙岩适中。阮明焰迁至海澄镇豆巷村埭内社(昔称月港)开基,为今日所称的"埭内祖"。

"埭内祖"阮明焰与夫人林氏生有三个儿子:长男阮鸿陞,留居埭内;次子阮鸿陛,迁往海澄镇珠浦村墩上开基,目前其后裔已传二十二世;三男阮鸿陆,迁往龙海县石码镇,现聚居于石码渔业大队,人口约有2500人。

迁往海澄镇珠浦村墩上开基的阮鸿陛的长子阮崇默留居墩上,其后裔已传二十二世,距今有500多年,人口400多人。次子阮□□,迁往台湾开基。

由海澄镇豆巷村埭内社迁出的有:迁往海澄镇珠浦村沉屿的,现有人口400多人;迁往浮宫村任寨的,现有人口60多人。

---

① 阮位东:《漳州阮氏族谱研究参考资料之四》,1993年,序一。

表 2-1　漳州龙溪石美阮氏分衍表

县别	乡镇	行政村	自然村	迁出地	人口（人）	开基祖	世代	堂号	祭祖日（农历）
龙海	角美	石美	埭头	固始	20	阮溪渊	36	世德堂	十一月十五日
龙海	海澄	豆巷	埭内	石美	100	阮明焰	24	竹林堂	正月十八日 冬至
龙海	石码	渔业队		埭内	2500	阮鸿陆	22		
龙海	海澄	珠浦	墩上	埭内	400	阮鸿陛	23	世德堂	正月十六日 春节
龙海	海澄		沉屿	埭内	160				
龙海	浮宫		任寨	埭内	60				
龙海	港尾		梅市	埭内	150			竹林堂	
龙海	角美	田里	龙士	南坪	50				
漳浦	霞美	溪仔圩	下魏	埭内	150				
漳浦	绥安	城关		下魏	300	阮本	12		
漳浦	绥安	下阮		下魏	50				
漳浦	长桥	溪内	圹仔	墩上	300	阮纯道	20		
南靖	山城		阮厝	西溪房	160	阮居山	22		
南靖	山城		水运队	西溪房	80				
南靖	山城	下碑	林碑	石美	800	阮恂质	28	追远堂	正月初一日 七月十五日
南靖	山城	汤坑	砖仔楼	下碑	450	阮赞述	24	南川堂	三月十九日
南靖	山城		葛仔圩	西溪房	40				
南靖	靖城		水运队	西溪房	80				

续表

县别	乡镇	行政村	自然村	迁出地	人口(人)	开基祖	世代	堂号	祭祖日(农历)
南靖	龙山		水运队	西溪房	100	阮赞风	20		
	金山		水运队	西溪房	80	阮赞风			
	山城	下碑	溪尾	下碑	450		22		
	山城		浮山	石美	100		18		
永定	湖雷	上南		下碑	1700	阮逸叟	24		
	培丰	东中	长流	湖雷	1000	阮子兴	22		
	培丰		背炉	长流	400	阮东山			
厦门	思明	厦门港	海洋渔业	石美	500				
	灌口			石美	40				
	同安			灌口	80				
	杏林			同安	60				
	鼓浪屿			石美	150				
龙岩	雁石	雁石		长流	400				
漳州	市区			西溪房	1750	阮崇龙	24		
华安	沙建	太内	水运队	西溪房	400	阮荣盛	22		
平和	琯溪		小溪	西溪房	120	阮真官	22		
	山格	平寨		西溪房	200	阮铁生			
	文峰			小溪	30				
	文峰			小溪	40				
云霄	城关			下魏	20				
诏安	城关			下魏	24				

注：人口为大约数目，祭祖日期为农历。

资料来源：本表为笔者根据《漳州阮氏族谱研究参考资料之二》以及《漳州阮氏族谱研究参考资料之四》的资料，于2004年6月制作。

2."漳浦阮氏"的分衍情况

"漳浦阮氏"源自海澄镇豆巷村埭内社的分衍,来漳浦的始祖居住霞美乡溪仔圩,旧名"下魏",人口150多人。

"县城阮氏"开基祖阮本,从下魏迁入,分布在西街、北街。其后裔传至12代,人口300多人。

"下阮村阮氏"从下魏迁入,人口50人。

长桥乡溪内村"塘仔阮氏"开基祖阮纯道,从海澄镇珠浦村墩上迁入,人口300多人。

3."西溪房阮氏"的分衍情况

"西溪房阮氏"开基祖阮崇龙,原配夫人陈文雅生有七子:长子阮居山;次子阮旭居,三子阮赞风,四子阮真琯,五子阮柴盛,六子阮茂盛,七子阮允盛。其中长子阮居山及七子阮允盛的后裔迁居漳州市草寮尾街。

4."南靖阮氏"的分衍情况

"下碑村阮氏",山城镇下碑村阮氏的开基祖阮恂质(石美阮厝四世祖隐德公派下),夫人江氏。第三世阮继承,夫人游氏,迁往广东阳春县开基。第四世阮逸叟,夫人陈氏,迁往永定县湖雷乡开基。下碑村阮氏已传26代,人口800多人。

"汤坑村阮氏"开基祖阮赞述,夫人王氏,从下碑迁入,系阮恂质的第四世孙,人口约450人。

"溪尾阮氏",从下碑迁入,人口约450人。

"浮山阮氏",据说300多年前从石美阮厝迁入,开基祖为阮开居。后裔已传18代,人口100多人。

"金山阮氏"是西溪房阮赞风的后裔,人口80人。

"龙山阮氏"是西溪房阮赞风的后裔,人口100人。

"山城阮氏"分支情况不明,人口约100人。

5."永定阮氏"的分衍情况

"上南村阮氏",湖雷乡上南村的阮氏开基祖阮逸叟,夫人陈氏、李氏,由南靖下碑村阮氏分支,系阮恂质的第四世孙。其后裔已传22代,人口1700

多人。

"东中村阮氏",坎市镇上南村的阮氏,开基祖阮子兴,夫人沈氏、邹氏,上南村阮氏的分支,系阮恂质的第四世孙。其后裔已传22代,人口1000多人。

"适中阮氏",系东中村阮氏的分支,人口200多人。

6."厦门阮氏"的分衍情况

"厦门港阮氏"是由角美镇石美村的阮厝迁来,多数从事海轮运输和捕鱼为业,人口500多人。

"灌口阮氏"由南安阮厝迁来,人口60多人。

"杏林阮氏"由南安阮厝迁来,人口40多人。

7."南安阮氏"的分衍情况

"南安阮厝",南安县(现南安市)荣都乡南坪村阮厝社的阮氏,开基祖阮加走,是从龙溪县角美镇石美村的阮厝迁来,属石美祖第十代孙。后裔传至13代,人口400多人。

笔者在访谈中(2004年5月8日),从南安大宇的阮竭进得知台湾彰化县长阮英雄是从南安市荣都镇南坪村阮厝社分衍迁去,并在南安市尚有阮氏聚居,其中美林镇西埔有400多人,城美镇露江90人,洪濑镇洪南小区阮厝87户350多人,仑苍镇大宇130多户1000多人。又从此处移居台湾者有31人,尚未回来认亲。

8."台湾阮氏"的分衍情况

"台湾阮氏"于清康熙年间,漳浦下魏人阮文,任厦门水师中营参将进驻台湾。繁衍后裔居住台南,人口4000多人。

9."广东阳春阮氏"的分衍情况

"广东阳春阮氏",为南靖下碑村阮氏的分支,系阮恂质的第三世孙阮继承、夫人游氏开基,人口400多人。

10."安溪阮氏"的分衍情况

"安溪阮氏"一世祖阮太江,自漳入泉,居安溪依仁里,又名溪湖店。传

15代，人口100人。

11."龙士村阮氏"的分衍情况

"龙士村阮氏"，约在民国二十五年（1936年），从南安县荣都乡南坪村迁入龙海县角美镇龙士村而居，人口50多人。

12."平潭阮氏"的分衍情况

据平潭阮氏族谱记载，明末，阮来龙由龙溪县角美镇石美村迁居福清县海口定居，人口120人。

平潭阮氏传至第三代的长子阮有发迁至平潭县苏沃镇玉屿村定居，传至11代，人口332人。次子阮有曾迁往连江县镇海镇晓埕定居，三子阮有庆迁往厦门定居。

除了上述有详细的分衍资料外，其他不齐全的分衍资料，及与本书调查点较为无关的，就直接列入"漳州龙溪石美阮氏分衍表"中（见表2-1），又将各地的阮氏在聚居地拥有祠堂的，提示于表内的"堂号栏"里，同时注明其祭祀日期。

（三）埭内社的阮氏

龙海市海澄镇豆巷村埭内社阮氏开基祖"埭内祖"阮明焰（夫人陈氏），由漳州府龙溪县角美镇石美村埭头社（阮厝）迁居海澄（月港）埭内社，至今传至24代，已有600多年的历史。阮氏先祖在清朝曾任"辇信大夫"、"按察军文"等官职。"竹林堂"被立为埭内社阮氏祠堂，已有230多年的历史。祠堂内曾挂有一块"圣旨"匾，祠堂前立有三对"旗杆"。因无族谱资料，从开基祖阮明焰到第十七世的情况已无从查找，第十八世以下的情况，大多有明确的记载。

在埭内社，据说除了"竹林堂"的守祖这一家族之外，少数分散在埭内社附近的阮氏，在20世纪50年代初基本上都上了岸。《福建省龙海市海澄镇豆巷村埭内社阮氏家谱》显示，埭内社阮氏从第十八世祖先（不知其名）开始被称为"台湾祖"，在道光年间从事月港与台湾之间的运输业，这是他们能够追溯到的最早祖先。在十八世"台湾祖"遇难后，十九世的祖先们（三兄弟）不跑远洋而改为内港的运输。二十世这一代（10个堂兄弟、4个堂姐妹）大都生于光绪初、中期，有的生于同治年间，多数以务农为主，养牛耕地，养乳牛卖牛奶,有2人去了新加坡,1人还乡。二十一世这一代有10个堂兄弟7个堂姐妹,多以务农为主,兼做米粉或打工,有不少人年轻时去过新加坡谋生,但只有少数定居在新加坡。这代人绝大多数出生于光绪末年,少数出生于民国初年,没有什么文化,大多生活比较困难。1946年(民国三十五年)闹灾荒时,出现了外出乞讨、卖鱼、卖儿女的悲惨情景。二十二世这一代有堂兄弟14个,堂姐妹16个,多数出生于民国年间,生活还是比较困难,许多人上不了学,少数人读到初中,吃过苦,受过难。1949年后,大家的生活水平不断提高,有的入了党,当了干部,有的还盖了楼房,这就是现在埭内社的景象。二十三世这一代大多出生于20世纪50年代后期到70年代后期,有25个堂兄弟,18个堂姐妹,普遍读到了初中,还有1人是本科毕业,现服务于公安局。这一代的人都为人父母了,上有父母,下有子女,是埭内社阮氏的中坚。二十四世这一代人出生于1984年以后,目前为止有20个堂兄弟,17个堂姐妹。在埭内社阮氏族人明确能记忆的7代人中,总共有205人,扣除二十一世以前的人数,现有146人。埭内社阮氏唯一禁忌是不可吃白鸡,因第十八世"台湾祖"遇难死于海中。因用白鸡引魂做功德,此后埭内社姓阮的就不能养白鸡,更不能吃白鸡。

证实埭内社的阮氏为石美村埭头的阮氏之分衍有二:其一,在阮宝国的记忆中有着祖父允旦与其三哥允昌坐船经过三个区域才到石美祭祖,祭祖须穿蓝色长衫。其二,依据阮位东所整理的《漳州阮氏族谱研究参考资料之四》的内容来互酌证实。

埭内社阮氏的族谱编纂,最早是阮位东于1993年12月整理出《漳州阮氏族谱研究参考资料之四》,后来再结合现存埭内社阮氏祖坟的情况,同时参考老前辈的传说,由阮宝国于1999年8月编写成《福建省龙海市海澄镇豆巷村埭内社阮氏族谱》(宁可说是整理资料)。这仅仅是初稿,有很多值得进一步探讨研究的地方,显示了埭内社阮氏族谱的编纂还在摸索之中,其内容积极地暗示着,极想确立埭内社阮氏与冲绳阮氏有直接的关系。冲绳阮氏在收到埭内社阮氏族谱初稿时,曾经询问有关冲绳阮氏始祖阮国之父母的线索,埭内社阮氏却无法提供确实的证据。这也说明了十八世以前的记载是笼统的,在十八世之后才有明确的记载。

(四)埭内阮氏"竹林堂"祖祠的概况

据《福建省龙海市海澄镇豆巷村埭内社阮氏家谱》记载,原来的埭内阮氏祖祠大约建于乾隆四十年（1775年），至今已有230多年，坐落在阮氏子孙聚居处，坐西南偏西，朝东北偏东。祖祠为单座，面积120平方米，祖庙内后部正上方挂有一块清朝皇帝授赐的"圣旨"匾额，长约80厘米，宽45厘米（于1959年祖祠被拆时毁掉）。祖祠前围墙内有一露天院子，约60平方米，祖祠墙外约有60平方米的草地上也竖立了左边两对、右边一对，共三对的石制旗杆座，整个祖祠的总面积为240多平方米。

祖祠是子孙后代祭拜祖先的地方，同时也是休闲娱乐的场所。昔时，农忙抢收，捆绑米粉时都利用祖祠为场地。1949年后，政府征用做粮食仓库，1959年冬季（公社化初期）又被莲花公社豆巷大队改建为米粉加工厂达三十多年，这期间祭祖活动基本上中断。20世纪90年代初恢复祭祖活动时没有祖祠，祭祖活动无法进行。起先是经济条件不允许，对有没有宗祠也不太介意，但政府的政策放宽后，月港附近的宗亲要来祭祖时没有场所，他们提议让当时拆撤祠堂的地方政府来负责建造祠堂。经过几次与村委会协商后，因村里的经费困难，只同意补贴人民币8000元，但以埭内社阮氏应上缴的统筹款相抵。阮宝国说建设资金筹出了五六万元时就开始动工，可见建祖祠虽然也是受到冲绳阮氏的影响，但即使没有他们来寻根祭祖，迟早也会建祠堂的。

经埭内阮氏守祖子孙后代多次讨论研究，成立了理事会，筹备重建工作，确立了边筹钱边开工的原则。1997年冬，新祠在祖祠的旧址上动工，分三个阶段进行施工：第一阶段先建祖祠的主后座120平方米；第二阶段为了便于祖祠的管理，扩建祖祠的前座100平方米，以利祭祖的方便，增大休闲娱乐场地的空间；第三阶段为内外装修，平整祠堂前的草坪并恢复竖立了三对旗杆座。重建后的新祠总面积300多平方米，耗资十多万元，1999年冬竣工。2000年2月23日（农历正月十五日），竹林堂举行了晋主仪式，2月25日举办了落成庆典。

重建埭内阮氏"竹林堂"祖祠时的捐资者有：（一）埭内守祖房：52丁，每丁720元，计37440元；个人（47人）捐资54660元，共92100元。（二）港尾房：集体捐款2250元，个人（30人）捐款6000元，共8250元。（三）墩上房：集体捐款4000元，个人（15人）3000元，共7000元。（四）洪屿房：个人（12人）捐款2400元。（五）港边房：个人（5人）捐款2000元。（六）海澄漳码房：个人（4人）捐款960元。（七）豆巷村委赔补8000元。

月港"竹林堂"在1998年设立祠堂管理制度，为确保祠堂的卫生整洁和

保护公共财产,特制定以下规章:

（一）祠堂管理人员每年轮换一次,时间以冬至后至次年冬至后移交。

（二）祠堂卫生和公物由当年值班人员负责检查监督管理,如需借用,必须经理事会研究同意,任何人不得随便答应。

（三）祠堂内外要保持卫生清洁,不准在祠堂内外及通巷堆放杂物。如果建设暂时借用,须经当年值班人员同意,用后必须打扫整洁。

（四）本祠堂平时每星期只开一天(白天),每逢春节,初一至初五开放,让大家活动。

（五）一年二祭和清明开支由理事会研究决定,并在移交时向理事会汇报公布当年开支情况。

（六）如果老人事要做仙道,只能本姓才能借用,其他社里事,一律不能借用。

（七）以上条约,望大家共同遵守,互相监督。如违反者,理事会及当年值班人员有权制止。

值班人员的选用以掷茭决定,按二十二世一位长老辈,两位二十三世年轻人为一组。这种组合是为了能带动年轻一辈人学习如何祭祀祖先,让年轻人以参与的方式得知将来自己应负的责任。

在祠堂内如有不轨的行为,值班人员对此具有制止权。但其主要职责是负责接待客人,掌管公有财产,准备祭祀用品并确保祭祀的实现。

五、小　结

从2004年到2005年,笔者先后走访了福州、泉州、南安以及漳州等四个区域中的9个村落。大陆阮氏在这些村落中具有相似的特点,即人口较为稀少,在中华人民共和国成立前已存有的宗祠,皆遭挪为他用,近几年来有出现的宗亲会复兴及修造祠堂的趋向。

1. 总体来看,大陆阮氏的人口稀少。比如福州前屿阮氏的人口占该村人口比例的一半,也不过五六百人。而南安大宇阮氏的人口有1000多人,是笔者走访9个村落中最多的,也不过占该地人口的八分之一。其次是泉州西门阮氏五六百人、南安洪濑阮氏350人、福州城门阮氏222人、海澄月港阮氏146人、晋江新铺阮氏70多人、晋江茂趣阮氏32人,而最少的是龙海石美阮氏,只剩看守祠堂的一户五人。

2.1949年以前存有的祠堂,在1949年后都曾转为他用。比如福州前屿的阮公祠,从1950年成为福建省人民革命大学第一分部的校舍开始,先后改为石油仓库、拖拉机停车场、鼓山区人民公社办公处、公安派出所、草织厂、皮鞋厂、制茶厂,直至2000年修造阮公祠为止。又如南安大宇祠堂,在1949年后被当作夜校的教室,其后是煮大锅饭的食堂、电镀场,直到2002年收回重建。龙海石美阮氏的"世德堂"也同样被当作粮仓使用。海澄月港阮氏的"竹林堂",在1949年后被征用为粮仓之后,又被大队拆除改建为米粉加工厂,直到1999年收回重建。笔者同时也注意到,这些宗祠的用途转变是顺应国家在不同时期的需求,而形成的必然趋势。

3.自从冲绳阮氏回大陆寻根,并于1993年资助修建龙海石美"世德堂"后,大陆各地阮氏兴起了组织宗亲会、修造祠堂的风潮。先是1993年,阮氏聚会于福州的"阮公祠",成立福建省阮姓宗亲联谊会。1999年,龙海市海澄镇豆巷村(月港)"竹林堂"。2000年,福州前屿村"阮公祠";2000年,泉州西门阮氏"竹林堂"、茂厝"竹林堂";2002年,有福州城门阮氏子祠"竹林堂"、南安仓苍镇大宇阮氏祠堂,以及尉氏县阮姓宗亲联谊会的成立。但是无论是全省性的、全县性的联谊会,或是该地的宗族组织,都属于松散组织。

20世纪80年代以来,中国已掀起了宗族复兴的潮流[①](钱杭2001、潘宏立2002)。在宗族普遍复兴的大背景下,大陆阮氏一方面顺应了这个潮流,另一方面因为与冲绳阮氏的特殊关系,而促使全省性、全县性的联谊会成立,以及各地阮氏修建祠堂的趋向。

---

① 比如1981年开始了浙江平阳陈氏的联宗活动(参见钱杭:《血缘与地缘之间——中国历史上的联宗与联宗组织》,上海:上海社会科学院出版社,2001年,第290~308页)。闽南方面的宗族复兴,尤其是进入1990年代显得更为活泼,比如1995年5月12日,由泉州市共产党宣传部召开的"泉州地区社团组织秘书长大会"时,已在政府登记的18位宗亲会代表收到通知,出席参加。但当日列席的,另有没被通知的25位宗亲会代表,他们的出席,使主办单位大吃一惊。到1997年9月为止,以"研究会"名义的宗亲会组织得到市政府的批准,达到76个(参见潘宏立:《现代东南中国的汉人社会——闽南农村的宗族组织与其变容》,东京:风响社,2002年,第255~259页)。

第三节 阮氏迁移琉球与其繁衍

冲绳阮氏移民到琉球是在琉球对中国朝贡贸易的大背景下发生的,是在朝贡国琉球需要朝贡贸易事业人才的情况下入籍琉球的,是得到移出国和移入国双方政府认可、支持的移民行为。这是阮氏移民到琉球的特别之处,也是与一般移民不同的地方。在叙述有关冲绳阮氏时,将出现一些罕见的词语。为了能够较准确地理解这些词语的含义,也须阐明琉球王国的时代背景、社会组织及制度。

一、琉球、冲绳历史上的划分

琉球在历史上大致可分为:

1.古琉球,从大约11世纪开始的城堡时代(グスク时代),1429年琉球王国的成立,到1906年萨摩藩岛津氏入侵琉球。

2.近世琉球,从1609年岛津氏入侵琉球后,至日本政府在1872年废"琉球国"为"琉球藩",又在1879年废"琉球藩"而成为"冲绳县"为止。

3.近代冲绳,从1879年的废藩置县后,琉球正式以冲绳称之,到1945年第二次世界大战结束。

4.战后冲绳,从1945年,开始了美国统治时代,设立了"琉球政府",行政权于1972年5月5日归还日本到今日。

二、久米村的发展与衰退

明洪武五年(1372年),明太祖将"瑠求"改称琉球,并遣行人杨载下进贡的诏书给琉球。这进贡诏书的到来,正处于三山时代。最先接受进贡要求的是当时的中山王察度,同年的秋天,他派遣其弟泰期带着马匹及进贡物品前往中国,这是中山与明朝正式往来的开始。接着是南山王的承察度

(1380年)、北山王的怕尼芝(1383年)带着贡品陆续进贡。①

明朝招谕琉球,是因为明朝一开始就将海外贸易限定于严格的朝贡仪式之下,为了维护其政权的利益,对私人海上贸易实行"寸板不许下海"、"寸货不许入番"的海禁政策。洪武四年(1371年),明太祖首颁禁令"禁濒海民不得私出海"。其目的在于希望更多的国家来称臣纳贡,不仅满足明王朝统治者以大国自居的自尊性,而且满足了他们对海外奢侈品日益剧增的需求。② 从琉球方面来说,进贡是琉球能与中国进行贸易的一种国际礼节,不进贡称臣就不能进行贸易,进贡的目的完全是注重能合法贸易本身上。③

在中琉关系史上,谢必震曾这样形容,就明清两朝所有与中国保持友好关系的国家来看,没有一个国家能像琉球那样可以一岁再贡、三贡。琉球是对中国朝贡贸易次数最多的一个藩属国,琉球的中介贸易曾一度成为明代中国对外贸易的重心,没有一个国家像琉球国那样得到中国政府一次又一次的册封。没有一个国家像琉球国那样,得到中国政府正式颁令移民移居藩属国。1392年由明政府颁令,闽人三十六姓移居琉球,促进了琉球社会的迅速发展。④

从《明实录》永乐九年(1411年)四月条目里,辅助琉球中山王察度与明朝进贡四十余年的年迈程复(81岁),请求告老返乡之事,倒算年数正是察度王与明建交的1372年就有中国人在琉球。其实这样的例子也散见于收集从1424年到1867年为止的琉球王国与中国的明清两朝,朝鲜、暹罗、安南、爪哇、旧港、满剌加以及佛太泥等国的外交文书的《历代宝案》。⑤

1392年,明政府下赐的是整批的职能集团,即闽中的船工、操舟者、司礼仪文书者以及通译者等,聚居在久米村(又称唐荣)。⑥ 三十六姓来到明朝册封体制下的琉球国,担任起朝贡贸易的重要职责,广泛地开展与东南亚诸国的贸易来往,促使琉球实现了从未有过的从14世纪到16世纪的大交

---

① 比嘉春潮:《比嘉春潮全集》第一卷,那霸:冲绳タイムス社,1971年,第61页。
② 谢必震:《中国与琉球》,厦门:厦门大学出版社,1996年,第31～32页。
③ 谢必震:《中国与琉球》,厦门:厦门大学出版社,1996年,第62页。
④ 谢必震:《中国与琉球》,厦门:厦门大学出版社,1996年,第1页。
⑤ 田名真之:《古琉球の久米村》,琉球新报社编:《新琉球史:古琉球编》,那霸:琉球新报社,1998年,第226页。
⑥ 東恩納寬惇:《黎明期の海外交通史》,那霸:琉球新报社,1969年(再版),第354～359页。

易时代。这也意味着贸易的盛衰直接关系到久米村的兴废。

1511年,葡萄牙占领了满刺加后,琉球船代之以旧港(今印尼巨港)及马来半岛东岸的佛太泥(今泰国北大年)为停靠港,但于1518年及1543年,先后与旧港及佛太泥结束了交易,最后剩下唯一贸易国暹罗(今泰国),也于1569年断绝了交易。从此以后,对中国的进贡贸易也就只能细水长流似地维持下去。大交易时代的尾声改变了久米村人的生存基础,也改变了琉球王国自身的机制。①

16世纪前半期,琉球王国确立了奄美群岛、宫古及八重山诸岛的支配权,构筑了统治体系,完成了古琉球王国。首里及那霸的人士,按王国的体制编入官吏制度中。然而基于另外编制原理下的久米村人,由于受到贸易不振的直接影响,动摇了生存根基。这导致在17世纪前后,久米村人离开久米村成为首里、那霸人士。但对久米村人的职责,依然限定于外交、进贡关系上。久米村的人才流出,对久米村的衰退无疑是雪上加霜。这半废墟状态的久米村情况,1606年出使琉球的夏子阳曾指出:"今诸姓仅存蔡、郑、林、程、梁、金等六家。"②《使琉球录》对此也有描述:十六姓者,昔所居地曰"营中","今强半丘墟,过之,殊可概焉!"③实际上也表现在久米村最早任地头职位的,是在1543年的蔡朝用。在此之前,久米村人从来不像首里或那霸官员一样赐给领地。因为当时的久米村人从事贸易,可以获得丰厚的利润,久米村人没有必要成为琉球王府的官员,不需要领地。蔡朝用被任命地头职位,意味着只靠贸易是维持不了生活的,这是贸易萧条的结果。④

三、振兴久米村政策之一的阮氏入籍

冲绳久米村是于洪武二十五年(1392年),下赐闽人三十六姓后所形成的华人聚落,称之唐荣。琉球王国在14—15世纪有过繁荣的海外贸易,而久米村正是基于琉球与中国间的进贡与册封关系,得以长期存在的聚落。

---

① 阮氏纪念志编辑委员会:《久米阮氏纪念志》,阮氏我华会,1998年,第8~11页。
② 田名真之:《近世琉球久米村的成立与展开》,琉球新报社编:《新琉球史:近世琉球编》,那霸:琉球新报社,1998年,第209~210页。
③ 转引自谢必震:《中国与琉球》,厦门:厦门大学出版社,1996年,第45页。
④ 阮氏纪念志编辑委员会:《久米阮氏纪念志》,阮氏我华会,1998年,第11页。

反过来说,琉球也就是因有久米村的存在才能长期维持与中国的良好关系。随着16世纪后期亚洲情势的剧变,导致王国贸易的衰退,同时也意味着久米村的萧条。当时的久米村只剩下蔡、郑、林、程、梁、金等六家,甚是荒凉,王府为了维持与中国的关系,在振兴久米村的一系列方案中,实施将懂得中文及知书达礼者移入久米村籍的政策,以弥补久米村人口过少的缺陷。[①] 1607年,阮氏与毛氏入籍琉球,补了久米村的人员之缺。

四、冲绳阮氏的分衍与发展

自阮氏始祖阮国入籍琉球,经过400年的发展,今日已达成一个繁荣宗族。琉球王国时所编纂的家谱,大宗小宗共有12本。姓氏连同大宗本家(始祖的直系)的神村,分为13个姓氏。现在的阮氏一族不止是居于那霸的久米村,也分布在冲绳的中部具志川市、嘉手纳町等全岛各地。

久米村的阮氏始祖阮国,依《阮氏家谱》的记载,嘉靖四十五年(1566年)出生于福建漳州府龙溪县,父母不详。妻为住处若狭町的菊寿才府的女儿真那武樽,生有一男三女,长女生于万历三十五年(1607年)。当时年过四十,家乡方面是否已有妻子,家谱上并无记载,不得而知。可从家谱的记录得知阮国的履历如下:

(1)万历二十二年(1594年),琉球国进贡使菊寿等一同,本是前往福州,因错了路线,漂流到浙江。闽抚金学曾向朝廷禀告此事,派遣阮国护送进贡使一行返国,这是阮国第一次到琉球。

(2)万历二十八年(1600年),琉球派遣长史蔡奎等人秉持请求册封的表文来到中国,返程误了航线,向福建衙门请求援助。于是派遣阮国及漳州人毛国鼎护航返琉。这是阮国第二次到琉球。

(3)万历三十年(1602年),因迎接册封使被琉球尚宁王任命为都通事(精通琉球语的中国人),前往福建。在万历三十四年(1606年),陪同册封正使夏子阳、副使王士祯返回琉球。

---

① 凡能通华语、知礼的首里、那霸士族十姓,及除了阮、毛两姓之外,尚有中国系统六姓皆编入久米村籍(参见富岛壮英:《明末における久米村の衰退と振興策について》,《第一届中流历史关系国际学术会议论文集》,台北:联合报文化基金会国学文献馆,1987年,第478~483页)。

(4)万历三十四年(1606年),以正议大夫职位,护送册封使前往福建,翌年返琉。

(5)万历三十五年(1607年),领受西原间切的我谢地头职。

(6)天启七年(1627年),恩赐的俸禄为二十石。

从以上记录得知,阮国在1600年护航长史蔡奎等人回到琉球时是中国人的身份,但在1602年作为都通事前往福建时,身份已是琉球国的官吏,但真正的入籍琉球是在1607年。阮国入籍琉球之事,《阮氏家谱》有如下记载:

命下合无移咨该巡抚衙门并琉球国王将阮国毛国鼎
　即充赐姓令其跟随贡谢导引归身以外不必再行
　遣发以滋烦扰等因万历三十万年九月十五日本
　部署部事左侍郎兼翰林院侍
　读学士杨等具题二十八日奉
圣旨是钦此钦遵照三十六姓诸相应照依题
　奉
钦依内事理不必续行其阮国毛国鼎发著该国而充导
　引朝贡之助其原籍差徭已经以咨福建巡抚衙门
　豁免去后拟合行文知会为此合咨贵国烦为查照
　本部题奉
钦依咨文内事理钦尊施行须至咨者

从以上内容得知,阮国在入籍琉球之前,曾数次往返于中国与琉球之间,从1594年到1607年前后持续了十三年的时间,终于不但不必履行中国的劳役,并得到朝廷的批准,入籍琉球。阮国入籍琉球,意味着以士族身份入居久米村。

琉球王国时代的社会阶层可分贵族、士族、平民(参见表2-2)。王府公认的士族门第大约六百数十多,在冲绳本岛依照居住场所的不同,分有首里、那霸、久米村及泊村等四个系统的士族。①

---

① 多和田真助:《門中風土記》,那霸:沖縄タイムス社,1986年,第39~40页。

表 2-2　琉球王国的社会组织

阶层	官职名称	官 品	衣着佩带
贵族	王子	正一品	金襴赤地浮织冠　（大带）锦、金襴（簪）黄金龙头浮雕绿袍
	按司	从一品	黄地浮织冠　（大带）锦（簪）黄金覆盆子浮雕　青袍
	亲方 三司官	正从二品	紫冠(三司官紫色浮织冠)　绣龙黄带（簪）三司官黄金覆盆子、一般金花银柱蓝袍
士族	亲云上	从六品至正三品	黄冠　银簪
	里之子亲云上	正七品	黄冠
	筑登之亲云上	从七品	黄冠
	里之子	正八品	红冠
	若里之子	从八品	红冠
	筑登之	正九品	红冠
	筑登之座敷	从九品	红冠
平民	亲云上	从六品	
	筑登之座敷	从九品	
	赤头	无品	青冠

资料来源：《东恩纳宽惇全集》第二卷，东京：第一书房，1978年，第6～7页。

士族阶层里有首里士族、那霸士族、泊士族及华人的久米村士族等四门阀。

门第有"筑登之"（又名筑登之筋目）之家及"里之子"（又名里之子筋目）之家两种。以筑登之职位达到退休年龄是赐黄冠，称"筑登之亲云上"，如赐有俸禄时，只号称"亲云上"。又如当了一村一邑的领主时，则号称"亲方"。但能升格到"亲方"的只限于首里门阀，而一般士族的极位只到"亲云上"。

（一）阮氏的家谱及系祖①

琉球王国时代，士族阶层各"族"皆冠着姓氏编纂家谱。家谱的编纂

---

① "阮氏的家谱及系祖"与"阮氏的仕途"的内容，参照《久米阮氏纪念志》加以解释。

由王府主导,除了大宗本家的家谱外,同时也制作各小宗分家(各房)的家谱。

阮氏的本家及分家共有12册的家谱,是久米村内拥有第三多家谱的宗族,这显示出阮氏宗族的发展与壮大。从家谱一览表(见表2-3)以及依此表制成的阮氏各房系家谱及系祖图(见图2-1)中,我们可以了解到阮氏的分衍状况,追溯到各自家名(姓氏)的来源。

表2-3 家谱一览表

1	福建省漳州府龙溪县人 大宗讳国	阮氏 双牛宫城亲云上
2	元祖讳国长子讳士元支流二子中议大夫起凤天久亲云上	阮氏 许田亲云上
3	元祖讳国七世讳世晋支流二子功烈与古田亲云上	阮氏 与古田子亲云上
4	元祖讳国四世讳维德久天亲云上支流二子为模真荣城亲云上	阮氏 真荣城子亲云上
5	元祖讳国五世为标支流二子民安	阮氏 与古田子亲云上
6	阮祖讳国孙讳起龙支流四子维新宜保亲云上	阮氏 宜保子亲云上
7	元祖讳国六世讳民协支流三子世昌与古田子亲云上	阮氏 与古田子亲云上
8	元祖讳国六世讳民协支流二子世晃	阮氏 与古田子亲云上
9	元祖讳国五世讳为标支流六子民伯与古田里之子	阮氏 与古田子亲云上
10	元祖讳国四世讳延嘉支流二子讳玠	阮氏 吉元亲云上
11	元祖讳国五世讳玠支流三子超陞真玉桥子亲云上	阮氏 真荣田子亲云上
12	元祖讳国五世讳玠支流四子讳超叙小渡亲云上	阮氏 小渡子亲云上

注:"子"是"里之子"的略称。

资料来源:《久米阮氏纪念志》,阮氏我华会,1998年,第25页。

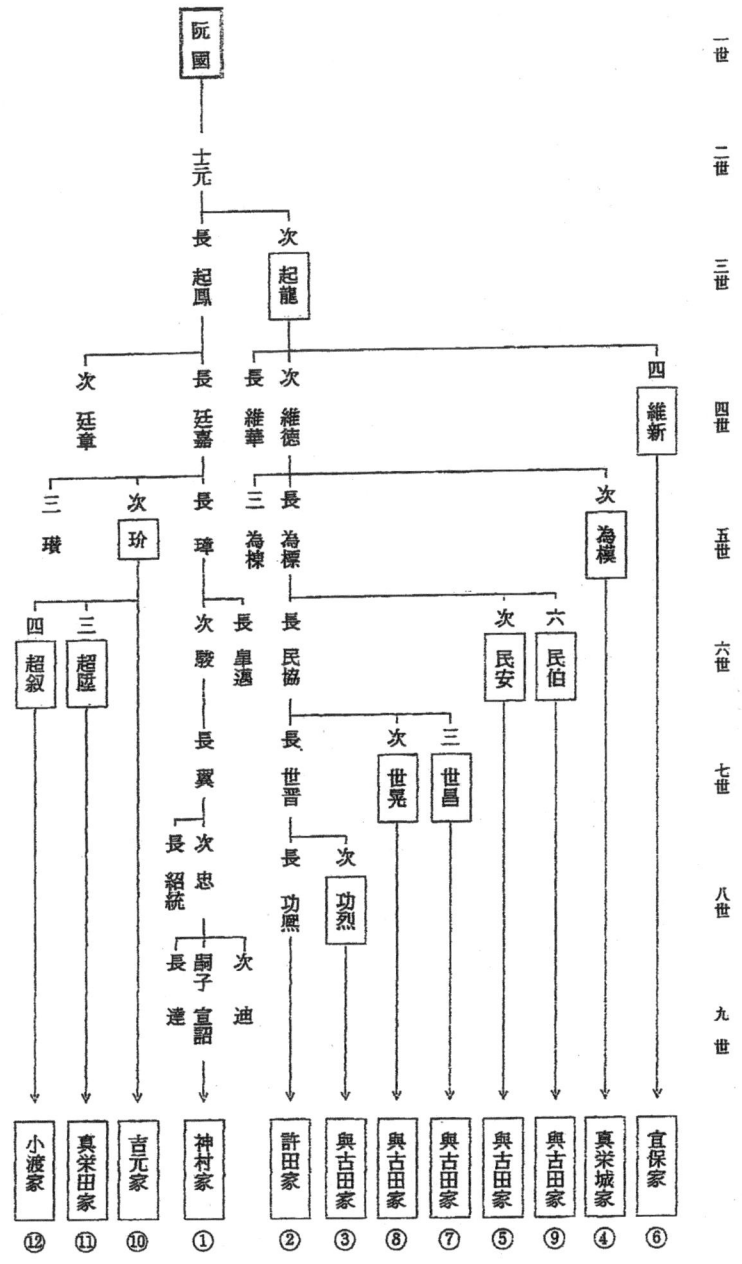

图 2-1　阮氏各房系家谱及系祖

注：1. 方格内的名字是各系祖
　　2. 图下的数字与表三家谱一览表的数字相对应

资料来源：《久米阮氏纪念志》，阮氏我华会，1998年，第27页。

家谱一览表的解释如下：

1. 大宗讳国为一世始祖，即是本家的家谱，其直系后代均成为"双牛宫城亲云上"，直至道光十三年(1833年)。本家以神村为家名，是从同治四年(1865年)，九世阮宣诏当了南风原间切神里村的地头职位时而得此姓。

2. 以始祖阮国之长男阮士元的次男任中议大夫阮起凤天久亲云上，为这房系始祖的家谱，这家谱的子孙为许田亲云上。

3. 以阮国之七世孙阮世晋的次男阮功烈与古田里之子亲云上为系祖的家谱，其子孙是与古田里之子亲云上。

4. 以阮国之四世孙阮维德天久亲云上的四男阮为模真荣城亲云上为系祖的家谱，其子孙是真荣城里之子亲云上。

5. 以阮国之五世孙阮为标的次男阮民安为系祖的家谱，其子孙为与古田里之子亲云上。

6. 以阮国之三世孙阮起龙的四男阮维新宜保亲云上为系祖的家谱，其子孙为宜保里之子亲云上。

7. 以阮国之六世孙阮民协的三男阮世昌与古田里之子亲云上为系祖的家谱，其子孙为与古田里之子亲云上。

8. 以阮国之六世孙阮民协的次男阮世晁为系祖的家谱，其子孙为与古田里之子亲云上。

9. 以阮国之五世孙阮为标的六男阮民伯为系祖的家谱，其子孙为与古田里之子亲云上。

10. 以阮国之四世孙阮延嘉的次男阮玠为系祖的家谱，其子孙为吉元亲云上。

11. 以阮国之五世孙阮玠的三男阮超陞真玉桥里之子亲云上为系祖的家谱，其子孙为真荣田里之子亲云上。

12. 以阮国之五世孙阮玠的四男阮超叙小渡亲云上为系祖的家谱，其子孙为小渡里之子亲云上。

姓氏的扩大显示出阮氏一族的发展。一世阮国的姓氏为我谢，子孙们的姓氏从我谢开始到神村、与古田等，合计有13个姓氏。这是从王国时代到现在一直延续下来的。

琉球王国时代，士族在执行职务时，有了功绩就进阶升官。其中少量的士族被任命为"地头"的职位。能任职"间切"①地头职位的只有按司及亲方,称"惣地头"。而就职"间切"之下"村"的地头职位是亲方的次男以下及亲云上,称"筋地头"。地头本来的职责是治理"间切"或为"村"工作。但到了近世,实际上是由地方官员及由王府派出的官员来操作行政。

虽是如此,但地头对"间切"或"村"持有一定的权力,可拥有指定田地的收入,可征收当地百姓的"夫役钱"(驱使百姓劳动权以金钱换算)。因此地头职虽是个官职,但除非有特殊情况,一般来说是不必亲自到当地任职,也不负行政责任,只是对有功之家的恩赏,即所谓的俸禄。重要的是,因把"间切"或"村"当作领地,因此以"间切名"或"村名"为姓氏。

因此,一世的阮国当上"西原间切我谢村"的地头职,从我谢村取得收入,也同时以这村的名称,称为"我谢亲云上"。阮氏的其他姓氏也一样,一族中谁当了该村的地头职,就以该村的村名为姓。但是父亲当上地头的职位被称"某某亲云上",孩子也是同姓,意味孩子本身没当上地头职位,孩子的阶级称号将是"某某里之子亲云上"。

至于冲绳阮氏的姓氏,依据图 2-1 姓氏系统图中的号码顺序一一加以说明。

1. 我谢 一世的阮国任职西原间切我谢的地头,称为我谢亲云上。我谢此姓,由二世的士元、三世的起凤继承。但直系本家系统在四世的长男延嘉时,任职丰见城间切真玉桥的地头,称姓为真玉桥。此时的我谢之姓由四世的次男延章蹈袭。

2. 宜保 三世的次男起龙天久亲云上之四男维新任职丰见城间切力的地头,称姓为宜保。宜保的姓为维新的系统。

3. 山田 直系四世延嘉真玉桥亲云上的三男瓒任职恩那间切山田的地头,称姓为山田。山田此姓是瓒的子孙系统。

4. 真荣城 支系四世维德天久亲云上的次男为模任职北谷间切名岛力

---

① 有关采地的"间切"、"村"的中文用词,谢必震《中国与琉球》的琉球诸官采地俸禄分配表及胡沧泽《琉球官制论》的琉球官吏采地俸禄表(《第五届中琉历史关系学术会议论文集》,福建教育出版社 1996 年,第 510~528 页)皆引用了徐葆光的《中山传言录》,以"府"、"县"来表示"间切"、"村"。但笔者认为从字面上,两者所指的行政区域范围确实不相吻合。本文将从实引用"间切"及其下位行政单位"村"表示采地,不加中译。"间切"与"村"的规模大约等于现在的行政单位的"村"及其下位行政单位的"字"。

的地头,称为真荣城亲云上。此事在反映 19 世纪的《氏集》里也有真荣城的存在,其子孙也蹈袭了此姓,但现在的阮氏却说没听过有真荣城此姓。

5. 小渡　支系五世玪真玉桥里之子亲云上的四男超叙为摩文仁间切小渡的地头,其直系子孙蹈袭此姓。

6. 名城　支系五世为标与古田亲方的四男民表成为真壁间切名城的地头,其子七世的功发嗣父业也成真壁间切名城的地头。由此其子孙应以名城为姓,但现在的阮氏里无法确认此姓的存在。

7. 与古田　打从支系五世为标成为大里间切与古田的地头以来,从其分出的子子孙孙皆以与古田为姓。起先孩子的这一代有次男的民安、三男的民仪、六男的民伯各系统,其次孙子的这一代有次男的世晁、三男的世昌的系统,之后的曾孙这一代有次男八世的功烈之系统,共有六个系统均用此姓。从这六个系统分衍出多数的子孙,在阮氏之中,以与古田称姓的人为数最多。

8. 真玉桥　直系的本家系统在四世的长男延嘉任职丰见城间切真玉桥的地头开始,称姓为真玉桥。此后直系本家延嘉的长男璋任职小禄间切双牛宫城地头,改姓为双牛宫城,真玉桥此姓由次男玪蹈袭。五世玪的四个孩子之中,由三男超陞蹈袭真玉桥,而四男的超叙改姓为小渡。超群不知是长男还是次男,改姓为汀间。最终超群这系姓称吉元,超陞的孩子那一代以后也改姓为真荣田。结果现在称姓真玉桥的,有五世玪的不知是长男或次男的超群的次男、三男的系统及三男超陞的次、三男的系统。

9. 宫城　开始以双牛宫城为姓的是,本家五世璋任职小禄间切双牛宫城地头而改姓。因此,本家在六世、七世及八世皆称姓为双牛宫城,到了九世宣诏改姓为神村。本家从五世到八世之间子孙都以双牛宫城为姓,除了直系之外,大多早死或过继他房。总之,以双牛宫城为姓的仅是七世的翰之系统而已。但现在我华会会员中无此姓。

10. 真荣田　是以支系六世超陞真玉桥里之子亲云上为系祖的系统,从七世以下改姓为真荣田。

11. 吉元　是五世玪真玉桥里之子亲云上的系统,后来改姓为吉元。吉元为真玉桥、真荣田及小渡的小宗本家(因神村为阮国的大宗本家,故之为小宗本家)。

12. 许田　支系三世起龙天久亲云上的直系八世功熙任职名护间切许田的地头,以后以许田为姓。同系统是从天久姓(三、四世)经过与古田姓

(五到七世)最后是许田姓。如上述所说,到了称姓为与古田时,子孙繁衍。

13. 神村　本家直系九世宣诏于同治四年(1865年)任职南风原间切神里村地头,以神村为姓。此后,本家系统以神村为姓。在阮氏家族中是一个最慢出现的姓氏。本家是从我谢姓(一到三世)、真玉桥姓(四世)、双牛宫城姓(五到八世)到最后的神村姓。依照以地名为姓的惯例,最后的姓应是"神里"才合理,据小渡姓的族人所述,当时该村里有位拿着镰刀割人头的杀人魔的姓为神里,因而把"里"去掉,以神村为姓。

(二)阮氏的仕途

曾经拥有过12本家谱的阮氏,因在二次大战中烧毁或丢失,现仅存大宗本家的神村家谱以及小宗的小渡家谱。现以大宗的神村家谱来概述阮氏的仕途。

首先,始祖阮国在万历三十年(1602年)为接封之事,以都通事的身份赴闽,万历三十四年(1606年)以正议大夫(从三品)的身份护送册封使赴闽,又万历三十五年(1607年)拜领西原间切我谢地头职,后于天启七年(1627年)领世袭性的家禄二十石。

二世士元,天启五年(1625年)被举为"秀才"①,崇祯四年(1631年)为请封之事,以总管(船中祭祀菩萨、船员的起居)的身份赴闽。崇祯六年(1633年)晋升通事(口翻官),崇祯九年(1636年)为进贡之事,以在船通事的身份赴闽。崇祯十三年(1640年)继承家业领家禄十五石,崇祯十四年(1641年)晋升都通事。

三世起凤,崇祯十二年(1639年)初为"子和部",崇祯十六年(1643年)举为秀才;顺治三年(1646年)晋升通事,顺治八年(1651年)继承家业领家禄十二石。顺治十一年(1654年)为迎接庆贺使之事,以存留通事(留在福州的口译官)身份赴闽。顺治十五年(1658年)头戴黄冠。

---

① 久米村士族的子弟到了12～13岁时,从中选出,在1667年时称"若秀才"(之前称"子和部"),支给俸禄(扶持米)五斗。14～16岁时,进阶称"秀才",支给米一石五斗。扶持米的支付称为地扶持,是针对久米村士族仅有的特别制度,是振兴久米村的政策之一。值得一提的是,因为这特别的待遇,久米村的人口从1654年的305人,到了1729年时,人口增长为1507人(参见富岛壮英:《明末における久米村の衰退と振兴策について》,中琉文化经济协会:《第一届中琉历史关系国际学术会议论文集》,台北:联合报文化基金会国学文献馆,第483～485页)。

四世延嘉，顺治十六年（1659年）初为子和部，康熙元年（1662年）举为秀才。康熙五年（1666年）为接贡之事，以总官的身份赴闽。康熙六年（1667年）因父退休，领家禄十二石。康熙七年（1668年）晋升通事，康熙十年（1671年）头戴黄冠，康熙十三年（1674年）拜领高峰间切庆留地头职，康熙十八年（1679年）转拜领丰见城间切真玉桥地头职。康熙二十三年（1684年）为进贡之事，以协通事（副通事）的身份赴闽。

四世延章，康熙十四年（1675年）初为若秀才，康熙十七年（1678年）举为秀才。康熙二十二年（1683年）为谢恩之事，以总官的身份赴闽；康熙二十五年（1686年）为进贡之事，也是以总官的身份赴闽；康熙二十九年（1690年）为进贡之事，仍然以总官的身份赴闽。康熙三十一年（1692年）晋升通事。康熙三十二年（1693年）奉命学习历法，康熙三十三年（1694年）头戴黄冠。康熙三十八年（1699年）国王赐宴于南御殿，康熙四十六年（1707年）晋升都通事。康熙四十七年（1708年）晋升势头位（从六品）的官位，并为司历官。康熙五十一年（1712年）出众当座敷（从五品）。

五世璋，康熙二十一年（1682年）初为若秀才，康熙二十五年（1686年）举为秀才。康熙二十七年（1688年）为进贡之事，以总官的身份赴闽；康熙二十八年（1689年）为了想到北京学礼仪学，读文书，恳请王命后赴闽。康熙三十二年（1693年）晋升通事，康熙三十三年（1694年）头戴黄冠。为了进贡之事，以协通事的身份赴闽。康熙三十七年（1698年）为了进贡之事，以存留通事的身份赴闽。康熙三十九年（1700年），拜领知念间切久高地地头职。康熙四十三年（1704年）为进贡之事，以赴京都通事的身份赴闽，转拜领北谷间切野里地头职，晋升都通事。康熙四十六年（1707年）出众当座敷，任职长史司（总役的补佐）。康熙四十九年（1710年）转领小禄间切双牛宫城地头职。康熙五十一年（1712年）为进贡之事，以都通事赴闽。康熙五十三年（1714年）晋升正议大夫，奉命进贡赴闽，清皇赐下马宴、上马宴。康熙五十六年（1717年）晋升申口座（正三品）。

五世瓒，康熙二十九年（1690年）初为若秀才，康熙三十二年（1693年）举为秀才。康熙三十七年（1698年）为了学习礼仪学，读文书，追随长兄阮璋以存留通事进贡赴闽。康熙四十三年（1704年）晋升通事，康熙四十五年（1706年）头戴黄冠，以协通事的身份进贡赴闽。康熙四十七年（1708年）成为讲谈师（讲解师），康熙四十八年晋升当座（从四品），再次成为讲谈师。康熙五十年（1711年）晋升，任职长史司。康熙五十一年（1712年）以都通事的身份赴闽进贡,康熙五十四年(1715年)又任职长史司。康熙五十五年(1716年)受领宜野湾间切新城地头职,康熙五十八年(1719年)晋升中议大夫(正四品),第三次任职长史司,转领恩纳间切山田地头职。

五世继南,康熙三十七年(1698年)初为若秀才,康熙四十年(1701年)举为秀才,康熙四十七年(1708年)为总官进贡赴闽。

六世皋迈,康熙四十三年(1704年)初为若秀才,康熙四十八年(1709年)举为秀才。

六世骏,雍正十二年(1734年)初为若秀才。乾隆二年(1737年)举为秀才;乾隆五年(1740年)因继家业,恩赐小禄间切双牛宫城地头职。乾隆十年(1745年)成为若里之子,晋升通事。乾隆十二年(1747年)奉王命,赴闽读书四年。乾隆十五年(1750年),头戴黄冠。乾隆二十年(1755年)晋升当座,乾隆二十八年(1763年)晋升座敷。乾隆三十一年(1766年),成为惣与头(掌消防)。之后,成为久米村总横目(掌管风纪)。乾隆三十八年(1773年)成为系正(掌管士族系谱),乾隆四十九年(1784年)以头号船大通事(随行进贡使节到北京)身份进贡赴闽。乾隆五十一年(1786年)晋升中议大夫。嘉庆四年(1799年)晋升正议大夫,嘉庆五年,晋升申口座。

六世文焕,康熙五十四年(1715年)初为若秀才,康熙五十七年(1718年),举为秀才。

六世继汉,无任职。

七世翼,乾隆十八年(1753年)初为若秀才,乾隆二十一年(1756年),举为秀才。乾隆三十一年(1766年)为读书学礼仪之事,得王命赴闽。乾隆三十六年(1771年)头戴黄冠;乾隆四十一年(1776年),奉命成为讲谈师,晋升当座敷。乾隆五十七年(1792年)以协通事身份赴闽进贡。嘉庆二年(1797年)以大通事身份赴闽接贡,除公务外,以前翰林院行人司的陈化龙为师,学习祭典、接待册封使的礼仪以及请帖、字帖的公文格式。嘉庆三年(1798年),晋升中议大夫。嘉庆四年,成为署(代理)长史,晋升正议大夫。嘉庆五年(1800年),晋升申口座,恩领本部间切浦崎地头职。自二月至八月,谨慎地指导国王册封大典及宴待册封使的礼仪于南御殿,十月以正议大夫身份赴闽进贡。嘉庆八年(1803年)奉命成为国学讲谈师。嘉庆十一年(1806年)晋升紫金大夫(从二品),俸禄二十石,奉命为久米村总横目。嘉庆十六年(1811年),继家业恩领小禄间切双牛宫城地头职。嘉庆十八年(1813年),再次成为久米村总横目。嘉庆二十二年(1817年)第三次奉命为久米村总横目。

七世屏,乾隆二十二年(1757年)初为若秀才,乾隆二十五年(1760年)举为秀才。乾隆三十八年(1773年)晋升通事,翌年奉命赴闽读书学礼仪。

七世翰,乾隆三十五年(1770年)初为若秀才,乾隆三十八年(1773年)举为秀才。乾隆五十二年(1787年)晋升通事,乾隆五十八年头戴黄冠。

七世为栋,康熙五十三年(1714年)初为若秀才,康熙五十六年(1717年)举为秀才。雍正七年(1729年)晋升通事,以总官身份赴闽接贡。雍正十三年(1735年)头戴黄冠。乾隆二年(1737年)请求王命,赴闽读书学礼仪。乾隆八年(1743年),第二次赴闽读书学礼仪,在闽中被任命为接贡副使。

八世允隆,雍正十二年(1734年)初为若秀才,乾隆二年(1737年)举为秀才。乾隆十一年(1746年)晋升通事,乾隆十六年(1751年)头戴黄冠。乾隆二十二年(1757年)成为漏刻番(掌首里城内的早晚时刻),乾隆四十一年(1776年)为当座敷。乾隆四十二年(1777年)晋升都通事,为座敷。

八世文英,乾隆五十三年(1788年)初为若秀才,乾隆五十六年(1791年)举为秀才。嘉庆十四年(1809年)晋升通事。

八世允恭,乾隆二十二年(1757年)初为若秀才,乾隆二十三年(1758年)为秀才。

九世秉仁,乾隆二十一年(1756年)初为若秀才,乾隆二十四年(1759年)举为秀才。乾隆三十九年(1774年),晋升通事。乾隆四十二年(1777年)头戴黄冠,为漏刻番。

十世邦俊,乾隆五十年(1785年)初为若秀才,乾隆五十四年(1789年)举为秀才。嘉庆十三年(1808年)晋升通事,道光九年(1829年)头戴黄冠。

八世忠,嘉庆三年(1798年)初为秀才,嘉庆五年(1800年)为秀才。嘉庆十一年(1806年)晋升通事,嘉庆十四年(1809年)头戴黄冠,嘉庆十九年(1814年)为当座敷。道光元年(1821年)继家业,恩领小禄间切双牛宫城地头职,晋升都通事,为座敷,任职惣与头。

十世邦杰,乾隆五十六年(1791年)为若秀才。

八世厉行,乾隆四十八年(1783年)为若秀才,乾隆五十一年(1786年)举为秀才。嘉庆二年(1798年)晋升通事。嘉庆十一年(1806年)头戴黄冠,为漏刻番。

九世达,道光元年(1821年)初为若秀才,道光四年(1824年)举为秀才。

九世承恩,嘉庆二十年(1815年)为若秀才,嘉庆二十三年(1818年)升为秀才。道光七年(1827年)晋升通事,道光十二年(1832年)头戴黄冠。

九世承惠,嘉庆二十二年(1817年)初为若秀才,嘉庆二十五年(1820年)举为秀才。道光十二年(1832年)晋升通事。

九世永福,嘉庆二十四年(1819年)为若秀才,道光二年(1822年)升为秀才。道光十二年(1832年)晋升通事;道光十六年(1836年)头戴黄冠。

十一世克进,嘉庆十六年(1811年)为若秀才,嘉庆十八年(1813年)升为秀才。道光九年(1829年)晋升通事,道光十年(1830年)头戴黄冠。

十一世克泰,道光四年(1824年)为若秀才,道光六年(1826年)升为秀才。

十一世克秀,道光六年(1826年)为若秀才,道光十年(1830年)升为秀才。

十一世克敦,道光十年(1830年)为若秀才,道光十二年(1832年)升为秀才。

十世大昌,皆无。

十世大秀,皆无。

九世宣诏,道光二年(1822年)初为若秀才;道光五年(1825年)举为秀才。道光十六年(1836年)继家业,恩领读谷山间切濑名波地头职。道光十七年(1837年)晋升通事,奉命为官生入国学,学习经传、诗文、官话。道光十八年(1838年)头戴黄冠。道光二十年(1840年),随同进贡船赴闽。道光二十一年(1841年),进京入国子监(清廷及琉球国王对国子监官生的优待在此不赘述)。道光二十七年(1847年)晋升当座敷,任总师职,并且撰写贡表、奏文、咨文,也校对公文。道光二十八年(1848年)为著作总师,晋升都通事,为座敷。道光二十九年(1849年),以存留通事赴闽接贡。咸丰元年(1851年)晋升正议大夫,咸丰二年(1852年)请告谕赴闽。咸丰四年(1854年)为长史司,咸丰六年(1856年)晋升正议大夫,为申口座,奉命以进贡大夫赴闽进贡(在此不赘述出发前国王及各方给的赏赐与进贡时在京城的细节及清廷的赏赐)。咸丰八年(1858年),为御讲谈读上役。咸丰九年(1859年)晋升紫金大夫,咸丰十年(1860年),转领具志川间切天愿地头职。咸丰十一年(1861年),成为总理唐荣司(监督进贡、册封事务与久米村的一切公务)。此时的俸禄位80斛。

十世成允,道光二十三年(1843年)为若秀才,道光二十六年(1846年)

为秀才。咸丰二年(1852年),请命跟随父亲宣诏,赴闽读书习礼。咸丰五年(1855年)晋升通事,咸丰八年(1858年)头戴黄冠。咸丰十年(1860年),晋升当座敷;咸丰十一年(1861年),奉命为久米村惣横目。

十世成功,道光二十七年(1847年)为若秀才,道光三十年(1850年),为秀才。咸丰七年(1857年)请命随接贡船,赴闽读书习礼。咸丰十年(1860年),晋升通事。

十世成谟,皆无。

十一世庆纶,咸丰十一年(1861年),为若秀才。

冲绳阮氏从始祖阮国入籍琉球后,直到第十一世孙,世世代代皆是琉球王国的官员。无论官位大小,毕竟有士族的名分,这是当时久米村人的一般现象。

五、阮氏门中的成立及变迁

(一)门中的由来

士族的亲属组织称为"门中"。以拥有共同的祖先,由血缘所组成的父系集团来定义"门中",是研究冲绳"门中"学者的共识。比嘉政夫指出在冲绳,"门中"这称呼,意味着"祖先"。祖先的解释,可见于诸桥辙次所编的"大汉和辞典"之"门中"注解着"门之中"、"对亡者的用语"之意。[①] 此外,刘蕙孙也指出在中国中世纪也有"门中",他以北齐颜之推《颜氏家训·风操》解释说:"俗称亲族已亡者为门中,祖父以上为大门中,世父、叔父一辈为从兄弟门中,兄弟一辈为亡者子弟门中,也就是亡者儿女的门中之意。"[②] 在此他不明言"门中"之名称来自大陆,而表示是一种大陆居民与冲绳居民之间交往的痕迹。

士族门中制度的形成,是琉球王府在重新编制近世封建制度的过程中,

[①] 比嘉政夫:《沖縄の「門中」についてーウェーカとの対比ー》,《沖縄》,東京:沖縄協会,2004年,第12～14页。

[②] 刘蕙孙:《中国·琉球往来史の探究》,《浦添市·泉州市友好都市締結記念学術文化討論会報告書 琉球―中国交流史をさぐる》,冲绳:浦添市教育委员会,1988年,第95页。

在1698年创立了审核家谱的官方机构"系图座"后而制度化。① 此前,自从1609年萨摩藩主岛津氏侵入琉球的翌年,因为士族人口的膨胀,实施"检地",即开始丈量土地面积,查检土地收获量,以便导入俸禄制度。又于宽永十三年(1636年),为了禁压天主教教徒,实施"宗门改"②,即开始对宗教信仰的调查,同时也实行人口调查。1654年,王府禁止农民移居首里、那霸、久米村、泊村,因此对百姓阶层的掌握是较为容易的,而对持有士族身份的人,除了中央官员比较容易掌控外,对于古琉球尚真王(1477—1526)时期开始之戴冠称号之有阶位者(本来的士族称之"谱代"),以及效劳于王府而得到阶位者(从平民升格的称为"新参")就难于控制。王府为了能顺利地统治王国,也就逐渐地固定了士农之分的身份制度。③ 岛津侵入琉球后的丈量土地面积,决定生产量,来决定士族阶级的俸禄,这促使士族阶级的重编。而"宗门改"的实施,正是最好的借口来实施人口调查,而人口调查是为了确保能纳贡于萨摩的岛津氏,在维持这新体系的关系上,进行对农民人口的确认以及实施土地的种种限制与禁止是必然之道。④

士族与农民的身份之别,可基于"检地"账的农民登记,以及更加严密的人口调查的"宗门人别账"之官方账簿,也是制作系图(家谱)的基本依据。具体来说,士族身份的考核,王府必须征求大宗家方面的证言,之后,要求由一门亲戚提供生子证书。因为无论哪个宗家都是王府的官员,其身份是明确的。在家谱制作之前,并且在一个宗族的范畴不明确时,各个宗家的证言是非常重要的。宗家卖弄权威来决定宗族成员的资格之风俗,也就从此开始。在王府制作家谱之前,王府禁止农民迁移,也限制农民的各种权利,加上严厉的课税等措施,人们意识到士族与农民之间有着巨大的区别与待遇。只有士族才能拥有家谱,他们被称"持系者"。到后来构建家谱时,为了能确

---

① 小川徹:《沖縄民俗社会における『門中』》,《日本民俗学》第74号,东京:日本民俗学会,1971年,第11页。
② 是江户幕府的宗教制度。让人民脚踩刻在木板、铜板或黄铜板上的耶稣十字架及圣母玛利亚来证明不是天主教徒,以及提出归属哪个寺院的证明文件(寺请状)来镇压天主教徒。每年每一村将每一个人所属的佛教宗派记录在"宗门人别账"里(1873年废)。《广辞苑》第五版,东京:岩波书店,2002年。
③ 田名真之:《身分制——士と農》,《新琉球史:近世篇》,那霸:琉球新报社,1990年,第41~61页。
④ 田名真之:《琉球家谱の成立とその意义》,《沖縄史料編集所紀要》第4号,那霸:冲绳县冲绳史料编集所,1997年,第3~6页。

保士籍,无论宗支的哪一家,都积极地协助宗家的祖先祭祀,以求得宗家的庇护来确保士族的身份,这就是门中成立的原因。与"宗门改"相关的附属现象,就是佛坛的开始。①

宗族观念及撰写族谱,对广东、福建人来说是天经地义的事。闽南出身的久米村士族的宗族组织难道处于前述的同样情形吗?渡口真清曾指出:以代表久米村姓氏的梁、蔡、郑、金、林中的蔡姓家谱来看,从始祖到七世为止,出生年月日、卒于何时、葬于何地、妻的姓氏等一律皆无记载。同样,金姓家谱从始祖到七世止,也只记有生年、卒年、享年,而没有月日的记载,八世以后才有明确的记载。再者,蔡氏家谱里虽有蔡氏一族的牌位,安置在清泰寺里,但检讨了萨摩藩入侵以前的牌位上的名字,只有二世及三世而已,在族谱上有了葬地的明确记载以及士族间备有牌位,都是在萨摩藩入侵以后的事。首里也好,久米村也罢,都属于这种情况。因此可以说,首里那霸的门中的形成,并非学自久米村的士族。也就是说,门中制度是在萨摩藩入侵后才形成的。并且与久米村士族无关的琉球固有习俗的东方巡拜(后述),久米村士族也在巡拜,也是在萨摩藩入侵琉球后,促成门中之成立以后才有的现象。② 因此久米村士族的宗族组织也是出于前述的同样情形而组织。

综合所述,先是 1610 年的检地账,实施士族与农民分离的身份制度。其次是 1636 年开始的"宗门改",是更进一步严密的人口调查。最后是 1698 年创立系图座,开始家谱的制作与确认。这可以说明门中是与家谱及身份相关联而形成的,参加门中祭祀的小宗才可能在制作家谱时得到王府的认同而不被遗漏。这也是今日门中成员共同举行祭祀仪式的由来。

(二)门中的构成

根据阮氏我华会编写的《久米阮氏纪念志》,记载有关战前阮氏门中的组织、门中的构成及活动等状况。因得知于曾与阮氏神村大宗家谱一同保管的,从 1926 年(大正十五年)11 月 25 日开始记载的现金出入账的账簿,

---

① 渡口真清:《門中の成立》,馬渕東一、小川徹编:《沖縄文化論叢》第三卷 民俗篇 Ⅱ,东京:平凡社,1971年,第 457~460 页。
② 渡口真清:《系図と門中》,馬渕東一、小川徹编:《沖縄文化論叢》第三卷 民俗篇 Ⅱ,东京:平凡社,1971年,第 461~472 页。

以及长老们的恳谈会中听取的资料归出以下几点：

1. 战前的阮氏门中

战前的门中尚无会则，该会的管理是以长老们的审议来决定及实施各种活动。其运作经费由居住在那霸的有志者出资购买出租房地产，以房租收入来充当所需费用。

（1）门中的活动

祖先祭祀活动如下：

年始祭	农历正月初一日	正午
清明祭	入清明后的第一个星期日	正午
秋彼岸（秋分日）	当天	正午
大祖御命日（始祖忌日）	农历十二月初五日	正午

在祭祀活动中，以清明祭最为盛大，只有男性参加。因交通不便，中北部的会员参加的为数甚少。除此之外，尚有学业奖励会。其资金是由那霸的有志者以标会的形式来筹措，以会员提供子弟的成绩单，从中选出成绩优秀者，赠予铅笔及笔记本，以资奖励。

（2）门中的资产

门中的资产是由那霸的有志者以标会来积蓄资金，于1930年（昭和五年）10月28日在久茂地购入地皮。

2. 战后的阮氏门中

战后的门中继承了战前的活动，并从1953年4月起，初次制定门中的规则、名称、组织、事业活动等等，并选定干事等，以达到有效的管理及运作。门中的规则共有26条款，值得注意的是，这些会则只适用于门中在转移为法人社团或是财团之前这一过渡期间。如要修改，必须征得半数以上出席总会人员的同意方可修改。

学业奖励，战后也实行了一段时间，但于1964年（昭和三十九年）终止。

（三）阮氏我华会的成立

宫下克己指出，"门中的法人社团化是一种后现代社会中的亲属组织的一种战略"。第二次世界大战中成为日本唯一陆上战地的冲绳，因战火的原因，烧掉了户籍簿及土地登记簿等资料，到1946年开始了重修工作。因无所依凭,重修工作遇到很多困难。对于战后"门中"在共同财产上的纠纷,东恩纳宽淳于1957年曾在报上为之叹息,并提议"门中"应寄托于法人,以期永久纪念祖先。①"门中"的法人化,可以说是传统性体系与法人这种近代体系之结合。

阮氏门中也朝着法人化的方向迈进。为了谋求门中组织的强化,首先考虑的是必须确保财源。为了确保经济来源,阮氏门中把现有的地产出售,再求收益更高的房地产。门中购入了六层大楼,现在阮氏我华会事务所就设置在此大楼的顶层(那霸市泉崎1—14—7),其余部分出租,以确保财源。

1950年4月29日清明节扫墓时,阮氏在墓前召开第1次门中大会。此后每当清明节,祭拜后就是门中来商讨门中事宜。关于门中法人化之事,经过多次的研讨,从1987年11月8日开始,以拟似法人"阮氏我华会みなし法人②"的名义准备活动,也多次向政府提出申请。但由于财产不足等原因,未获批准(依会长解释,只由血缘成员组成的团体不得成为法人社团)。其名称本想依始祖阮国的号"我莘"为名,但"莘"字不列入日本常用汉字内,乃以中华的"华"字来命名,因而称阮氏我华会。

虽然得不到政府的批准,但以阮氏我华会为门中的名称也就固定下来了。阮氏我华会有共有7章34条款的章程,比战后的门中更为详细。其中最值得注目的是1995年(平成七年)7月15日开始设立的四个研究委员会,即家谱研究委员会、祖庙"世德堂"建设研究委员会、人才育成研究委员会和财产管理运营研究委员会。现在阮氏我华会事务所里的祭坛上安置有阮国公的牌位,每年的定例祭祀活动也在事务所内举行。1998年9月,阮氏我华会共有会员人数为317人。

(四)有限责任中间法人冲绳阮氏我华会的成立与组织构成

1987年11月8日以拟似法人"阮氏我华会みなし法人"的申请,终于在16年后的2003年,以"有限责任中间法人冲绳阮氏我华会"的名义获得

---

① 宫下克也:《法人化する門中——ポストモダン社会における親族組織の戦略》,《アジア遊学》(53),东京:勉诚出版,2003年,第121~126页。
② みなし法人:是一种拟似法人。以税的减轻为目的,选择以类似法人税的课税方式,将事业所得以及不动产所得,以青色申报者而言(新村出编《广辞苑》,东京:岩波书店,2002年)。

批准。依会长解释,阮氏我华会虽是中间法人,但在实体上是个法人社团,在法律上尽可能以法人社团的标准来操作。2004年3月31日的会员簿显示,我华会的会员比1998年9月时减少了许多。现在的会员为神村10名,同系统发音一样的"與古田"、"与古田"、"横田"[①]共144名,宜保23名,同系统发音一样的"我谢"、"我喜屋"[②]共18名,吉元4名,真荣田31名,真玉桥12名,小渡32名,山田6名,共计280名。阮氏的子孙大约3000人左右。组织机构由会长1名、副会长1名、10名理事、2名监察、2名参谋、1名顾问、3名诸规则检讨委员、3名人才育成委员以及3名编辑委员所组成。久米村华人后裔的门中当中,成功地成为法人社团的只有毛氏门中在1960年成立的"久米国鼎会"(至2003年12月1日,共有正会员364人,准会员1003人)。

我华会详细地制定了《有限责任中间法人冲绳阮氏我华会章程》,该章程由八章四十一条组成,详细而且明确地规定了组织的宗旨、组织机构、财务制度(基金393532000日元)、会员的权利与义务等,2003年7月1日开始实施。2004年1月24日,又对章程加以更详细的补充,内容包括会员资格的得失及手续、理事会、费用赔偿、旅费支付、庆吊、表彰、基本财产管理运用、研究委员会等等。同年4月25日,章程里又增加了三个条款,成为八章四十四条。笔者这样的描述显得有些琐碎,但我要强调的是,我华会的任何一个举动,都是慎重其事的,都有文书的记载。比如2005年4月24日,我华会借那霸市饭店的会议厅举办第三次定例大会,在会员签到时,发给每人印有章程、诸规则以及会议内容的小册子。依照小册子里的会议内容,会长致辞后选出议长,并由议长主持全程会议。首先,由副会长报告自2004年3月1日至2005年2月28日的事业实施内容;其次,审议收支决算,有收支计算表、资产负债表(资产402972912日元,负债6822102日元)、损益计算表、财产目录、剩余金处分案等。监察人宣读"监察报告书",审议来年度的

---

① 据会长解释:"與古田"、"与古田"、"横田"这三个姓看起来不同,但是同样发音为"YOKODA"。写法不同发生于二次大战后重新登记户籍时,"與古田"的"與"字难写而改为"与古田"。"與古田"或一看就知道是冲绳人的姓,为了在日本本土不被欺负,所以就以日本本土人的姓"横田"登记。

② 据会长解释:本来是"我谢"这个姓,在1953年户籍的调查员到家听取姓氏时,听错了我喜屋正政(1987年的监事)的母亲所说的姓,也就变成了"我喜屋"。

事业计划（事业计划草案书），审议来年度的收支预算草案（收支预算草案表），审议认可购买不动产的事后汇报等，一问一答地进行会议。会后，会员们的立食联欢会也进行了一个多小时。

六、小　　结

冲绳阮氏，与台湾阮氏在其移民背景和移民后的子孙繁衍状况有着很大的不同。冲绳阮氏的移民背景、入籍琉球后子孙的繁衍情况及宗族组织的形成，都与琉球王国时代的政策密不可分。而冲绳阮氏的现代宗族组织也呈现特有的形象。

首先是国家政策的移民。冲绳阮氏移民到琉球是居于琉球对中国朝贡贸易的大背景下，在朝贡国琉球急需从事朝贡贸易事业人才的情况下促成的。冲绳阮氏始祖阮国经过四次往返于大陆与琉球之间，终于在1607年入籍琉球。这是得到移出国和移入国双方政府认可、支持的移民入籍行为。受琉球国王赐宅久米村的冲绳阮氏始祖阮国，就像早在1392年移入久米村的闽人三十六姓的后裔一样，被编入官吏制度中，成为士族，担任朝贡贸易的职务，享受琉球王国给予久米村士族的特别待遇而繁衍发展。其子孙后代也是士族，也从事朝贡贸易事宜。

其次是不同姓氏的冲绳阮氏子孙。在琉球王国的官吏体系中，士族因执行职务有功，领受采地，受任地头职位，享有该领地的收入。也以该采食地的地名成为受领地头职位者的姓氏，因此一个宗族有越多的姓氏就表示族内有更多的功名显赫的子孙。冲绳阮氏共有十三个姓氏，也就是说阮氏在移民冲绳后的四百年间有13位功名显赫的子孙。值得注意的是，这一个姓氏正代表着一个宗支。

再次是士族的亲属组织"门中"之内涵。"门中"此用词，至今还是表示同一宗族或同一宗族的人。而门中的形成，是在萨摩藩入侵琉球后，所实施的一系列政治措施：先是实施士族与农民的身份分离制度，而后设立审核家谱机构等，为的是琉球王府在重新编制近世封建制度的过程中而制度化。只有士族才能拥有家谱，他们被称"持系者"。在琉球王府对农民的禁止迁移、限制各种权利、严厉课税等情况下，人们意识到成为"持系者"的重要性。在家谱编纂的环节中，参加门中祭祀的小宗才可能在制作家谱时，得到宗家的认证，保有士族身份。因此，这也是今日门中成员共同举行祭祀仪式的由来。在这里,值得注意的是对今日的冲绳阮氏来说,大宗本家在远祖祭祀上,是另外一个具有聚集族人功能的象征性实体。

最后,"有限责任中间法人冲绳阮氏我华会"是今日冲绳阮氏的门中会(宗亲组织)。战前尚无会规的门中组织,其管理是以长老们的审议来决定及实行,以祖先祭祀为主的各种活动。战后的门中会继承了战前的活动,但从1953年4月起,初次制定门中的规则、名称、组织、事业活动等等,并选定干事等,以图有效的管理及运作。阮氏门中也迈向法人化,几经波折,终于在2003年,以"有限责任中间法人冲绳阮氏我华会"的名义获得批准,在法律上以法人社团的标准来运作,是非政府的法人社团。今日的我华会不仅以祖先祭祀为主要职责,也是对外的一个实体机制。以我华会为主体,与当地的社会、政府互动,也与海外各地的宗亲进行交流(详见第五章)。

第四节　阮氏入垦台湾

阮氏迁入台湾,绝大部分是在清代迁入,少数是在1949年跟随国民党当局移入。《漳化县阮姓宗亲会成立纪念特刊》显示,明末清初,徙居福建、广东之陈留阮氏为避战祸,东渡台湾,从事垦荒。台湾阮氏或农或商,其宗亲迄今共有七十五宗支,分布于台北县市、宜兰县、苗栗县、台中县市、彰化县、南投县、云林县、嘉义县、台南市、高雄县市、屏东县、台东县等地。根据《台湾地区阮姓宗祠地第100次祭祖纪念特刊》记载,台湾阮氏人口在台湾的1694个姓氏的排行中是第93位,阮氏移民入垦台湾的概况以省别区分如下。

一、福建、广东的移民

(一)来自福建漳州府者

1. 漳浦县:雍正七年(1729年),阮信入垦林仔边,即今屏东县林边,后成当地大族。乾隆初叶,阮章河入垦笨港,即今云林县北港。乾隆末叶,阮天德入垦下埤头,今高雄县凤山。阮竹浦入垦宜兰。

2.南靖县：乾隆初叶，阮刚毅移垦庵古坑，今云林县古坑。乾隆中叶，阮文枪入垦八芝兰，今台北市士林区。其孙阮协移垦宜兰县礁溪，另一孙阮陆国移垦埔里社，今南投县埔里。而其弟阮房宇稍后入垦礁溪，阮波入垦斗六门，今云林县斗六，后再移垦嘉义县后壁。乾隆末叶，阮会磷入垦今台中市南屯区。阮流水、阮茂盛入垦台北，阮文枪入垦台北永和，阮登极入垦宜兰。

3.龙溪县：乾隆中叶，阮仪入垦今台北市。嘉庆末年，阮赞入垦涂库庄，今台南县仁德。阮榜入垦台北。

4.海澄县：乾隆中叶，阮目入垦今屏东县新园。

5.诏安县：嘉庆末年，阮福入垦大里找，今台东县大里。阮苗入垦阿罩雾，今台中县雾峰。阮杰入垦草靴墩，今南投县草屯。

6.平和县：嘉庆末年，阮水入垦今南投镇。阮思生、阮櫼入垦大墩，今台中市。阮炉入垦台中县，阮日入垦台中县。

（二）来自福建泉州府者

1.南安县：雍正七年（1729年），阮嘉尚入垦诸罗县笨港，今云林县北港。其孙阮文尧兄弟（五大房）于乾隆五十年（1785年），移垦半线、和美线，今彰化县和美镇嘉犁里，成为当地大族。乾隆中叶，阮源入垦打狗，今高雄市。阮天入垦半线、茄苳脚，今彰化县花坛。阮尊入垦半线、臭水，今彰化县秀水。阮光汉、阮诜琪入垦半线，今彰化市。阮炎入垦台中。

2.安溪县：雍正末年，阮尧入垦乌松脚，今高雄县乌松。乾隆初叶，阮标入垦诸罗，今嘉义市。阮孟思入垦今屏东县高树，阮希寮入垦今嘉义，阮文良入垦彰化。

3.晋江县：雍正年间，阮情入垦沙鹿，今台中县沙鹿镇竹林。嘉庆、道光年间，阮秋兰入垦葫芦墩，今台中县丰原。阮蓝入垦岸里大社，今台中县神冈。阮松、阮九入垦和美线，今彰化县和美。阮秋兰入垦台中县，阮蓝入垦台中县。

4.同安县：阮恐入垦后里。

（三）来自福建汀州府者

永定县：乾隆中叶，阮才琳、阮望峰入垦吞宵，今苗栗县通宵。阮春琳入垦苗栗县苑里。乾隆末叶，阮筑入垦斗六门，今云林县斗六。阮定轩入垦台北市士林区。嘉庆初年，阮立居入垦竹头崎，今嘉义竹崎。道光年间，阮传入垦今云林县西螺,阮爱入垦大墩,今台中市。同治年间,阮云清入垦诸罗,今嘉义市。阮枝入垦阿罩雾,今台中县雾峰。

（四）来自福建福宁府者

福安县:阮碻入垦台北。

（五）来自福建延平府者

永安县:阮晏入垦台北,阮枝入垦台中县。

（六）来自广东潮州府者

普宁县:嘉庆年间,阮成国入垦今台北市。

阮氏移民入垦台湾后的人口分布如表2-4。

表2-4 阮氏在台湾的人口分布

县 别	人数(人)	县 别	人数(人)	县 别	人数(人)	县 别	人数(人)
台北县	1610	彰化县	1153	屏东县	2072	台南县	386
宜兰县	404	南投县	324	花莲县	134	高雄县	704
桃园县	401	云林县	662	台东县	323	台北市	2237
新竹县	170	嘉义县	559	澎湖县	24		
苗栗县	463	台南县	636	基隆县	499		
台中县	1241	高雄县	589	台中县	707	合 计	15308

资料来源:《台湾地区阮姓宗祠第100次祭祖纪念特刊》,1986年,第16页。

二、阮嘉尚入垦台湾

雍正七年(1729年),阮嘉尚入垦今云林县北港时44岁,捧着其先父阮克环神主牌,携带八岁的儿子阮厚德及养女,从福建省泉州府南安县二十七都英内上堂乡,迁台入垦于诸罗县笨港(今云林县北港)奄猪社(今名沟皂里),乃奉其先父阮克环为一世祖。阮厚德生有五子,文尧、文亨、文喜、文意、文祥,列为四世,各立一大房,即所谓的阮氏五大房。乾隆五十年(1785年),文尧兄弟5人相率由笨港移居彰化县半线堡浦仔庄(今和美镇嘉犁里),子孙繁衍,遂成一大宗族。①

(一)和美镇嘉犁里的沿革及地理概况

和美镇位于彰化县西北平原地带,东南邻彰化市,南连秀水乡,西南傍鹿港镇,西接县西乡,西北接伸港乡,东北界大度溪与台中县大肚、龙井两乡隔溪相望,面积为39.9345平方公里。嘉犁里大部分为嘉犁庄部落而成,由于空气潮湿,物品容易腐烂,且因洼地而得名湳雅。自宋代以来,即属福建晋江县,改朝换代隶属变动,直至1945年隶属台中县彰化区和美镇。1950年行政区域调整,改属彰化县和美镇嘉犁里东邻诏安里,南接彰化市西势、砖窑里,西连源埤、大霞里,北邻铁山里。面积为1.59平方公里。②

(二)嘉犁里阮氏的分布与人口

阮姓宗亲会曾统计过,从大陆迁台后,又从嘉犁里迁出的阮姓家族至十二世为止共有375个男丁。阮姓在嘉犁里共有十五邻(即村的下位行政单位,设有邻长)中,大、二房居中湳仔(九、十、十一、十二邻)、三、四房居嘉犁庄(十三、十四、十五邻),五房居下湳仔(七、八邻)。据彰化县和美镇户政事务所的统计,至2003年4月,嘉犁里共有519户2148人,而阮氏在嘉犁里的人口,依照《和美镇嘉犁里住户电话号码簿》的住户统计如表2-5。

表2-5 嘉犁里阮氏人口分布

单位:户

邻	1	2	3	4	5	6	7	8	9	10	11	12	13	14	15
全村	10	24	24	12	14	43	25	21	22	108	14	47	45	16	30
阮氏	0	2	2	0	3	0	2	6	10	12	3	9	0	0	0

资料来源:根据《和美镇嘉犁里住户电话号码簿》,嘉犁里里长李春木编印,1995年,于2004年6月制作。

由表2-5可见,今日的阮氏子孙随着社会潮流的演变已从嘉犁里迁出,但嘉犁里阮氏至2004年10月已举行了135次的祭祖仪式,保留着良好的

---

① 《彰化县阮姓宗亲会成立纪念特刊》,彰化县阮姓宗亲会,1981年,第18~19页。
② 黄开基:《和美镇志》,和美镇志编纂委员会,1990年,第41、111页。

文化传统。

(三)台湾的阮姓宗祠

1935年,盛传日本政府将没收私有祭祀公业土地,或将祭祀公业土地设立财团法人,归政府监督经营管理。因此彰化县和美镇阮氏族长召开族亲会议,会议认为以先祖遗下之产业建家庙为宜,故在1936年,于和美镇嘉犁里东坡路八十六巷一号(俗称下浦仔)开工兴建阮姓宗祠。翌年12月竣工,以阮常兴堂为堂号,即今日的阮姓宗祠,至2006年已有69年的历史。

阮姓宗祠原址为一座古老的双进四合院建筑物,是浦仔庄阮姓第五房"席珍"与"飘香"两兄弟(六世)于道光年间所建,建材均为采购自"唐山"的上级品。其建筑的旷阔、精美,在当时是无与伦比的,因此前辈老人有这么一句话"有浦仔富,无浦仔厝",这意味着即使能像浦仔般的富有,也未必能盖起像浦仔一样的房屋,当时的奢华可见一斑。如今阮姓宗祠所用的福衫、长板石及其他石板,都是拆除古厝前落(属席珍)时留下的。阮姓宗祠的建地及建材由五房捐出,其他族亲也乐捐了3000多日元。[①] 由于岩石脱落,曾在1973年发起募款重修前落,但现在的后落(属飘香)破损严重,无人居住,三间宽敞学堂门口上的石匾依然高挂。但匾上"问字处"三个大字,如今只剩下一个"处"字。

1971年,阮姓族人筹备组织中华阮姓宗亲会,利用全省各地阮姓陆续参加阮姓宗祠春秋祭典时进行筹备工作,终于在1977年编撰完成《阮氏宗谱》,这标志着台湾省阮氏联宗的完成。

彰化县阮氏宗亲会在1979年8月间成立,会址为彰化县民族路305号。同年10月,台北阮氏宗亲会成立,并在台北市郊外双溪中央社区内购置宗祠,为台北市宗亲会的集会场所。屏东县阮氏宗亲会于1980年成立,会址为屏东县林边镇中兴路55号。

三、小　　结

阮氏入垦台湾的时间以清代为主,以来自福建漳州、泉州者为多。其后

---

① 阮氏宗谱编辑委员会:《阮氏宗谱》,台湾阮姓宗亲会,1977年,第1~2页。

裔在台湾已发展为75个宗支,在人数上属台湾1694个姓氏排行中的第93位。如对台湾阮氏的特点来说,主要调查点彰化县和美镇嘉犁里的阮氏保留着良好的文化传统。至2006年3月,已举行了138次的祭祖仪式。

台湾阮氏响应中华文化复兴运动及宗亲会的设立,筹备组织中华阮姓宗亲会。1973年,台湾阮姓发起募款,利用彰化县和美镇嘉犁里的阮氏古老双进四合院的前落,整修成为今日全省性的阮姓宗祠。这联宗祠的成立,可谓是利用现有的建筑物加以整修翻新的一种适合于当代社会的速成联宗祠。1977年,阮氏宗谱编纂完成,标志着台湾省阮氏联宗的成功,正如钱杭所言的:"联宗谱"与"联宗祠"都具有时,即意味着联宗圆满完成。但不同的是台湾的阮氏联宗祠并未如钱氏所提的建造在商业集镇,而是倾向于就地取材式的速成联宗祠模式。

第五节 移民与本土化进程

就迁移背景而言,阮氏移居冲绳与移民台湾有所不同。冲绳阮氏是在明朝实施海禁政策时向外迁移,因数次奉命往返琉球而后入籍琉球。而迁往台湾的阮氏,则是在清朝雍正七年(1729年)才到台湾拓殖垦荒。

阮氏移民冲绳至今已有四百年之久,而阮氏从最早移居台湾迄今,也有近三百年的历史。他们随着时代的变迁,在不同的政治社会环境中,经历着不同的当地化过程。

一、冲绳阮氏的本土化与华裔日本人认同观的形成

早期移民琉球的中国人所聚居的久米村,形成了一个特殊的华人社区。依十五世纪中期史料,当时3000多个中国人聚居一起,构成一个村落,并形成自己的一些居住特色。例如当时的琉球民房屋顶是茅草,首里城的屋顶也只是木板盖的,但这些"中国人"住房的屋顶却基本都是砖瓦,与周边明显不同。而且,当时的久米村不受琉球王的直接管辖,由久米村人在"自己人"当中选出代表管理久米村,具有自治集团的特点。由久米村人选出的"代

表"又称"总役",是久米村最高的行政长官。① 冲绳阮氏始祖阮国入籍琉球时,久米村的华人已经通用琉球语。

在琉球王国的政治体系中,少数士族因功而赏赐领地,任"地头"职务。任"地头"职务的士族可以拥有该领地的所得作为收入,并以该地的地名为姓。冲绳阮氏大宗本家从始祖阮国姓我谢开始,经四世延嘉姓真玉桥、五世璋姓双牛宫城,至九世宣诏的姓为神村,以及其他小宗各支系,也因地名而得姓的。冲绳阮氏拥有13个不同的姓氏,但他们之间明确地知道同是阮氏子孙。

在生活方面,可从一本在1736年由久米村士族蔡文溥所著的《四本堂家礼》中查知。这是一本以中国民俗为中心,又含有王府时代的冲绳民俗,成为当时士族之间日常生活上的各种风俗及祭祀的教科书。从《四本堂家礼》的《久米村职分之事》中得知,久米村的女性习惯于琉球固有的御岳信仰,以及巡拜日本传来的佛教寺院等事。② 可以看出,久米村人已逐步接受琉球固有的信仰。

琉球王国在1872年被日本政府改为"琉球藩",又于1879年废"琉球藩"而成为"冲绳县"。以冲绳县取代了琉球王国时,日本政府首先推行的是皇民化教育。这是把没有自觉地意识到自己是日本人的琉球人,改造成为日本人的操作,是归化服从日本与重视同化的教育模式。日本政府首先是封锁琉球王国的政府机构,同时关闭了诸如冲绳本岛与周边岛屿的地方官员培训所、王国首都首里的平等学校、最高学府的国学、久米村明伦堂等官吏培养场所。1880年,日本政府先在本岛设立14所小学,1887年设立师范学校,培养日本语教师。1888年,小学增至66所,目的要在小学教育里就让孩子们自觉冲绳是日本南端的门户,并且规定在师范学校里挂上天皇、皇后的相片及提示国民应实践的道德大纲《教育敕语》,在学校的典礼时必须朗读,以推进皇民化教育。从1890年后的日本政策,是不尊重冲绳人对琉球王国时代的记忆与传统意识。大多数冲绳人在1894年中日马关条约后,在举世承认了日本的威力之下,也感受到日本的威力。与此同时,在中国暴

---

① 高良倉吉:《久米村》,《月刊しにか》第114号,东京:大修馆书店,1999年,第32～33页。
② 都筑晶子:《琉球における道教的信仰——久米村の天妃信仰を事例として——》,《アジア遊学》第16号,东京:勉诚出版,2000年,第84～85页。

露了自身的软弱后,往昔那种从中国传来的威严也就逐渐地消失。1901年,冲绳人在最后的琉球王尚泰去世时,才真正地放弃对旧王国与士族传统作风的执着。①

第二次世界大战期间,冲绳在政治、经济和文化上均遭到破坏性的损失。战后,除了陆续重建战前已有的学校外,冲绳人受教育的年龄上比战前皇民教育时期提早了,从幼稚园即开始实施日本教育。冲绳归于美军的统治下,不但在物质生活上接受美军的接济,同时也接受由美军主导的从皇民教育到民主主义教育思想的转变。战后教育思想的转变及教育的重建,成为美军的紧急课题。为了急需培养人才,美军以奖学金或政府支付费用的形式派遣冲绳人到日本留学。1961年,日本首相池田与美国总统甘艾迪共同声明冲绳是日本的一部分,就以幼稚园来说,日本也对冲绳给予经济援助,同时每年兴建6至10所幼稚园,并派遣专家培养幼稚园教师,经常开讲习会来提高教师的素质。② 冲绳虽然是在美军的统治下,但在思想上及教育上却还是与日本密切相关,接受的是"日本国民"的培育。因此,冲绳阮氏也在这样的风潮之下更加日本化,以华裔日本人为族群认同。

冲绳阮氏因王国时代以采食地名为姓的体制,各宗支各持不同的姓氏,但他们清晰地自知同属阮氏家族,并以日本话或琉球方言为沟通语言,所遵循的是琉球王国时代所遗留下来祖先崇拜的风俗习惯。这可以说明冲绳阮氏在移民后的四百年中,随着时代的变迁,接受当地文化的影响而本土化。

二、台湾阮氏的本土化进程

笔者以较早迁台的彰化县和美镇的阮氏来说明阮氏入垦台湾后的情况。道光年间(1821—1850年),迁台后的第五世祖先所盖的四合院,其木石皆由福建购入。竣工后不久,忽遭匪乱,举家避乱于南安英都故居,可见此时台湾与大陆之间的频繁往来。此后的台湾经历了政治体制的一系列变

---

① George H. Herr 著,野崎はか訳:《琉球の歴史》,冲绳:琉球列岛米国民政府,1956年,第870~877页。
② 糸洲理子:《戦後の沖縄県における保育に関する一考察——1945年から本土復帰(1972年)までの保育行政との関連において》http://www.seiwa-u.ac.jp/contents/guide/gs/contents/ronbun/pdf/itosu.pdf.

化,日本的占领、中华人民共和国的成立以及海峡两岸的对立等因素,都对台湾人民的生活产生了极大的影响。

清代,因中日甲午一战,清廷败绩,割让台湾。1895年,日本拟接收台湾,台人不服,成立台湾民主国,以抵抗日军入侵。5月,日军登陆澳底,民主国军队不堪一击,节节败退。日本殖民政府统治台湾以后,修正中国传统的保甲制度,在1898年成立了保甲制度。这日本版的保甲制度,其性质为"自制警察",倾全力于社会的安定和治安的维持,直到1919年始大体告成。①

日据末期,日本政府为了消灭汉人的宗族意识,同时也鉴于祭祀公业常发生财产纠纷,于是有征收祭祀公业之议。因此彰化县和美镇阮氏族长召开族亲会议,会议认为以先祖遗下之产业建家庙为宜,阮氏宗祠也就此建成。更值得一提的是日本殖民政府统治下的"皇民教育"。当时台湾除公立学校外,仅设工业讲习所与农业讲习所,只是教以做工务农,不准私设学校。在这种局势下,有的阮氏族人就读公立学校,有的为了避免被同化拒绝就读公立学校。就如现任彰化县阮氏宗亲会会长因就读公立学校,能说一口流利的日语,能写一手流畅的日文书信,成为台湾阮氏与冲绳阮氏之间的距离拉得更近、交往得最为亲密的原因之一。

1945年秋,日本无条件投降,台湾又回归祖国。光复不久,政府即废除保甲制度,改为村里邻制,并开始实施地方自治。由各村至少选出一位乡镇代表,组成乡镇民代表会,再由代表会选出乡镇长。1952年将乡镇长改为直接选举后,同时又有县市长选举,村民有机会参与乡镇级以上的社会活动,使本来各自封闭孤立的乡村社会整合到大社会中。②

中华人民共和国成立后,退守台湾的国民党当局为了构筑对大陆政治经济的包围圈,极力推行笼络海外华侨华人的政策,其中重要的一项措施是中华文化复兴运动及宗亲会的设立,并奖励台湾民众与东南亚华侨华人宗亲会之间的交流。由此,一方面是台湾当局政策的推动,另一方面是以香港、菲律宾等各地海外华人宗亲组织影响,从20世纪70年代后,台湾本岛

---

① 庄英章:《林圯埔——一个台湾市镇的社会经济发展史》,台北:"中央研究院"民族学研究所,1977年,第42~44页。
② 转引自庄英章:《林圯埔——一个台湾市镇的社会经济发展史》,王兴崧《演变中的乡村,当代现代化问题之探讨研讨会论文集》,台北:国际青商会台湾总会,1975年,第2页。

的宗亲会数量大幅度上升。值得注意的是,这也正是台湾经济起飞的年代,是台湾社会走向富裕的时代,成为亚洲"四小龙"之首。因此从20世纪70年代至80年代是台湾宗亲会的鼎盛时期。①

在这一政治氛围的影响下,宗族的团结更显得重要,宗族和宗亲会的选举活动逐渐成熟。以阮氏为例,阮氏最初是在1971年筹备组织中华阮姓宗亲会,他们利用阮姓宗祠春秋祭典之时进行筹备工作,吸引台湾全省各地阮姓前来参加。1973年,归国华侨阮乐化膺选为增额"立法委员",令台湾阮氏倍感鼓舞。经过六年的努力,阮氏终于在1977年编纂完成《阮氏宗谱》,这是台湾省阮氏联宗建立的一个重要标志。随后,彰化县阮氏宗亲会在1979年8月间成立。同年10月,台北阮氏宗亲会成立,屏东县阮氏宗亲会于1980年成立。1998年,彰化县阮姓宗亲会还发挥了宗族团结的力量,协助阮英雄当选彰化县长且连任两届。

由于海峡两岸长期隔离,台湾阮氏与大陆阮氏之间长期互不往来。大陆改革开放后,虽然在台湾民间早就有人陆续地回大陆探亲寻根,对大陆的投资也年年递增,但是台湾阮氏在这方面是比较保守和被动的。大陆宣布对台湾农产品在大陆的销售提供种种优惠,全方位促进两岸经济与文化的交流,此举令台湾农民十分兴奋。但台湾当局却仍然与大陆保持一定的距离,对普通民众仍然造成一定压力。据屏东林边阮氏透露,虽然族人中有人到过大陆旅游,也有人到厦门推销林边特产品牌的"黑珍珠"莲雾,但并没有人专门去大陆寻根。这种对大陆阮氏宗亲的戒心,是因为他们受到台湾政治的制约所致。

---

① 上水流久彦:《台湾漢人の同姓結合にみる柔軟性》,《拡大する中国世界と文化創造——アジア太平洋の底流》,东京:弘文堂,2002年,第147~151页。

第三章

异同之间：两国三地的祖先崇拜

冲绳阮氏到大陆寻根后，大陆阮氏中的漳州角美镇石美阮氏因得到冲绳阮氏的资助，得以修建宗祠，于1993年恢复宗祠的祖先祭祀，在大陆阮氏中属于最早。文化复兴后在大陆本土的祖先崇拜，与移民定居台湾、日本冲绳阮氏的祖先崇拜之间，有何异同？在跨境传播的历程中，哪些传统被保留了，哪些被扬弃了，哪些发生了变化？而且，笔者在调研与比较中发现，相对而言，冲绳阮氏对于寻根溯源和祖先崇拜表现出特别执着的精神，其原因何在？本章力图对此做出回答。

第一节 大陆阮氏的祖先崇拜

一、泉州西门阮氏的祖先崇拜

泉州西门阮氏"竹林堂"，位于泉州市西门孟衙巷47号，神龛里供奉的祖公为清代南澳总兵、巡查（广东，浙江，福建）阮钦为。阮钦为，字君博，号敬山，生于1643年（崇德癸未）八月二十八日，卒于1705年（康熙乙酉）八月初一。因过于劳累，卒于官署。康熙皇帝特别器重他，加封"太子少保"。[①]

"竹林堂"就建造在祖厝的旧址上，主体建筑竣工于2000年。其建设费

---

① 泉州西门修谱小组：《泉州西门竹林紫溪阮氏族谱》，泉州西门阮姓联谊会，1994年，第16～18页。

是由西门族人每人 200 元来分担,因资金不足,也由出嫁的姑姑们出钱。族人共收到捐款 244000 元,除付给不愿从祖厝迁走的几户族人 55000 元外,实际建设费为 170000 元。祠堂的整体构架是计划在新建的祠堂旁的空地上(这空地的一角尚有族人居住,买地未成)建一车库,在车库上设置摆放牌位的"报恩堂"(名称未定),并建凉亭,加上围墙才算大功告成。

(一)祠堂内的祖先祭祀

西门阮氏除了祖神阮钦为的祭祀外,尚有犒军、"烧大人"以及"跳火"等习俗。代代相传,严格遵循,并以此区别于其他姓氏的习俗。

1. 三月二十日阮钦为的放兵仪式

祠堂内祭祀的祖先以阮钦为为主,从三月二十日所举行的阮钦为的放兵仪式来看,与其说是祭祀祖先,倒不如说是祭祀祖神(把祖先视为神)。放兵仪式是因为阮钦为是将帅,每年三月二十日放冥兵,十月二十日收冥兵,这是西门阮氏一脉相承的习俗之一。

三月十五日是西门整个区域的"犒军",而三月二十日是西门阮氏为祖神阮钦为放兵犒军(犒赏酬谢冥兵)。在以往的祭祀里,不供奉糊制的黑白马已有多年,"文革"时的放兵是在家里偷偷地祭拜,"文革"后就在自家门口放兵犒军。在 2004 年三月二十日的放兵仪式之前,笔者得知,此次放兵仪式将依前辈们所说的,糊制黑白两匹马,还特地在宗祠里放兵。这种情况是否与笔者参与仪式有关?或是因为政府在祠堂前面一带实施新开发建设,拆迁了不少阮氏族人的房屋,为此集合在祠堂举行放兵仪式?无论如何,他们制作了以前有过的黑白纸马,恢复了以前的祭祀仪式。

三月二十日下午 3 点 15 分,由理事们开始准备祭祀,5 点供上十三样祭品,烧香祭拜。祭品除了干菜物品外,还有煮熟的半成品菜碗。在黑白纸马前祭有饼干及鲜草。6 点,"掷珓"问是否能放马了,烧金纸时也烧了纸马及草。之后,放了鞭炮,仪式就告结束。随后将半成品菜碗的祭品再次烹饪,做出两桌酒席,作为此次参与放兵祭祀理事们的聚餐。犒赏酬谢冥兵的放兵仪式,其用意是保佑全族上下大小平安。

祭品的碗数在西门阮氏有个忌讳,忌讳 6 碗及 12 碗。据他们的解释:6 碗是给犯杀头罪的人在行刑之前准备最后一餐的碗数,12 碗是人死后第一次祭拜的碗数。他们一般都用 10 碗或 13 碗以上的祭品。这种习俗也影响到福州城门的阮氏。

2.四月初一日阮钦为的纪念日

依西门阮氏理事长的了解,四月初一日这天是阮钦为利用潮水开先锋进攻台湾得胜之日。因此族人特别将此日作为纪念日,以纪念阮钦为的功劳。对于四月初一日,有一个传说认为西门阮氏族人是不会在四月初一日去世的。

笔者在2004年此次仪式活动中发现,绝大多数族人认为四月初一日就是阮钦为的生日,所以在他们准备的祭品中有寿面及红蛋,这种习惯已延续了很久。在不少族人已经搬迁的情况下,来参加祭祀的人数并不比往年少,笔者还见到一对来自南门的阮氏夫妇。

为了一年一度的祭典,祠堂内外悬挂着小彩旗,上写竹林阮府。祭典是从三月三十日开始至四月初二日,共三天。在三月三十日的前两天,族人到祠堂,取去他们负责准备为时三天祭品的纸条。这些纸条上都记有一种祭品及需要日期,祭品是以前大家商议决定的,以干菜物品为主,有三牲、果盒、海参、捆蹄、香菇、鱿鱼、木耳、虾米、香肠、莲子、五果、干贝。

三月三十日是前祭。早上,族人就将上述的祭品供上,这些祭品就是"公祭"的供品。这些祭品从早上上香后直到傍晚才由负责的人将煮熟的祭品取回。当晚7点30分放映电影两场(连续三天六场,计600元),放完后烧了金纸,放了鞭炮,第一天的前祭就此结束。

四月初一日是本祭。由当日负责的人在八仙桌上重新供上祭品。因工作的关系,从早上6点多就有族人前来做他们个人的祭拜,祭品大都为水果以及鸭、鱼、猪肉、香肠、干贝、油炸物、芋头、鱼丸、香菇、木耳、金针菜(黄花菜)、面、红蛋等为数13碗的祭品。红蛋的数目是依照家里的人数多加一个,并在祭完后当场把每个红蛋剥掉一些蛋壳,称之"脱壳",有驱邪的意思。有的人是剥掉整个红蛋壳,并把蛋壳丢弃在回家路途上,意味着把坏的(厄、邪)一切丢掉,有驱邪之意。剥掉红蛋壳的意思还另有解释,有的说是祖先吃了蛋了,祖先答应了我们的祈求。祭品上圆形的红纸、西红柿、柑橘是代表吉利。

个人的祭祀,是先到的人先供上祭品,点着各自带来的蜡烛及香,先拜天公,再拜阮钦为公及龛前右边的土地公,烧完金纸,放完鞭炮后,就把祭品带回家。就这样一家接一家地祭拜,直到傍晚6点多。祭拜的人全走了之后，一位70多岁的族人拿着刷子及畚箕，象征性地扫起地来，说是"扫金扫银"讨个吉利。在整个祭祀活动中与族人谈话中都会听到这句话：以前还是祖厝的时候，摆供品的桌子从厅内排到厅外，挤得满满的，等到要煮晚饭时才把供品撤走，多热闹。后来因为卫生的关系，改成拜完就带走的方式，因此把祖厝盖成了祠堂后，现在也是一家接着一家，各自带来供品，祭完就带走，这种方式已有一段时间了。

四月初一日晚上，也放映了两场电影。之后，烧金纸，放鞭炮。四月初二日的早上，由抽到负责此日祭品的族人供上祭品，到傍晚烧完金纸，放完鞭炮，也就结束了为期三天的祭祀。

在四月初一日这一天，除了祠堂里的祭祀外，族人中就有一家（阮传丽）得在早上到祠堂，下午在家里同样祭祀阮钦为公。在祖厝的旧址上，于2000年重建"竹林堂"之前，阮传丽一家就住在三合院的祖厝里。"文革"时，祖厝内的阮钦为神像由一位老一辈的族人收藏保管。改革开放后，那位族人坚持不交出神像，只好由阮传丽的母亲根据以前的记忆，重新雕刻阮钦为的神像，供奉于祖厝内。直到那位族人去世后，原来的神像才再次被供奉于祖厝的大厅。因此现在阮传丽家中也供奉着阮钦为的神像。

3. 烧大人

除了在祠堂祭祀阮钦为之外，在各个族人家的厨房里有"烧大人"的习俗，也是西门阮氏代代相传，严格遵循的习俗之一。族人多在早上在祭祀灶君的地方，摆上寿面、红圆、红蛋及五样菜（其中不变的是豆干、豆腐、瘦肉，称作水圆的鱼肉圆，一种青菜）、三杯酒、家族人数的纸制"大人"，另加一个"大人"，称之为"贵人"，负有带领各个"大人"的职责。这里所谓的家族人数，是包括出嫁的女儿及其丈夫、孩子们。"大人"的香烧完后，族人会用手指沾着酒，往"大人"的嘴上摸，也用手拿着各样的菜，摸在"大人"的嘴部，且口中念道：贵人带大人吃酒，替主人走遛遛；贵人带大人吃菜，替主人担待；贵人带大人吃豆干，给主人做官；贵人带大人吃水圆，给主人一家团圆等等。或者是：贵人带大人，您吃了我们的酒菜，就得替我们全家人担待等等。在烧金纸时也同时烧了"大人"。烧"大人"意味着这些"大人"将带走家人的厄运。"文革"前，"大人"是在家中的厨房里供了之后，拿到祖厝，集中在大锅里烧。烧完后的纸灰处理，由族长"掷珓"，问出处纸灰的方向，挪开大锅把纸灰倒往所指定的地方，以田地、小河为多。

祭祀阮钦为，是一年中仅有的西门阮氏族人在祠堂聚集的机会。由于近年来生活水平的提高，已不再像以前那样请厨师来办酒席，大肆请客，但这一天也给出嫁的女儿带着丈夫、孩子回娘家相聚的机会。当天晚上，差不多每户人家都会摆上两三桌的酒席，欢聚一堂。

4.跳火

西门阮氏有个特殊的"跳火"习俗，族人将年底清除污垢时所用的稻草存放家里，直到三月十五日当天才把那些稻草堆在祖厝前的空地上点燃，族人就一个接一个从火堆上跳过。据说这跳火习俗是专属于阮姓的，如果附近他姓的人尝试跳火时，则会受伤。

(二)西门始祖抚义阮公、柔恬林氏的祖坟祭祀

祭扫祖坟从旧时代一直进行到"文革"才中断，又在改革开放后重新开始扫墓。

据阮德厚(72岁)、德苟(74岁)所述：以前祭祀祖坟时，首先，是前往规模不小的阮钦为的墓地，穿过石坊，就可见到等身人大的将军、马、虎、羊等石雕，爬上从低到高的层层阶梯才见到坟墓。坟墓中间长了很多茅草，墓碑是黑色的。其次，还要祭扫另一个已不记得名字的祖坟，葬在生息着螃蟹的小溪旁，是个好风水的"蟹穴墓"。顺写墓志时须用绿色漆料，这表示螃蟹还活着，能显灵力。最后才是阮抚义的坟墓。

阮抚义是从晋江河头迁移到泉州西门定居的，繁衍子孙至今大约有五六百人。抚义阮公、柔恬林氏的坟墓，坐落于晋江市紫帽镇井尾村林厝山，坐东朝西，由泉州西门顺着国道306线，向厦门方面大约20分钟车程的距离。此次参加祖坟祭祀的有，来自晋江茂趣、晋江新铺、泉州南安洪濑、仑苍、大宇等地的宗亲，大约60人，还有井尾村林厝山一带的阮氏子孙10多户约50多人。依此地的习俗，祖坟的扫墓日期，应从清明日当天算起的前十天及后十天(共19天)内选择。为了吸引更多的年轻人参加扫墓活动，2004年的扫墓日就定在4月9日(星期六)举行。

每年扫墓时，泉州市西门竹林紫溪阮氏宗亲会会长阮传恭，都以红漆重新顺写墓碑上的字。坟墓的墓龟皆以水泥覆盖，并画有龟纹，但最顶尖的那一小部分留有泥土，用来长草，族人相信这样子孙才会"发"(发财)，他们称之为"封山秀土"。早晨9点左右，先到的人，有的开始布置坟墓，在那一小

片的泥土上放置各种颜色的纸花,中心部位一定是红花,墓碑上也放上1朵红花。另有一些人开始折叠金纸,堆放在后土前,有的点着红蜡烛烧香拜后土,随后拜祖先(三叩头礼)。祭品是些不必烹饪的饼干、面包、饮料、水果等,一袋袋地摆放在后土及墓前。依此地的习俗,先烧给后土金纸,而后烧给祖先的也是金纸。依泉州的习俗,人过世后三年之内祭拜时,须以金、银纸搭配着使用,三年以上一概使用金纸。烧完金纸后,就在坟墓上散放红、黄、橙、粉红、绿、水蓝、桃红等颜色的"墓钱"。就像上述的次序一样,先到达墓地的人就先拜。他们以鸣放鞭炮为扫墓的结束,特别是多次在砂手(墓的外屏)上燃放较大的鞭炮。

从此次扫墓中看出,不将各自带来的祭品摆出,而是一袋袋摆放在后土或是墓前。祭后不在墓前共食,除了喝了祭品中的饮料之外,又都提走,但是参加扫墓的族人就在离墓地300米左右的阮德蚶家聚餐。每年参加扫墓的大约有200人,去年扫墓后的聚餐有17桌。由于政府重修环城路,拆迁了许多民宅,西门阮氏家族因此迁离的为数不少,2004年的聚餐只有6桌。

(三)家庭内的牌位祭祀及坟墓祭祀

以林喀家为例。林喀,78岁,小时候由阮氏的一个族人从丰州镇石空村用白银100元买来做养女。长大后,许配于养父弟弟的儿子。林喀道:公公的前妻生有二男二女,二个儿子在70多年前抓壮丁时被抓走,有人看到小儿子死了,大儿子不知去向,一个女儿送人了,另一个女儿到山里拾柴时被老虎咬走。公公的后妻生有九男一女,送走了7个男孩。现在家中祭拜的是养父母、公婆、历代祖先及公公的前妻、孩子们。知道忌日的只有公婆及养父母,其他的就在八月十五日统一做个"总忌"。供上十几碗菜,烧了金纸,也就完成祭拜了。无论是"做忌"或是做"总忌"时,所烧的都是金纸。依林喀的说法,做过功德的就可以烧金纸,否则只能烧银纸。一般来讲,"做功德"是在出殡以前必做的仪式,但近年来民政局规定,死后12小时内必须送到火葬场,因此拖延到四十九天的那一天才"做功德",这也就成了普遍的习惯。在林喀家,最后一次在出殡前做了功德的是在1960年,林喀的婆婆参加建造砖瓦窑时,被倒塌下来的砖块压死。这座砖瓦窑也就是从事砖瓦业的西门阮氏他们所谓的"六十年窑"。

一年到头,林喀家中例行的敬神祭祖为:每月初一、十五日以水果敬神,每月初二、十六日敬土地公。除夕晚上12点过后,以五牲(鸡、猪脚、鱼、鱿鱼及必须连在一起的猪心、猪肺)、五果(5种不同的水果)、六素(6种不同的素菜)等供品敬天公。四月初一日以十几碗菜敬阮钦为,八月十五日早上八九点以中秋饼及十几碗的菜敬家中的神(关公、观世音菩萨、哪吒)。祭祖除了在林喀的公婆及养父母的忌日外,也在正月初一日、清明、五月初五日、七月十五日、八月十五日的总忌日、冬至等日子进行。

西门阮氏对祖先所烧的金纸,不是普通针对神明所烧的金纸,而是在银纸上加涂黄色槐花,视为金,表示与神同样的待遇。

西门阮氏拥有一座私山,是位于北峰镇霞尾村与石坑村之间的奇特岭,是座坟山。扫墓日也是在清明节前后十天之内,大多选在星期六、星期日的休息日。林喀一家2004年的扫墓是在星期天的清明节那一天,由林喀的儿子一家十多人,带着水果、饮料、饼干,扫的墓有曾祖父、祖父、2位祖母、1座4个未结婚的叔公墓。由于一年只扫墓一次,因有人开山取石,把6座祖坟给毁了,林喀也就因此不再去扫墓,由她的后辈扫墓。对后辈来说,扫的是五座三代的墓,拜完后也没有在墓旁吃祭品的习惯。

至于此地的拾骨习俗,在族人中有这么一种说法:以10岁一年的算法,70岁就得等七年才拾骨。但依林喀的说法,12年后筋骨才会真正的腐化,但拾不拾骨是依个人之需,就如林喀的婆婆生前就盼咐了林喀:我不愿被拾骨,拾了骨就像蹲在瓮里,我愿意躺着,不拾骨就保佑你,拾骨了就记恨你。所以现在扫的墓,除了林喀的婆婆墓以外,其他的都是二次葬(吉葬)的墓。无论哪一种墓,都请了风水师看风水。

二、泉州南安大宇阮氏的祖先崇拜

(一)祠堂内的牌位祭祀

大宇阮氏祠堂"竹林宗坊"位于南安市仑苍镇大宇村,祠堂内祭祀的祖先牌位到十三世为止,十三世以后的牌位由各自的家庭来祭祀。依南安阮氏联谊会会长的说法:在祠堂落成庆典晋主时,祭祖的手续已经完成,而且所烧的纸钱非常多,祖先肯定用不完。按会长的观念,祭祖必须在祠堂里举行,或者是在"谢天公"时供上很多祭品再祭祖。大宇阮氏的祭祖活动,在会长的记忆中只有两次:第一次是在他年纪尚小(1956年)时为了"还愿""谢天公"时祭祖,大宇阮氏先前的"祈愿"是有了100个"丁"就"谢神",可只有

87丁就还起愿来了,当时只杀了一头猪及一口羊而已。第二次是会长亲自主持的2003年祠堂落成庆典。现在每年正月初九日,每家将拜天公后的"五牲"及其他祭品挑到祠堂去"敬祖",清明和冬至时每户也各挑一担祭品(不供五牲)去敬祖。

南安阮氏联谊会会长所谓的"在谢天谢地时已经完成手续",是指在2003年1月23日阮氏宗祠落成庆典时,由5位"师公"所执行的一系列仪式。此日阮氏家家户户的门口都挂上"添丁进财"的红彩灯,庆典仪式从凌晨开始,其过程为:

1. 安宅:由木匠师傅拿着镜子及沾了鸡冠血的毛笔在正梁上"点梁",嗣后由师公领着手持着香、身穿长衫的2位长老(当上爷爷的人,而且必须是与正妻生的儿子所生的孙子)在祠堂内绕一圈,接着就是"请神"。

2. 晋主:将第一世到第十三世祖先牌位安置在神龛里。

3. 去煞:在一个象征性的小小戏台的梁上点了鸡冠血,并且演了木偶戏。这也象征着为今后演大戏的戏台"洗台"。

4. 取水:每家每户提着一对灯笼,手拿着香,放着鞭炮,由"师公"领到河边祭拜"水神"后取水。回祠堂后分给族人,让族人将水放入水井或水塔里饮用它,以求平安健康。

5. 献生:每户人家准备两桌,一桌摆一头生猪,另一桌摆生鱼、生鸭、水果、蜡烛及一对灯、一大碗的饭、金银财宝(稍后"做敬"用)。在猪上插上一把刀,再盖上一条红布,表示献上祭品。以宗亲会名义献上的有公猪、母猪及羊各一头。

6. 做敬:族人拥挤在师公前,让师公将法印盖在白饭、人民币上。吃了这白饭以求平安健康,用这人民币做生意赚大钱。

7. 献熟:献上煮熟的五牲(猪头、公鸡、鱼、猪脚、猪心肺)、粽子、龟糕等等。师公走到各个祭桌旁,把法印盖在公鸡上,这只鸡绝不用来请客,而是给家人吃的,以求添丁。

8. 送神:送三界公。

9. 普度

(二)坟墓祭祀

依旧习,八月十五日为大宇阮氏祭祀祖坟之日,凡是在此年生儿子的,须在祭品里多准备5公斤的猪肉。这些肉称为丁肉。在旧社会,每一个家族都盼望着众多的男性来传宗接代,壮大家族。因此祭祀后将慎重地细分到几两几钱给在场的每一个"丁",以免分配不公平而发生纠纷。这丁肉不给女儿吃,只允许媳妇吃。1952年是最后一次的祖坟祭祀。而改革开放后,因为有了子孙发达就不必扫墓的想法,也就不再祭祀祖坟了。

三、漳州石美阮氏的祖先崇拜

在漳州龙海市角美镇石美村埭头,最早的人口以阮姓为最多,有内厝阮、外厝阮,其次为张、谢、毛等姓。黄姓迁入后发展迅速,现在一万人口中有四分之三属于黄姓。

现在守着祖庙的只剩两兄弟中的弟弟阮江青一家,这种只由一个家庭来守祖庙的情况,在哥哥阮晋江的记忆中:

> 自从我的祖父那一代就是由祖父一家人来守祖庙(其他兄弟外迁),我父亲那一代,伯父只生两个女儿,他们都过世了,因而也是由父亲我们这一家人来守祖庙。我们这一代共有五个兄弟(两个夭折),大哥生有二男早已外迁,弟弟生有一男一女,而我现住漳州市,只有一个女儿。守祖庙的真的是出不了"丁"。

祖庙"世德堂"在1950年到1983年间被当作粮仓。1993年修建"世德堂",之前已向角尾镇粮站以1000元的手续费正式要回祠堂。2003年7月18日,以日本冲绳县阮氏我华会提议要求之名义,向漳州市文物管理委员会申请市一级文物保护单位。但到现在还未获批准。

1990年12月23日,东喜望因参加"中国福建省·琉球列岛交涉史"的研究项目曾访问石美村,当时的宗祠只有四个牌位,即显考讳恬夫阮公之神位,头祖考讳开基祖溪渊阮公之神位,头祖妣阮门开基祖陈氏之神位,显妣阮门梁氏之神位(附葬孙朴叁君)。[①]

(一)祠堂内的牌位祭祀

据老一辈族人回忆,直至1940年代末,每年十一月十五日为"世德堂"

---

① 东喜望:《中国·琉球の国交と册封使来琉の陆·海路》,中国福建省·琉球列岛交涉史研究调查委员会编:《中国福建省·琉球列岛交涉史の研究》,东京:第一书房,1995年,第210页。

元祖的祭祀日。这天,分布在漳州各地的阮氏后裔,都乘船前来"世德堂"参加隆重的祭祖活动,参加人数多达四五百人。中华人民共和国成立后,随着社会风气的转变,这种祭祖活动有时规模较小,有时中断。① 据阮晋江所说,祠堂的祭祖时间为中午12点左右,因为阮氏是船家,利用涨潮时前来祭祖,退潮前回去。

在"世德堂"牌位龛的前列正中,祀有"日本冲绳肇基祖显考讳国阮公府君神位"及其夫人"日本冲绳肇基祖显妣真那武樽孺人神位"两个牌位,这也表明了日本冲绳阮氏承认石美为他们的祖籍地,但并非是阮国迁出之地,因此,冲绳阮氏还在继续寻找始祖阮国的确切故乡。

"世德堂"平时的祭拜是阮江青的太太负责,每月初一、十五日(茶、水果、饼干、糖果),三月初三日、七月十五日、八月十五日、冬至及十二月二十九日,皆以三牲、发糕、水果及饼干、糖果为祭品,冬至时多加红白汤圆。祠堂内也有守祖兄弟的祖父母及父母的"做忌"祭拜。

2004年农历十一月十五日,前来祭祖的有石美村西门社2位,直接从石美迁出定居于南靖县山城镇下碑村的9位;在阮氏资料里没有记录的长泰县武安镇的3位;漳州市区西溪房的26位,西溪房的平和县琯溪县小溪村、南靖县的龙山、金山的水运队宗亲120多位;从西溪房分出的华安县沙建镇北溪房60多位宗亲等。粗略估计,大约有300多位族人。

如今祭祖不像以前那样利用水路,祭祖时间也不受潮水的限制,因此,先到的人各自摆出带来的祭品,拜完烧完纸钱就先走。直到人数众多的西、北溪房的人到了,才显出热闹的气氛。西、北溪房请出他们所供奉的"关帝爷"一同来祭祖,依西溪房人的说法,因祖先信仰关公,他们在改革开放后的1987年雕刻关公祭拜,自从"世德堂"重修后,每年奉请关公同来祭祖,已成惯例。西溪房及北溪房较有组织,他们各自携带公共的祭品,有五牲(猪头、鸡、鸭、鱿鱼、熟面)、发糕、水果、纸钱、香、蜡烛及鞭炮。神龛内的正中是山西夫子"关帝爷",其左是文官"关平",其右是武官"周仓"。神龛先停放在大庭边,让族人拜过后,才进入祠堂内,摆上祭品拜祖先。祭拜的情况是各自点香拜了土地公,再拜祖先、烧了纸钱,也就告一段落。西、北溪房族人将公共祭品切成小块,每个族人一手拿着熟面,另一手拿肉,站着吃他们带来的

---

① 王作民编:《漳州阮氏族谱研究参考资料》,福建省漳州市旅游局,1987年,第5页。

所有祭品。并往祠堂的"添油箱"塞了些钱。

从西、北溪房的祭祖行为中可以看出,是关公信仰带动了他们的祭祖行动,因为他们并不因祭祀祖先而征收丁钱,而是在祭祀关公时才征收丁钱。

(二)祖坟祭祀

在厦门市郊灌口后溪乡墩上村的坟山上,有一座阮恬夫及夫人梁氏的坟墓。这座坟墓也合葬了其孙阮叁君,是明代万历辛亥年(1611年)的。从墓碑上刻着"石美籍"三字可以确认阮恬夫是阮溪渊的后裔。

2004年阮恬夫祖坟的扫墓时间,定于4月7日(二月十八日),是与同村黄姓族人共同选出的吉日。据阮晋江(57岁)所述:万历年间,阮恬夫因在同安当官,便在厦门市郊灌口后溪乡墩上村买下一山丘为坟山。后来阮氏家族里有一女许配于同村的黄姓,因而有了姻亲关系。该女的公公去世后,也葬于离阮恬夫坟墓右边不远处,以便日后阮、黄两姓能结伴祭扫祖坟。阮恬夫之坟,于1989年找到,当时墓庭里堆积了高高的泥土,墓碑被盗墓者用炸药炸散在墓前,破裂的墓碑现存放于祠堂。

由石美经国道324号线往厦门方向,约30分的车程,在右手方就可看到灌口后溪乡墩上村的阮氏坟山。4月7日早晨9点30分,现居住漳州市的阮晋江与留守祠堂弟弟阮江青,会齐黄姓族人后上坟山扫墓。虽是祖坟,但来扫墓的只有这兄弟两人。兄弟两人赶忙除草,分别在后土及墓前以鸡、面、鸡蛋、水果、蛋糕、糕、酒等为祭品,烧香先祭拜后土,再祭拜阮恬夫的坟墓。哥哥烧银纸,弟弟则在墓龟上重新堆土,并在墓龟上的最中间部位压上一列长方形的墓纸(黄、白两张为一组),依照惯例只压七组,但墓龟的其余部分就无指定。至于墓龟上的最中间部位只压七组墓纸的原因,就不得而知了。压满墓纸后,剩下的墓纸就与银纸一同烧掉,意思是让祖先可用来修补屋顶。

烧香时,先祭拜的是后土,而后祭拜阮恬夫的坟墓。但烧纸钱时,是先在墓前烧银纸,而后烧金纸给后土。问其原因:据传说先烧了金纸,土地公是会跑掉的。在他们的父亲健在的时候,都在墓地吃了祭品,虽然他们没在墓地吃蛋,乃依惯例,把蛋壳剥撒在坟墓上。烧完纸钱后,在纸灰周围像是画了个圆圈似地洒上酒(称之为"围钱"),这就是扫墓的全部过程。

四、漳州海澄镇豆巷村埭内阮氏的祖先崇拜

（一）祠堂内的牌位祭祀

海澄，古属漳州月港，因此，海澄镇豆巷村埭内的阮氏自称"月港阮氏"。从前，祖祠定有春秋两祭，春祭为正月十八日，冬祭在十一月的冬至，是小祭。埭内的阮氏守祖子孙及从埭内分衍出去的阮氏亲人都派人前来祭祖。

月港阮氏真正恢复祭祖是在 20 世纪 90 年代初，1997 年祠堂落成前的祖先祭祀是在祖厝举行。一年中在祖厝祭拜祖先的，有统一祭拜的十二月二十九日夜晚的敬祖及正月初二日、三月初三日、端午（五月初五日）、重阳（九月初九日）、冬至及做忌日。祭品皆以酒及菜碗，只在五月初五日时加上粽子及糕类，在重阳时加上特制的芋头甜糕。

在 1997 年祠堂落成后，祖先的祭祀遵照旧例为冬至及正月十八日两次，在"五一"扫墓祖坟时，出发前到祠堂告知祖先将去扫墓之事。在祭扫坟墓后，也会再次回到祠堂祭拜祖先，这是为了祭拜那些找不到坟墓的祖先。

2000 年 2 月 23 日，农历正月十五日进行"入龛"祭拜、"晋主"仪式。2 月 25 日举行落成庆典，祭拜祖先。埭内守祖的亲人及其他的宗亲近 300 人参加庆典，鼓乐齐鸣，炮火齐放，热闹隆重，连续演戏三天，此后也连续庆祝三年。能入"竹林堂"祠堂的神龛之牌位，必须是当了爷爷或奶奶的，这就是他们所谓的入龛"资格"。2004 年农历十一月二十日，是国仁的继母洪氏入神主于祠堂之日（已归天两年，享年 92 岁）。洪氏的牌位是在 2000 年 2 月 23 日的晋主仪式时以"生牌"入了龛，当时是包着红布，加上红绫花面朝内摆放。洪氏过世时，将牌位请出与出殡队伍一同上坟山，埋完后，经过和尚的"点主"仪式，牌位入了魂后安置于祖厝。

1. 洪氏牌位的晋主仪式

洪氏牌位入主祠堂的前晚，也就是冬至前晚开龛之前的晚上 7 点 30 分，子孙们聚集于祖厝"敬茶"，即在牌位前摆有一杯龙眼干茶，请洪氏喝茶，祭品只供水果及饼干、糖果之类。依长幼男女之序，四人一组的各跪拜四次，烧银纸放鞭炮，为时 30 分钟的"敬茶"告成。

2004 年冬至早上 7 点，洪氏的后代子孙聚集在祖厝，将牌位以红线绑

上红绫花,意味着有如状元插上红绫花,希望子孙能有高学问。接着由海澄镇内的谢仓大庙的和尚主持晋主仪式,子孙们上香祭拜,和尚念了短短的经文,烧完银纸。放了鞭炮后,由子辈们捧着牌位进入祠堂,首先置于龛前的神桌上,子孙祭拜及和尚念经后,烧土地公金及天公金。紧接着是牌位的入龛,在放好牌位后,有位老辈族人以闽南口语押韵说着:"坐得端端,子孙大发财;坐的正正,房头一代一代正。"每当说完一句,在场的都回答着:"好哦!"在和尚说了这类的好话后,子孙们盛了三碗白饭加在祭品上。放了鞭炮后,在祠堂外烧了"入龛告母祝文"及银纸后,为时两个小时的晋主仪式也就告成。这仪式的祭品除了水果、饼干、糖果外,还供五牲(猪头及置于其上的猪脑、鸡、鸭、鱿鱼及泡面)。

洪氏牌位的入主祠堂,之所以选定在冬至祭祖的前晚开龛后,是因为冬至的祭祖仪式是由埭内守祖这一房家族所举行。

2. 冬至的祭祖仪式

埭内守祖这一家族,除了祠堂外,尚无共有财产,以人口数征收祭祀费用,一口五元,共可收两千多元来供一年中(冬至、正月十八日的祭祖,五一的扫墓)的祭祀费用。

每年祭祖之前的开龛,一般在晚上 7 点开始。由于洪氏的后代子孙聚集在祖厝,为洪氏敬茶、做入主祠堂的事前准备而人数未齐,此次的开龛于 8 点 10 分开始,开龛由此年的值班长老人(戴黑礼帽,身穿长衫)点香先拜土地公,再拜祖先。开龛之前,长老说着:"开龛门呀!子孙代代传呀!"打开龛门之时,又说着:"龛门两边开,家家出丁又发财。"在场的子孙应说:"好喔!"接着在场的子孙依长幼男女的顺序跪拜。开龛时的"敬茶",龛前摆有较小的 12 杯龙眼干茶、水果及饼干糖果为祭品。

冬至的祭祖仪式,是由埭内守祖这一房家族举行。2004 年冬至祭祖于 11 点开始,祭品有公共的五牲(猪头及置于其上的猪脑,置于两耳间的猪尾巴、鸡、鸭、鱿鱼及猪脚)、一大盘的发糕(实际上是蛋糕)及一堆的橘子外,由各户准备的菜碗及米饭摆满了龛前的桌子,以二十二世 10 户加上二十三世 18 户,每户准备以盘子或碗盛装的 4 种菜碗(家常菜)与一锅米饭,共有 100 多的菜碗,有五香卷、虾、鱼、腊肠、白斩鸡、鱼丸、炒米粉等等,加上方便面、罐头、饮料与水果(香蕉、橘子、苹果、龙眼、甘蔗),祭品上不是放有西红柿就是贴有红纸。值得一提的是,长形桌上除摆满祭品外,还摆了一长龙的酒杯及筷子,有60副。只有冬至祭祖时,在祭祀空间上才有上位及下位之分。祭品的摆放虽是成一长龙的形状,面向牌位龛,其右是大边(上位),其左是小边(下位),大边是祭祀龛内的祖先,祭拜时就在常设的神桌前祭拜。大边的祖先祭完后才拜小边,只站在左边的祭桌前点香拜祭。

常设桌前的祭拜,由10位长老轮流主持,十二次跪拜后,以跪姿献上的有筷子、酒(除了献给祖先外,也把酒像画三条线一样洒在地上)、五牲、发糕及三盘菜,每一位长老都有捧拜的这个动作。十二次跪拜后,接着是依男女长幼之序的四次跪拜。

11点30分左右,有的族人提着一筐筐装满银纸折成的元宝在桌前祭拜,除了常设桌前的祭拜,也有在左边摆满祭品的桌前祭拜,然后将元宝提出外庭焚烧。在外庭可以看出,较大的一堆是烧给龛中祖先的,旁边另有几小堆是烧给此地称作"好兄弟"的,他们虽是自己的亲人,但没有资格进入祠堂。自古到今,埭内阮姓家族的牌位全部集中在祖厝的大厅里,各家未曾设置过牌位。没有资格进入祠堂、没有牌位的这些属于死于非命、夭折的,唯一得到家人的祭拜也就在冬至这一天。

3.正月十八日的祭祖仪式

正月十八日的祭祖,与冬至的祭祖同样,在前夜"开龛"敬茶。开龛"敬茶"祭品数量较冬至时为多,龛前摆有4杯加盖并绑有红线的龙眼干茶,共有三盘,供给远祖,另有较小的12杯龙眼干茶供给近祖,水果(苹果、橘子、香蕉、梨及切成节的甘蔗)及饼干糖果为祭品。

参加正月十八日祭祖仪式的有由埭内开基祖的二男迁出的,来自海澄墩上社的120多人,从埭内开基祖的长男迁出洪屿社的30多人,加上埭内的子孙100多人,共约260多人。2005年,因为从埭内开基祖的长男迁出梅市的没参加,否则往年一般都有300多人参加祭祖。

早上10点,埭内的阮氏长老在社头的妈祖庙前,放鞭炮迎接墩上社的阮氏子孙,由海澄墩上社阮氏的大旗领先,自己的锣鼓队一路敲响着进入祠堂。接着洪屿社的阮氏子孙到齐后,各自将自备的五牲、糖果、橘子、红蜡烛及鞭炮摆上桌子,埭内的各户也准备了与冬至时相同的祭品。11点开始了由埭内的长老主持祭祖仪式,各地来的族人以2位长老为代表,共6人的"大拜"开始。代表们头戴黑礼帽,身穿长衫,四跪拜后,以跪姿献上的有筷子、酒(除了献给祖先外,也把酒像划三条线一样洒在地上)、五牲、发糕及三盘菜,每个代表都有捧着祭品一拜的这个动作。再跪拜四次后,由另一人跪读祭文(祝文),第三次的四跪拜后也就完成了一个程序,紧接着是墩上4个代表、洪屿5个代表,由于洪屿没祭文而省了读祭文外,依照上述的程序各自献上自备的祭品,而埭内的全部长老四次跪拜后,各社长老代表的祭祖完毕。其次是埭内、墩上及洪屿男性的跪拜,最后为女性的祭拜。这一天祭祖的同时也在祠堂的大庭拜"门口"(好兄弟),以保存期长的祭品多,有皮蛋、腊肠、罐头、方便面、饮料、饼干、生米(放有西红柿)以及橘子,煮熟的有米饭(放有西红柿)、鸡、鱼丸及炸鸡块等。12点过后,烧了金纸,放了鞭炮,祭祖完成。

我们可以从祭文的有无、开龛时的"敬茶"与由所烧纸钱的种类及方法的不同,来考察祭祖性质的不同。从冬至开龛时的"敬茶"(少了各盘有4杯加盖并绑有红线的三盘龙眼干茶),所烧(分几堆来烧)的是银纸来看,冬至的祭祖是埭内阮氏子孙对近祖的祭祀,而正月十八日的祭祖是对远祖的祭祀。从墩上、洪屿及梅市阮氏来祭拜他们的开基祖来看,这也可以说明所祭祀的是远祖。

埭内阮氏的祭文(祝文)如下:

维公元2005年岁次己酉建戊寅望日寅越十八辛巳,不孝孤哀世代孙二十三世、二十四世、二十五世裔孙等

谨以牲礼、庶肴果品、香楮之仪,敢照奠于

阮公先辈、列祖列宗。慈灵之日,痛念先辈,

列祖列宗,养育深恩。抚养儿女,一片心长。

建基立业,积德积功。和睦乡里,内外称扬。

今已西登,是日裔孙,致备薄礼,虔修果品。

荐酒牲陈,祈鉴微诚。启告祭文,致以敬孝。

呜呼哀哉!优维尚飨

太岁己酉年正月

(二)祭扫祖坟

2004年的祭扫祖坟于5月1日举行,早上9点30分上了埭内社前的县道,朝往漳浦方向大约30分钟的车程,祖坟群就在东泗乡虎渡村对面的卓港山。据前辈们传说:埭内始祖从石美迁出时,先在卓港山的山脚下定居了一段时期(早年扫墓时还可看到一些古房的地基)。因常有盗匪盗抢骚扰,

迁居埭内社,此事因无族谱记载,阮氏在卓港山脚定居的实际时间也就不得知。卓港山从前是阮氏的坟山,1949年后归东泗乡所有。卓港山现已开发为果园,有些坟墓因此被毁,也有的坟墓因此被发现,就如2003年发现了万历己未年(1619年)的祖坟。

在旧居地往内差不多20米的地方,就有万历己未年(1619年)的祖坟,越往后代祖坟就得越往山坡上寻找。由于扫墓的墓数及人数较多,一到坟山,大家分头清除杂草,开始祭拜,祭品是五香肉卷、肉粽、大面、饮料等,几个祖坟同时进行祭拜,每人先拜完了自己着手除草的那座墓,再拜另一座墓,每个人都会祭拜到每座坟墓,因不按次序,显得一片混乱。由于禁止烧纸钱,只有在休息地方近旁的一两座墓才烧土地公金。因不是大祭,所以不烧银纸。在卓港山目前找到的最早的阮氏坟墓就是万历己未年(1619年)的这座祖坟。最后安葬在卓港山的是阮宝国的祖母,其墓为民国二十八年(1938年)。阮宝国说:曾在十多岁时跟祖父、父亲去扫过祖母的墓,因经济困难未立墓碑,40多年前就被毁掉了。此次扫墓的人有小孩19名,大人30名,二十二世的11个堂兄弟都到场。祭扫的祖坟共有10座。在祭拜贞烈许氏祖坟时,大家讨论说墓碑上的孙辈阮梓发是在立碑十年后才出生的,据说先立了名后,将会得丁。

五、小　　结

大陆阮氏顺应了近30年来中国大陆所兴起的宗族复兴的潮流,而冲绳阮氏的寻根与资助修建漳州石美"世德堂"的行为,也推动了各地阮氏宗族组织的复兴及祠堂的修建。中国大陆各地阮氏宗族组织处于一种松散的状态,在祖先祭祀方面未受到冲绳阮氏的影响。但把祭祀祖先当成一个家族的重心,并以它作为凝聚族人的纽带,把祠堂视为宗族的象征等,这种文化上的传承是相似的。

笔者参与的泉州西门、南安大宇、漳州石美以及龙海海澄豆巷村埭内(自称月港阮氏)等地阮氏祠堂与坟墓的祖先祭祀时,发现各自有其特色。

1. 把祖先当作神来祭祀的泉州西门阮氏。担任前锋协助施琅攻打台湾的阮钦为是英雄,也是西门阮氏的骄傲。把英雄当作神来祭拜,并且还保存西门阮氏独特的放兵、烧大人、跳火等习俗。如果依照只为祠堂内祖先牌位而直接地献供演戏是禁忌这一理论来看①,更证实了在阮钦为的祭祀中所上演的电影是为"神=阮钦为"所献供的。

2.祠堂里不再祭祀祖先的泉州南安大宇阮氏。由于祠堂内的祖先牌位只到十三世,而十三世以下的牌位,由各自家庭祭拜。在祠堂落成庆典时的晋主,已举行了隆重且谨慎的宗教性礼仪的祭祖仪式,并且也烧了祖先肯定用不完的纸钱等等。大宇阮氏对祖先祭祀有着自己独特的理解,现在的大宇阮氏祠堂在功能上,已转变为大宇阮氏家族的神明祭祀场所。

3.漳州石美阮氏"世德堂"的迎神祭祖现象。这种迎神祭祖现象可见于大陆其他地区以及海外华人地区②。从石美直接分衍出西溪房,再由西溪房分衍出北溪房。这西、北溪房轮流供奉的是他们的房头神"关帝爷"。西、北溪房阮氏到石美祭祖时,也奉请"关帝爷"一同前往祭祖。笔者认为西、北溪房的迎神祭祖是一种借助于房头神的信仰力量带动了他们,促使他们能有更多人数参加祭祖行动的独特现象,其原因有二,其一,在石美"世德堂"的祭祖中,从各地前来祭祖的阮氏人数稀少,而西、北溪房阮氏的人数占全部祭祖者的半数以上。其二,比如月港阮氏,不止在祭祀神祇上同样也在祭祀祖先上征收丁钱,而西、北溪房阮氏只有在祭祀房头神"关帝爷"时才征收丁钱。西、北溪房阮氏的迎神祭祖现象也显示房头神祭祀的神明信仰,也是凝聚西、北溪房阮氏族人的另一个纽带。这种以神明信仰为凝聚族人的纽带,也可见于南安大宇阮氏的神明祭祀行为中(后述第四章第一节)。

4.月港阮氏传统的祭祖仪式。在祠堂里祭祖,所谓传统的祭祖仪式,一般指的是在春秋二祭的礼仪上,有礼生引导的跪拜、朗读祭文等祭祀内容的一种儒家礼节的象征行为③。月港阮氏祭祖时,长老们身穿长衫,头戴黑礼

---

① 参见田仲一成:《中国の宗族と演劇》,东京:东京大学东洋文化研究所,1985年,第1000页。

② 香港新界地区龙跃头邓氏的元宵节祖先祭祀时,把天后像奉迎到祠堂里,以便让新生男儿的家族随时祭拜祖先神位与天后。新加坡兴化侨民聚居地柏鲁马街的莆田林氏一族,为了婚礼前的预祝及新郎父母满六十的寿庆而祭祖,同时也奉迎乡里的土神及社神的神位,以便酬谢祖恩、神恩,献供傀儡戏(参见田仲一成《中国の宗族と演劇》,东京:东京大学东洋文化研究所,1985年,第955、981页)。

③ 在春秋二祭的礼仪上,有礼生引导的跪拜、朗读祭文等祭祀内容的祭祖仪式,在日本,一般学者称它为儒教仪式(参见田仲一成:《中国の宗族と演劇》,东京:东京大学东洋文化研究所,1985年,第892页)。

帽,礼生引导跪拜、献酒、献馔、朗读祭文等祭祀程序为传统的祭祀仪式。

在坟墓祭祀方面,泉州西门、南安大宇、漳州石美以及龙海海澄豆巷村埭内等地的阮氏,基于各种原因而有其个别的祭祀对象及想法。在清明扫墓时,依照传统,除了各自祭扫近亲的坟墓之外,实施祭扫始祖坟墓的有泉州西门阮氏以及漳州石美阮氏。南安大宇阮氏在祭扫始祖坟墓上较为特别,其一,祭祀祖坟不在清明期间,而在八月十五日。其二,出现子孙发达了就不必扫墓的想法而不祭扫祖坟。月港阮氏家族对于祖先是处于只凭记忆撰写家谱的阶段,并且在祭扫坟墓时,也是凭着记忆寻找近亲的坟墓。因此每次祭扫坟墓之后,还要回到祠堂再祭拜一下,以免他们因找不到坟墓,而遗漏对该祖先的祭祀,但不存在祭祀始祖的坟墓。

第二节 冲绳阮氏的祖先崇拜与圣迹巡拜

万历三十七年(1609年),日本萨摩藩主岛津氏入侵琉球后,完全控制了琉球政治与经济。此后,琉球虽然表面上仍然是向中国进贡之属国,但实际上却完全处在萨摩藩的控制之下,琉球王国从此进入历史上所谓的"两属时代"。萨摩藩在琉球所实施的一系列政策,在第一章里已经讨论过,首先是1610年的检地账,实施士族与农民分离的身份制度;其次是1636年开始的"宗门改",是更加严密的人口调查;最后是1698年创立系图座,开始家谱的制作与确认。这可以说明门中是与家谱及身份相关联而形成的,参加门中祭祀的小宗才能在制作家谱时得到王府的认同而不被遗漏。这也是今日门中的成员共同举行祖先祭祀仪式的由来。当然,这是指琉球全体士族的事。

在第二章已讨论了,首里那霸门中的形成并不是从久米村的士族那里学来的。但拥有祖先崇拜习俗的久米村士族的祖先祭祀方法,则是其他士族的学习榜样。

在现行的祖先祭祀活动里,各家除了在家里祭拜自己的祖先外,在新历元旦的几天里以及七月十三、十四、十五日的中元节时,亲戚之间有带着礼物(生活必需品:精装的米、素面、油、饮料、肥皂等)互访的习俗。较有实力的门中,其子孙还有前往大宗的本家或是小宗的本家拜访。在拜访时,将礼品或是现金摆放在佛坛前,烧香祭拜。

今日冲绳所呈现出的祖先崇拜是裹着佛教的外衣,并具有儒、道教成分的形态。而这种形态的形成,可归于华人社会自身的演变,同时也与琉球王国之王府息息相关,并且蕴含着古代琉球的固有信仰。从圣迹巡拜剖析宗教习俗的形成以及其政治背景的进程,以期对现行之风俗习惯有更深刻的了解。

一、王府与道教、佛教、儒家的关系

从文献上的记载来看王府与宗教文化的关系,最初琉球进贡时,程复及叶希伊是担任翻译及书写奏表的人。基于与各种文化的接触,觉得学问是必要的,于是在1389年,中山王察度向中国请求,让中山的子弟留学,但并没立即得到答应。留学之事,搁置到1392年终于得到允许,先后共送出七人(中山四人,南山三人)留学国子监。这是琉球首批的留学生,是琉球子弟首次接触中国文化,这也是中国文化传播到琉球的途径之一。程复及叶希伊在从事多年的进贡事务后,预想告老返乡,但在1392年,中山察度进贡时上奏,鉴于程复及叶希伊对进贡之事的莫大贡献,中山王乞求明太祖赐职加冠带,并留在琉球,以指导改变琉球人的风俗。明太祖不只批准了请求,并赐三十六姓于琉球,现在的久米村人就是他们的子孙。三十六姓的进入琉球,是一次规模较大、人数众多的移民行动,从此传来明代的物品,改善了琉球的风俗,琉球的文教也逐渐地发展。①

王府与道教的关系也很密切,在文献上有国王皈依道教的记载。1436年,琉球王国的王相怀机写给江西省广信府贵溪县龙虎山的第四十五代天师的信是:国王尚巴志与我怀机久闻天师高名,但因路途遥远,山海的隔离,而不得拜谒尊颜,实感羞耻。现国王与我献上香花料,能赏赐护身符,我等倍感幸福。1438年,写给天师的信是:向天师拜托的保身符已在同年的夏天收到了,国王与我深感天师的大德。1439年,给天师的信是:我琉球国王相怀机深感天师的恩德,以前护身符是收到了,但不幸国王尚巴志驾崩,埋葬于城外的天斋山。国中的臣民对天哭泣,深感悲痛,感望天师大人转达上

---

① 比嘉春潮:《比嘉春潮全集》第一卷,那霸:沖縄タイムス社,1971年,第64~65页。

天的老祖天师,能在天上为我国王超生。① 从取得道教的护身符、道教的超生之行为得知,国王及怀机都归依了道教。

佛教在琉球的盛行,其重要表现是寺院的不断建立。寺院有英祖(1260—1299)时代建立的极乐寺,从1384年护国寺的开山住持赖重法师的圆寂推测,护国寺是建于十四世纪前期。存放中山王寿像的万寿寺,只知烧毁于1610年9月22日。② 尚丹王(1470—1476)创建了天王寺及龙福寺。③ 尚真王(1477—1526)统一全岛,实施中央集权政策,即把盘踞在各地的诸侯聚集在王府的所在地首里,与原来的首里人接触交流,相互通婚,进而产生血缘关系。如此各地的诸侯就与首里人杂处,融合而形成一个较为统一的族群。与此同时,尚真王致力佛教的兴隆,建立圆觉寺、崇元寺等,并皈依佛教。④ 从陈侃(1534年的正册封使)及徐葆光(1719年的副册封使)的记述中,也可以看出寺院之众多。陈侃的记述:"寺在王宫左右,不得轻易往来,有曰天界寺,有曰圆觉寺。此最巨者,余小寺不暇记。"徐葆光所说的佛寺有:"临海寺,为国王祈报所,僧名盛满,寺旧名定海。奥山龙渡寺,僧心海始辟之。护国寺,国王祈祷所,僧名赖盛。旧名安禅寺,亦名海山寺,亦名三光寺。另有广严寺、西福寺、东禅寺、清泰寺、善兴寺,俱在那霸。圣现寺、神得寺,在泊村。圆觉寺,在王宫之北门庆门外,国王本宗香火所在。万寿寺、八景寺、天界寺、兴禅寺、广德寺、建善寺,俱在首里。"由此可见当时佛教的兴盛。

夏子阳描述了圆觉寺的外观及内藏的佛经:"圆觉,制颇宏敞,佛经如《华严》《法华》《楞严》之类。"⑤ 1477年,朝鲜的船员从朝鲜济州岛出港后,漂流至冲绳的最南端与那国岛,辗转八重山列岛、宫古岛,于1478年到冲绳本岛。他们在冲绳本岛的见闻是:"在远远高高的地方可见王宫,有瓦顶的房子,有较多的木板屋顶的房子。屋顶是木板盖的寺院,内部是上漆,佛像全

---

① 富見山和行:《統一王国形成期の対外関係》,《新琉球史:古琉球編》,那霸:琉球新報,1998年,第143~144页。
② 比嘉春潮:《比嘉春潮全集》第一卷,那霸:沖縄タイムス社,1971年,第66~67页。
③ 安達義弘:《沖縄の祖先崇拝と自己アイデンティティ》,福冈:九州出版社,2001年,第81页。
④ 仲原善忠:《仲原善忠全集》第三卷,那霸:沖縄タイムス社,1978年,第410页。
⑤ 谢必震:《中国与琉球》,厦门:厦门大学出版社,1996年,第115页。

是黄金。僧侣全是光头,身穿黑或白的袈裟。"①屋顶是木板盖的寺院就是临海寺和崇元寺,到1681年、1682年,它们都改为瓦顶的寺院。由此可见,正式兴建佛教寺院是在15世纪。

尚真王(1477—1526)统一全群岛,实施中央集权政策,皈依佛教,并致力于佛教的兴隆,建立圆觉寺、崇元寺等,这是他的功业之一。琉球的佛教在王室与贵族的保护下兴盛起来,宛如国教。但是佛教寺院在性质上是为镇护国家祈愿之场所,因此未能成为庶民的佛教。

此后,萨摩藩岛津氏控制下的琉球,寺院因1596年的庆长之役(出兵朝鲜)而荒废,也禁止新建寺院。与此同时,因唯恐僧侣泄露日本本土的情报,限制僧侣留学京都、谦仓而改为留学萨摩(今鹿儿岛西部),且在1663年全面禁止布教,佛教因此走上衰退。但在寺院密集的那霸与首里地区,因丧家有着到寺院为死者取得法名的习惯,在禁止布道时也禁止到布道的寺院去取得法名,以佛教的方式办理丧事。虽然庶民对佛教的深远思想不甚理解,但也不可否认佛教存在于庶民的生活中,祖先供养的年忌就是一个例子。②为祖先做忌日称为"烧香",有一年忌、三年忌、五年忌、七年忌、十三年忌(到此称"若烧香",应穿着丧服是属白事,包白钱)、二十五年忌、三十三年忌(称为"大烧香",属红事,包红钱)。特别是三十三年忌为最后一次的"烧香",意味着将丧失个性融合于祖灵集合体中,而与祖灵共祀于神坛。③

尚真王虽然皈依了佛教,但在政治上却以儒家伦理为指导。1715年,久米村的学者程顺则出任久米村总役(最高行政官),接着王府任命他为三司官(摄政者)。程顺则师从福州儒者陈元辅、程朱学,研究诗文前后共七年。他于1705年再渡中国,认为《六谕衍义》有益于教化,且适合当作中国语言的教科书,于是自行版印,带回国后分给友人共享。1714年,他随金武及与那城两王子到江户(东京)会见了日本儒者荻生徂徕。后来,岛津吉贵将《六谕衍义》献给幕府,幕府由荻生徂徕训读符号(读汉文时,注在汉字旁

---

① 比嘉春潮:《比嘉春潮全集》第一卷,那霸:沖縄タイムス社,1971年,第131~134页。
② 藤井正雄:《先祖供養》,窪德忠:《沖縄の外来宗教——その受容と変容》,东京:弘文社,1983年,第145~147页。
③ 藤井正雄:《先祖供養》,窪德忠:《沖縄の外来宗教——その受容と変容》,东京:弘文社,1983年,第173~174页。

边和下方的日文字母及标点符号），室鸠巢译成日文，发布全国。① 这件事表明由于程顺则被任用为三司官，以一个摄政者的身份，把《六谕衍义》当作实行儒家教义的准则，并将其发扬光大。受到这种影响的三司官蔡温，于1733年制定了以孝道为道德基础的教条。②

王府深受儒家的影响，琉球王室祭祀历代国王的画像及牌位之处的圆觉寺及崇元寺，其祭祀形态的确定，是在1725年由久米村的长史参照《大明会典》、《大清会典》的相关规定来答复王府的咨询。③

从以上得知，佛教已在13世纪传入琉球，并接连建立寺院。道教与儒家思想随三十六姓而传入琉球，接着尚巴志国王皈依道教。15世纪后期是佛教的全盛时期，到了18世纪前期王府受到儒家的影响极深。以上虽是简单举出几个例子，但可知这三教是互相交错并存于琉球。

二、阮氏我华会的历年定例祭祀活动

冲绳阮氏的祭祖活动，从阮氏我华会事务所里的牌位祭祀活动、神村大宗本家远祖祭祀（后述）、小渡小宗之牌位祭祀以及清明的祖坟祭祀来呈现阮氏移住冲绳400年的祭祖风俗。

表 3-1 我华会定例祭祀仪式

祭祀名称	祭 祀 日	时 辰
年始祭	正月初一日	正午
清明祭	入清明后的第一个星期日	正午
秋彼岸（秋分日）	立秋当天	正午
大祖御命日（始祖忌日）	大祖御命日（十二月初五日）	正午

资料来源：根据冲绳阮氏祭祀活动定例，于2004年11月制作。

在我华会事务所里，设有祭祀"始祖阮公讳国我谢亲方神位"牌位的神

---

① 池宮正治：《程順則——儒者の実践者》，池宮正治ほか編：《久米村：歴史と人物》，那霸：ひるぎ社，1993年，第193～194页。
② 仲原善忠：《仲原善忠全集》第三卷，那霸：沖縄タイムス社，1978年，第412页。
③ 真栄平房昭：《対外関係における華僑と国家——琉球閩人三十六姓をめぐって》，荒野泰典ほか編：《海上の道》，東京：東京大学出版社，1992年，第259页。

明桌与八仙桌,他们把这一小小的空间视同为庙。始祖阮国的牌位是模仿台湾彰化市孔子庙的牌位式样,自定尺寸,并贴金箔,订制于台湾鹿港,神明桌与八仙桌也购于该地。冲绳阮氏在墙壁上挂有一副由泉州西门的阮氏所赠送对联:

钦公威望封南澳德兵驱荷安鹿耳
为政严明授荣禄大人远戍抚台湾

此对联是纪念瞻仰西门阮氏始祖阮钦为的功绩所撰。事务所的牌位祭祀仪式,由我华会的干事举行。

(一)年始祭

2004年正月初一日,我华会事务所门外两旁,右边贴有"寿""恭贺新年",左边是"福""敬寿瑞春"的红纸以当春联。11点50分,在事务所后面的"竹林堂"的年始祭,共有15名理事参加,由会长及副会长献酒,点香分给在场的族人。各自上香后,取下献上的酒,传递给每一位族人饮之。虽在八仙桌前布置的一大桌上放有各四大盒的冲绳式冷盘及综合寿司,但当作祭品供上的只有冷盘及寿司各一盒,另加两盘水果(葡萄、苹果、香蕉、梨、橙)、一盘红豆沙包、三杯酒、一对红蜡烛,就是全部的祭品。这是冲绳祭品的一个特色,除了中元(七月十三、十四、十五日)外,并不重视祭品的数量。前后约7分钟的年始祭仪式之后,是族人的座谈会。散会时,每人带走一袋装有用红纸包的糕、一个苹果和橙。

部分族人(小渡)前往神村大宗家拜访,用从我华会事务所带走的那一袋食品祭拜神村家的牌位。有的族人认为我华会事务所的阮国牌位,虽说入了魂,也只是一个形式而已,他们认同的是神村本家的从第一世到十二世24位男女直系祖先的牌位。因为冲绳没有分牌的习俗。

在拜访神村本家时,族中最高龄(92岁)的长老说:从中国来定居(指闽人三十六姓)的后裔在牌位上用的字数是男性偶数,女性奇数。在牌位上的谥号与神位之间是否有空格,是配合男性偶数、女性奇数而定。

(二)大祖御命日(始祖阮国的忌日)

2004年十二月初五日是始祖阮国的忌日,共有10位理事在11点55分开始祭拜。祭品有一盒冲绳式冷盘,一盒综合寿司及两盘水果,其他的祭品与年始祭时相同。祭祀过程也与年始祭一样,由会长及副会长献酒,点香分给在场的族人各自上香,接着取下献上的酒,传递给每一位族人饮之。紧接着是族人的座谈会。

(三)秋彼岸之祭祀

秋分时的祭祀仪式,其程序与年始祭及大祖御命日的祭祀仪式大致相同。

(四)清明节的祖坟祭祀

有关冲绳在清明祭祀坟墓之事,可见于1736年,由有第一才子之称的久米村士族蔡文溥以《朱子家礼》为范本,制作了一本以中国民俗为中心,但又含有王府时代琉球民俗的《四本堂家礼》,后来王府将它分发给各地的士族,它就成为士族日常生活中的各种风俗及有关祭祀礼仪的教科书。[①] 而后士族的礼仪也为一般人所效仿。《四本堂家礼》里也记载了先祭祀土地公,后祭祖先之事。[②] 因此,今日冲绳清明祭扫坟墓时,华裔同样地都有先祭祀土地公后拜祖先的习俗。

久米系的门中在清明后第一个星期天是扫大宗的墓,第二个星期天是扫小宗(房的始祖直系)的墓,第三个星期天是扫个人的墓。2005年,阮氏始祖阮国墓的祭扫定于4月10日,即清明后的第一个星期天,130多名子孙参加了这一祭祖仪式。

上午8时许,理事长和执行祭祀仪式的理事,抵达尚宁王的坟墓,去告知当日即将扫始祖阮国墓,然后前往(浦添市)仲西的"祝女御殿"祭拜。11点50分,礼生一人主持仪式,执事二人协助仪式进行,理事长在阮国墓前致辞后,全体子孙转向坟墓左边的墓碑,向着中国遥拜。由理事长代表上香,烧纸钱(黄色土纸打满铜钱模式的印子称之打纸),夹出一小块各色的祭品(猪肉、猪耳朵、鸡肉、蛋、小黄瓜等同装于一方木盒,另一方木盒装有15个白色圆状年糕,这两个木盒为一套)放在小盘里表示已献上祭品。将献上的三杯酒和两杯茶倒在地上,结束第一次祭拜。接着是拜后土,将遥拜过中国

[①] 上江洲敏夫:《久米村家礼と沖縄民俗》,池宮正治ほか編:《久米村:歴史と人物》那霸:ひるぎ社,1993年,第87~93页。

[②] 安達義弘:《沖縄の祖先崇拝と自己アイデンティティ》,福岡:九州大学出版社,2001年,第89页。

祖先的祭品补上一些,也就成为祭拜后土的祭品。然后祭拜阮国的墓,其祭品与遥拜中国祖先的祭品一样,只是木盒较大,而且是两套,另加两盘水果(葡萄、香蕉、橙、小橘子、苹果、姜)、一大盘的食盐。最后是大宗神村代代祖先的墓,祭拜程序皆同。12点15分祭拜结束,全体子孙留下,边叙谈边吃预先准备的与祭品相同的便当。

祭祀阮氏始祖坟墓之前,我华会会长必须前往尚宁王的坟墓,去汇报当日即将扫始祖阮国墓之事。这一举动,是历代会长延续下来的清明祭扫祖坟程序的第一步,是阮氏族人重温始祖阮国入籍琉球的历史,因为是尚宁王向明朝皇帝请求批准阮氏入籍琉球。

会长向尚宁王汇报后,又前往(浦添市)仲西的"祝女御殿"祭拜。这行为,其基本原因是基于琉球固有的女神信仰,即姐妹具有独特的感受性、能领会神意帮助兄弟的事业之信仰习俗。此女神信仰的表现有二:其一是称为"神役"的族中女性,为家族向神(远祖)祈福。其二是在古代的村落生活中,村落中具有指导地位的,也是该村落最古老的血缘集团的本家女性,掌管该村的祭祀事宜,称为"根神"。部落的祭祀,由根神带头率领全村村民参加祭祀。到了12世纪,由统治一个或数个村落的统治者家中的女性担任"祝女",祝女意为祈祷的人,统率数个村落的根神,主持一村或数村一起的祭祀仪式,为统治者的幸福、五谷丰收及民生的平安祈祷。一旦被任命为祝女,这个职务就以世袭的方式继承下去。尚真王时期(1477—1526),尚真王组织全岛的祝女,任命其妹(后来发展到国母、王妃)为这神女组织最高地位的"闻得大君"。祝女的主要职责是为国王的长寿、王室的繁荣、民生的平安、五谷的丰收及内外航路的安全祈祷。① 这固有的女神信仰历经辗转演变后,被尚真王巧妙地利用来巩固中央集权统治。

尚真王的中央集权政策是把盘踞在各地的诸侯聚集在王府的所在地首里,与原来的首里人接触交流,相互通婚,进而产生血缘关系。这样,各地的诸侯就与首里人杂处融合而形成一个较为统一的族群。为了进一步求得精神上的统一,尚真王还策划了宗教政策。首先在首里境内建造了三处寺院,也在这三处的中央建造了"闻得大君"的住处,称"御殿"。各人到各属的寺院去祭拜,与此同时,每个季节也要去"闻得大君御殿"祭拜。有了这些行

---

① 仲原善忠:《仲原善忠全集》第三卷,那霸:沖縄タイムス社,1978年,第410页。

为,人民就有"我们是同胞"的自觉意识,也就完成了精神上的统一。① 这就是尚真王"祭政合一"的政策。由此可见,会长到浦添市向尚宁王汇报后,也到浦添市仲西祝女家去祭拜的行为,是源自于尚真王所实施的祭政合一政策时,所遗留下来的人民到"御殿"去祭拜的习俗。

1736年完成的《四本堂家礼》里谈到清明祭墓的祭品有:香、5勺酒、瓶一对(两瓶)、茶一对(两杯)、纸钱5张、菜刀一把,两盘装有22粒圆子,两斤猪肉,鱼、一碟盐,10小节为一捆的甘蔗两捆,鸡一只(可用蛋代替),贝类及橘子。祭土地公也是一样的祭品。

以《四本堂家礼》为范本,在1864—1899年间完成的《嘉德堂规模账》是久米村郑氏的池宫城家系的家礼本子。与《四本堂家礼》相差将近一个半世纪,是查知久米村礼俗变迁的好资料。与《四本堂家礼》所记载的共同纪事大致相同,其独特的地方是对葬祭有较详细的记载。就如装盛祭品的用具,祭祖坟的祭品用8寸大的木盒,祭土地公的祭品用6寸到7寸之间的木盒。另外的祭品有一合(一升的十分之一)的酒、茶一对、香、鲜花、纸钱10张,但烧给土地公的纸钱是一张。

三、门中的圣迹巡拜

以门中为单位的另一个祭祀活动是圣迹巡拜,由阮氏我华会主导,率领愿意参加的族人巡拜圣迹,每三年一次。

冲绳的固有祖灵(抽象的远祖灵魂)信仰,最有象征性的,应是称为东方巡拜(东御廻り)及今归仁巡拜(今帰仁上がり)之圣地巡拜。东方巡拜是由居住在首里以南的门中集团的巡拜活动,而今归仁巡拜是由居住在首里以北的门中集团的巡拜活动。但东方巡拜为今日每一个门中集团所必须巡拜的圣地。②

今日冲绳之圣地巡拜,是巡拜各个门中的先祖以前曾住过的城迹、往昔住处之泉或井,先祖的坟墓、御岳等地的活动。巡拜的对象因区域或门中的不同而异,但东方巡拜及今归仁巡拜,是每个门中必须进行的圣迹巡拜

---

① 伊波普猷:《伊波普猷全集》第二卷,东京:平凡社,1974年,第64~65页。
② 酒井卯作:《琉球列島における死霊祭祀の構造》,东京:第一书房,1987年,第574~575页。

活动。

今归仁巡拜是巡拜在三山时代北山的统治者北山王所在地的祭处、旧迹等，巡拜地点是有关开辟琉球神话之地及村落共同祭祀之地等。

有关开辟琉球神话，可举琉球开辟时的七个御岳。依照涌川、大城(1997)所说，御岳是神降临的圣地。创造琉球时，镇坐天界的中央、强烈光芒中的太阳大神（又称日神、天帝），命琉球的创世神阿摩美久（アマミク）在漂浮于荒浪中的琉球这块地上造岛造国。又依史书《中山世鉴》的记载，受命于天帝的阿摩美久，起先从国头边户（冲绳的北端）的安须森开始造就九个圣地。《闻得大君御规式的次第》的记载是，从国头间切安须森的御岳开始，创造七个丛林。

以下依照涌川、大城(1997)提示的七处，是创世神阿摩美久的降临圣地。这七个御岳是自古到今的巡拜之处。琉球开辟时的七个御岳（七个圣地）为：

1. 位于国头的边户魁伟岩山露出暗绿色的"安须森的御岳"。
2. 位于今归仁城的南方有两连郁郁葱葱的丛林，传说其中之一有冲天耸立的圣木蒲葵（クバ），称为圣木蒲葵御岳（圣木クバ御岳）。
3. 位于知念村的称为"斋场御岳"。虽是白天也显得黑暗，被深绿色的大木古木所掩盖着。
4. 位于玉城村百名的海岸，称为"薮萨御岳"，是创世神阿摩美久的最初居住遗址。
5. 玉城城（玉城グスク）的称为天之宜阿麻之宜御岳（天つぎあまつぎ御岳），至今如同往年一样的，拥有灰绿色大岩城门的姿态，可以体会到古城的面貌，并流传着许多传说。
6. 在旭日的光芒中，带着金色的光线浮出，与海上的神岛久高岛，大致在岛的中央，至今也生长着茂盛的圣木蒲葵的胡摩御岳（フボー御岳）。
7. 王朝的发祥地首里城，传说在其城内的十处御岳中，最为神圣的是"首里森御岳"、"真玉森御岳"。

从以上的叙述可得知御岳是冲绳固有信仰的要素之一，其象征是在许多耸立的蒲葵下，长着琉球常绿树及蔓草丛生。

另一个冲绳固有信仰要素是火神的崇拜。火神具有三种功能：(1)镇火之神；(2)守护之神（祈求丰年、乞雨、祈求长寿、消灾、招福航海安全等等）；(3)传达之神。其象征是从海边或是河边选来三个椭圆形的石头，摆放成正三角原始的灶形。人们认定灶的石头与火具有灵性,石头是神的凭依,火是太阳的化身。后来向中国移民子孙学习,结合了道教的灶神。火神不止在家中厨房里祭拜,凡祭祀神的地方,也祭拜火神。后来祝女的家也祭拜火神。古代火神的习俗,17 世纪以后随着祖先崇拜的盛行而逐渐衰弱。①

第三个冲绳固有信仰的要素是在前面已讲述过的祝女。

东方巡拜来自于古代冲绳人的这一种观念,他们认为每天的太阳从海的远方"东海乐土"升起,水、火、麦、稻是从太阳那里而来。一直相信太阳是自然的生命力、灵力的根源。古时认为玉城、知念、佐敷、大里(包括与那原町)的四个村最邻近太阳,故称之"东四间切"或"东方"。②

当时的国王每隔一年与"闻得大君"、"司云上"(王府内的常任神女)们在二月在久高岛举行麦祭、四月稻祭时,巡拜东方的灵地"井泉"及神降临的圣地"御岳",为国家的安泰与五谷的丰收祈祷。后人认为这就是东方巡拜的原形,也称为东世巡拜(东世御廻),意味着东方圣域空间的巡拜。③

阮氏我华会的年中活动之一,就如其他门中一样,实行南部东岸的东方巡拜与北部的今归仁巡拜。阮氏我华会于 2001 年(平成十三年)11 月 14 日书面通知会员们将于 12 月 9 日(星期日)、10 日(星期一)举行三年一度的南部东岸巡拜与北部今归仁巡拜活动。综合归纳我华会所提供的、涌上元雄及冲绳县玉城村、知念村、佐敷町役场出版的资料,简述 12 月 9 日的南部东岸巡拜路线:

1. 萨基图利(サチ樋り)位在冲绳南部那霸市的天久地区。在祭祀之地有八个大小不同长方形石制香炉,其中一个较为模糊,但可以认出是郑氏的香炉,另一个鲜明地刻有阮氏两字及家徽,其他的香炉全无模样。此处是久米村士族从这里向着中国遥拜的地方,除了向中国遥拜,同时也祭拜此地的泉。

2. 位于西原町我谢,此地为阮氏阮国的赐地。祭拜的是小祠所供的:我谢开拓者的火神、我谢地头职的火神、我谢神女的火神,同时也祭拜此地的泉。

3. 与那原的亲川,位于与那原町。亲川是"闻得大君"在即位仪式(御新

---

① 仲原善忠:《仲原善忠全集》第三卷,那霸:冲绳タイムス社,1978 年,第 431 页。
② 涌上元雄、大城秀子:《冲绳の圣地——拜所と祈愿》,宜野湾:むぎ社,2000 年。
③ 涌上元雄:《冲绳民俗文化论》,宜野湾:榕树书林,2000 年,第 464 页。

下り）时,举行用水抚摩额头仪式的灵泉。基于古代天地开辟时从天下降的仙女生子时,用亲川的水来洗胎儿的这神话。在王府时代,国王到久高岛参拜,闻得大君的即位仪式及东方巡拜时,在离开首里（王府所在地）后,最先参拜的圣地。休息时所用的水,也是取之于亲川的水。

4. 提达泉（ティダ御川）位于知念村,所祭拜的是涌泉。因这涌泉经常受到太阳的照射,而有太阳神下降之地的传说。据说国王一行前往久高岛参拜时,就在此地补给饮水,"闻得大君"也在此处为海上的安全祈求保佑。此泉现已干枯,若无在护岸上铺有三平方米宽的水泥地板,并设置香炉的话,此处曾是滚滚泉水流出之地也就不得而知。提达泉在 1982 年 3 月 31 日被知念村指定为村级保护史迹单位。

5. "斋场御岳"位于知念村,为开辟琉球时七个神降圣地之一。是国王东方巡拜的圣地,也是举行"闻得大君"的即位仪式之地,是冲绳最神圣的圣地。在此地除了在常设香炉之处祭拜外,同时也朝向久高岛遥拜。此处在 1972 年 5 月 15 日被国家指定为史迹文化财产的保护单位,也在 1955 年 1 月 25 日被冲绳县指定为县级的名胜文化财产保护单位。

6. 敏投城（ミントゥングスク）,位于仲村渠村落内,是自古祭祀的遗迹。本不包含在国王巡拜的路线内,但到大正时期（1912—1925）为止,一直为首里的王府士族乘轿参拜的重要圣地之一,也是传说中的冲绳人始神阿摩美久上岸后居住的圣地。此地在 1977 年 1 月 10 日被冲绳县指定为县级史迹文化财产保护单位。

7. "浜川受水走水"位于玉城村,此处两个泉口,左边是受水（缓慢地流出清水的沟）,右边是走水（迅速流水的沟）。受水的清水流向下流的神田"御穗田",而快流的走水细细地流向另一个神田"亲田"。这两个神田就是一系列的种稻神话（白鹤种稻,为种稻的发祥地）舞台。从王府时代以来,为东方巡拜的圣地之一。国王驾临时以稻穗及祭神的饼来供奉。玉城村在 1974 年 1 月 10 日指定该地为史迹文化财产保护单位。

8. 浜川崖哈拉司（浜川ヤハラ司）位于玉城村,退潮时可见在海滩上竖有的四方水泥标志及香炉,是琉球人的始祖神阿摩美久从大东岛上岸时第一脚踏上之处。浜川崖哈拉司崇拜的是镇海的神灵,参拜时从水泥标志朝向辰巳方向的大东岛遥拜。1955 年 2 月 23 日,玉城村指定该地为有形民俗文化财产保护单位。

12 月 10 日的今归仁巡拜,只巡拜二处：(1) 位于今归仁最东边的涌川,在涌川所祭拜的是涌川开拓先驱之家。(2)本部町备濑崎位于国营海洋公园后方,海角上的灯塔之处是阿摩美久足迹之一。

四、远祖祭祀

(一)门中的祭祀组织

在冲绳的门中里有个在祭神时为神服务的组织,称之为神役(クディ)组织。这里所谓的神,是指远祖的意思,其象征物是蒲葵叶所做的扇子。冲绳的门中形态确实是受中国的影响,但神役组织是含有冲绳独特土著民俗的要素,与中国的宗族及韩国的门中形成一种对比的文化特征。它是建立在姐妹(ヲナリ)与兄弟(ユケリ)之灵性上的关系,也就是说,姐妹在灵性上持有守护兄弟的力量,是与女神(ヲナリ)信仰有紧密关联。女神信仰,即姐妹具有独特的感受性,能领会神意,帮助兄弟的事业之习俗。①

神役的说法,因地方上的方言不同而有所差别,譬如武库底(ウクディ)、库顶跨(クディングヮ)及位于冲绳的最南部,以系满的地方发音称为神子(カミングヮ),皆意味着神役,是已神格化的祖先与门中的子孙之间的媒介,实践门中各种祖先崇拜为重要职责。神役是依神的启示选出,且与门中的始祖或远祖有着血缘关系。即各门中的神役如是女性时,她是该门中某家嫁出的女儿,虽已嫁出,但一旦被选为神役,就得为娘家的门中负担起祭祀祖先的义务。至于嫁入的媳妇,就无此权利及义务。旧士族阶层的门中以及近来形成的农村区域的门中,在神役的人数上,抑或是在信仰的观念上,有着相当大的差别。首里的门中,服务男神或女神皆由女性担当。但如冲绳南端地名系满的幸地门中,曾经拥有十人以上的神役,现只剩一人。玉城村中山的例子很特别,是由三人组成一组,服务女神的是女神役,服务男神的是男神役,另加一名协助女神役。②

因分家而创立的另一宗支,历经七代后产生女神(女性远祖)与男神(男性远祖),此两神是已做完三十三年忌日的远祖的象征。为了服务此二神,

---

① 仲原善忠:《仲原善忠全集》第三卷,那霸:冲绳タイムス社,1978年,第410页。
② 比嘉政夫:《冲绳の「門中」について(2)》,《季刊冲绳》第28号,那霸:财团法人冲绳协会,2005年,第16~17页。

将选出女神的神役及男神的神役,一般由女性担当,但今日各门中只有一位女性神役。比较萧条的门中就没有神役。神役的职责是在所谓的麦稻祭(ウマチー)祭祀时,也就是说在二月的麦穗祭、三月的麦大祭、五月的稻穗祭、六月的稻大祭等重要的祭祀里,身穿白色神衣,祭拜神(大宗或小宗之神格化的远祖)。特别是三月、五月的祭祀时,门中的男女都来祭拜。在神坛上献上酒、米,烧香祭拜,然后从神役手中接来酒杯饮之。①

在大宗或小宗家的神坛上,除了祭拜远祖外,还合祀其他神佛。合祀神佛有天妃、关帝、文昌帝君、土地君(土地公)、天神、月神等。在旧士族的宗家,合祀观音的例子为多。他们认为每当祭拜祖神时,同时祭拜灵验的观音,在反复实践中,可以表现观音的普度众生就是祖神的本意。一门宗家的请神佛(观音)现象可见于冲绳诸岛,但除了冲绳本岛偏北的宜野座村、北部的伊是名岛外。祖神的性质是多样性的,并且在观念上也显出或多或少的差异。②

(二)阮氏的远祖祭祀"稻穗祭"

阮氏大宗本家的麦稻祭是以五月的稻穗祭为主,如五月不能参加祭祀者,六月十五日补拜,但宗家不准备祭品,只上香合掌拜拜而已。阮氏大宗本家也与一般旧士族一样祭祀观音,但有独自的壁龛,在壁龛里装饰有观音画框,前面左右各有一个茶杯,再前面置有香炉。壁龛的左边是祖神的神龛,其右边是安置牌位的佛坛。

2005年6月21日(五月十五日),举行了神村大宗本家的远祖祭祀。在当天的稻穗祭祭拜时,将神坛上的六把扇子及相对的香炉移到神坛下的四方桌上,献上的祭品是固定的,在各个扇子之前各有一杯酒及一杯米,六个托盘上有一碟菜肴(蔬菜、豆腐、鱼)、一碗汤、一小碟黄瓜凉拌,小蛋糕及水果(香蕉、橙)。六个香炉放在桌子的最前方,以便参拜的人插香。

早上10点40分左右,第一位参拜者到来,女主人点上六小支香交给祭拜者,参拜者双手把香往上一捧,便插入香炉,然后双手合掌,口中念念有词,同时手指不并拢的双掌也不停地摩擦。拜后,女主人分给每一位参拜者

---

① 比嘉政夫:《冲绳の「門中」について(2)》,《季刊冲绳》第28号,那霸:财团法人冲绳协会,2005年,第18页。
② 平敷令治:《冲绳の祖先祭祀》,东京:第一书房,1995年,第143~154页。

一撮用白纸包的米。参拜者将米放在小孩的头上,保佑孩子聪明,或加在别的白米里一起煮饭,以求一家人身体健康。

祭拜的动作一律是以跪的姿势,因冲绳的祖先祭祀空间是在榻榻米(铺有席子房间)上举行。即使是西洋式建筑物,也会设置一片祭祀祖先的和式空间。冲绳的香是长约15厘米、宽约2厘米的片状,一片香押印有六支香的模样,从中折半成为小片,数为三支香。也就是说,每个参拜者在香炉里所插的是三支香。

下午3点40分左右,小宗与古田宗家的神役完成与古田宗家的稻穗祭后前来上香,今年她并没有穿上白色神衣,这样与参拜者较为接近,容易交谈。穿上白色神衣,表示神已附身,不可轻易交谈。阮氏门中的稻穗祭,因神役高龄已住进养老院,不宜走动,已有几年没主持稻穗祭。

阮氏门中的稻穗祭,依大宗家的女主人解释,稻穗祭是门中出嫁的女儿的祭祀活动。近年来,少数的男性也参拜。2005年的参拜者大约50多位,大多数是女性,母亲带着女儿,互相邀约一起,前来参拜。

祭祀祖先的麦稻祭的举行与祭拜后分发白米的行为,是国王祭祖所遗留下来的习俗。早在1730年,国王以夏稻的初穗祭祀祖先,祭祀后,再将初穗赐给国王的亲戚及王府各部门的官员。1731年,国王以春麦的初穗祭祀祖先,祭祀后,再将麦穗赐给国王的亲戚及官员们。①

阮氏远祖祭祀的基本因素来自于琉球固有的女神信仰习俗,而其祭祀形态则是琉球国王祭祀历代先王的模式所遗留下来的习俗。远祖祭祀又是另一次凝聚阮氏族人,追思琉球历代祖先的机会。远祖祭祀,就是把祖先当作神来看待的一种祖先观。这种把祖先当作神就表现在把祭祀远祖后的白米放在孩子的头上,以及参入其他白米煮饭享用来获得祖先的保佑。这也表现在日常生活中,比如每当家人外出远行时,他会烧香求祖先保佑外出平安,而不会到社区内的寺院去求神保佑。把祖先当作神来看待的祖先观,是阮氏本土化最有力的证明。因为一般华人并不轻易地把祖先当作神来拜,除非是有功绩的,受到大家一致认可的人,才会上升为神。这种把祖先当作神来看待的祖先观,是阮氏对祖先持有特别执着、敬仰之情的基本因素。

---

① 安達義弘:《沖縄の祖先崇拝と自己アイデンティティ》,福冈:九州出版社,2001年,第85～86页。

五、家庭层次的祖先祭祀：以小渡家的中元祭祀为例

在冲绳，一般家庭内安置祖先牌位的空间称之为"佛坛"。并且，今日冲绳的牌位形式绝大多数是合祀多数祖先的屏位。这"佛坛"的称呼以及屏位的形成，可从国王遵循久米村知识分子的指示，实行王室牌位整顿的过程中看出原因。在琉球时代，佛教传入已久，早在13世纪时就建立许多寺院，而在十五世纪末所建立的寺院中，不只在大殿上供佛，也在寺院中设置安置神主的场所。到了17世纪末，开始王室牌位的整顿，经过寺院之间的牌位移动后，终于在天王寺、天界寺及圆觉寺中安置了历代国王与历代王妃的牌位。1725年，把安置着历代国王牌位的天王寺与天界寺的神主改为屏位。1728年，圆觉寺大殿的佛坛上安置神主，而把佛像移祀到本来安置神主之处；1733年，圆觉寺的神主也改为屏位。最后在1734年，天王寺大殿佛坛上的佛像与王室牌位被对调安置。从此，这些寺院开始具有祭祀神主的宗庙功能。① 从上述一系列的牌位整顿中不难理解，为何一般家庭内安置祖先牌位的空间称之为"佛坛"，同时也理解到为何今日冲绳的牌位形式，绝大多数使用祭祀多数祖先之屏位。

笔者原计划选定大宗的神村本家来进行中元祭拜祖先的调查。但因老一辈的女主人不在，担心不能回答问题，于是另选族中最高龄长老的小渡家。据说神村本家的祭拜方式就是小渡家传授的。

在冲绳，一般家庭内安置祖先牌位的空间称之为"佛坛"。小渡家的佛坛右边安置由长男阳元应继承的牌位，左边安置四男阳禧应继承的牌位。长男阳元所继承的牌位是因父亲（十二世，十一世良能的四男）过房于十世的锡庆，牌位里有锡庆及夫人，锡庆的长男、三男文雄及母亲，共5位。而四男（父亲过房后是十二世）过房于大伯，就成为十三世，所祭拜的有祖父、祖母、大伯、二伯、三伯、二姑及三姑共7位。四男阳禧因不服这继承牌位的方式而拒绝在自己家中安置这牌位，现把它寄放在大哥家。就因为有两个牌位，所准备的祭品，所烧的纸钱必须是两份。

七月十三、十四、十五日连续三天为中元祭拜祖先的日子。七月十三日

---

① 安達義弘:《沖繩の祖先崇拝と自己アイデンティティ》，福冈：九州大学出版社，2001年，第89页。

是迎祖先(ウンケー)的日子,是中元祭拜祖先的首日,必须一年一度清理佛坛,分出多余的香灰。佛坛前挂着两对吊灯,插上鲜花,佛坛上摆有一个西瓜、凤梨、香瓜及一根甘蔗,另有两个果盘(香蕉、苹果、橘子)。傍晚6点15分,打开门扇,端着一个圆托盘(一碗水,带有树叶的树枝及一碗切成小片的甘蔗),高龄长老带领着一家大小,面向着门,跪在门的内侧,说着今天是迎接祖先的日子,恭请祖先入内,同时三次向门外丢些甘蔗。这意味着只有祖先进门,甘蔗是施给"饿鬼"(好兄弟)用的,再以带有树叶的小树枝沾水,三次洒点在门内的地面上,说着祖先洗个脚,请进吧。首日的祭品最简单,四方的托盘上装着两碗在迎神时必定用猪肉与海藻一起煮的饭、两碗汤及一小碟的拌菜,供上两托盘即可。

第二天七月十四日,必须从早餐时就开始拜(汤、白饭、一盘菜肴),10点的点心(小汤圆),正午的午餐(白饭、汤、一盘菜肴),下午3点的点心(卷饼),晚餐(白饭、汤、一盘菜肴)。这一天中餐的汤,称之为民努库(ミンヌク汁)的汤,汤内有切成小丁的冬瓜、牛蒡、海带、豆腐、香菇及大豆。所有久米村闽人三十六姓的后裔都要祭拜,为何有这老规矩,又意味着什么,已不得而知。

最后一天七月十五日,也跟七月十四日一样,从早餐时就开始拜。但因是送走祖先(ウグイ)之日,晚餐的祭品与前两日有所不同,四方的托盘上以掺有小红豆的米饭代替白饭,是桃红色的米饭,称之为"赤饭",表喜庆。一般家庭都会有的祭品,被称为"御驰走"的好菜肴是:板蒸鱼糕,以酱油调味的海带、五花肉、牛蒡、豆腐及炸鱼条,15个白年糕,几种不同的豆沙包及糕果。再加上三个水煮蛋,一尾蒸鱼,这就是小渡家传承的祭品。以上的祭品均有两份。

傍晚6点20分,一家人开始用冲绳的香,上了三炷香。晚上10点重新换上牌位前左右两旁的水,再次上香,献上纸钱(一小叠5张的黄纸上,打印有古钱的模样为五万贯)。用筷子夹着纸钱,烧在佛坛前的小盆里,边烧边说:"这是属龙的朋子烧给的纸钱。"以此类推,主人为未能回来的家人一一烧纸钱。用筷子翻动一小块祭品,表示祖先已享用,又夹一小块放进小盆里,表示给祖先带走。因有两个牌位,这程序又得重复一遍,满室云烟。10点20分,撤了祭品,将酒及鲜花连同花瓶的水倒入小盆,也将香炉里香灰下未燃烧的香脚一一捡出,放入小盆。接着拿着小树枝沾水,轻轻地拍在每个家人身上不适的地方。10点30分,将小盆搁置在门外的小树下,一家大小蹲下，朝着小盆合掌送走祖先。

中元祭祀祖先的第二天，大多数的亲属利用此日提着礼物（米、罐头、食品之类）互相拜访，有的同时也到宗家去拜。宗家来访人数的多寡取决于宗家的兴衰。

六、冲绳阮氏对祖先的执着

从本节的叙述中已经了解到冲绳阮氏持有把祖先当作神的祖先观。在这里，冲绳阮氏对祖先执着的原因，可从国家政策、社会背景以及美军继续驻军冲绳等层面来探讨致使冲绳阮氏对祖先执着的原因。

（一）国家政策

在第二章的小结里已经谈到，从废藩置县的1879年开始，日本政府对冲绳着重在灌输冲绳人的"日本人"意识，直到1901年后，冲绳人才基本放弃对琉球时代的缅怀。严格来说，冲绳人认同于日本人只不过是近百年的事。而且对冲绳而言，在这一百年之中，可以说是由于日本的国策所致，先是经历了日本军国主义的统治，而后在第二次世界大战中，冲绳成为日本唯一与美军交战之地，战后是美军的统治及美军驻军等激烈的变迁过程。

明治以来，日本政府对冲绳县民实施强制性皇民教育，在中学的课程编制上，没有英语教育，不赞同乡土历史的授课，强制禁止使用方言等，是殖民地的教育，是极端的"皇民化"、军事教育的实践。冲绳教育界屡次向日本政府请求设置高等教育机构，到了昭和时期，请愿还是不被重视，只有家庭经济情况良好的学生，或是争取到公费名额的学生，才能到日本本土"留学"。直到1950年9月，才由美军政权设立琉球大学。①

第二次世界大战，冲绳是日本唯一与美军交战之地。二战期间，冲绳所有新闻异口同声地、反复地鼓励出征的冲绳士兵，冲绳士兵承担的任务与他县士兵有所不同。其任务是让全国人民知道，冲绳也有如此忠勇的人民能为国捐躯，向他县的人证实自己在任何方面绝不亚于任何人。因此冲绳士兵战死者越多，新闻报纸就越是称赞：现在证实了我们冲绳县民是当今天皇

---

① 大田昌秀：《醜い日本人》，东京：サイマル出版社，1969年，第8〜9页。

陛下的忠良臣子，是爱国热情的国民，这让我们冲绳人民脸上增光。对于冲绳人民的爱国情操，深知冲绳历史的美国学者挖苦说：冲绳人自身很希望被认同为天皇的忠良臣子，但其他县民还没有准备好承认冲绳人是同等资格的臣民。其他县民对冲绳人的态度，像是城里人以主人的脸面勉强地与乡下来的堂兄弟相认一样。因为有这样的背景，到了冲绳作战后期，战败的责任被推到冲绳人是美军的"特务"（因为日本士兵不懂琉球话），有不少冲绳人被诬陷为特务而被所谓的日本"皇军"残杀。日美在冲绳的交战中，美军死亡一万两千，日军死亡九万多，但是冲绳人死亡了十五六万人，这又意味着什么？冲绳人死亡的原因是有不少妇女老少以妨碍作战的理由，被"皇军"命令自决。其实在美军登陆冲绳（1945年6月23日）前的4月17日，日军作战本部已经决定放弃冲绳，那又为何让冲绳牺牲那么多人？无非是为了推迟美军与日军在日本本土上的决战，所作出的牺牲。①

在日本战败无条件投降情况下，冲绳归于美军统治。1952年4月28日，和平条约（讲和条约）②生效，冲绳人将这一天称为"屈辱之日"，因为在日本签订和平条约时，72%的冲绳县民署名请愿回归日本，但日本置之不理，把冲绳托给美军管理。也就是说，为了让日本其他县独立，而把一百万冲绳县民出卖了，因此4月28日是冲绳县民的"屈辱之日"。③

对从来不倾听冲绳人心声的日本执政者的看法，借一句曾是国立琉球大学教授、曾在1990—1998年担任冲绳县长的大田昌秀在1969年出版的著作《醜い日本人》里所说的话："对冲绳来说，日本人是丑陋的。"战后一直处于美军统治下的冲绳人，其身份地位就如冲绳的最高权力者安伽前高级专员所说的"现在冲绳人的地位，不是日本人，更不是美国的市民"。④ 换句话来说，冲绳人没有国籍，也就是不拥有作为一个人最基本的权利。此时的冲绳阮氏同样处于被日本抛弃，又不属于美国的情况。

（二）社会背景

以上论述了日本执政者对冲绳人的歧视态度，而一般的日本人又是如

---

① 大田昌秀：《醜い日本人》，东京：サイマル出版社，1969年，第29～30页。
② 因为在1951年9月18日，于旧金山签署和平条约的同时，也签订了美军可在日本无期限驻军的《日美安全保障条约》。
③ 大田昌秀：《醜い日本人》，东京：サイマル出版社，1969年，第27页。
④ 大田昌秀：《醜い日本人》，东京：サイマル出版社，1969年，第10页。

何呢？1903年（明治三十六年），在大阪举办的第五届国内劝业博览会的会场周围，设有名为"人类馆"如同拍电影用的茅屋里，"展示"两位冲绳妇人，讲解员手拿鞭子指着说："此奴是……此奴是……"用侮辱的口气向参观者说明冲绳的生活方式。预先计划展示的另有北海道土著爱奴人（アイヌ）、朝鲜人、中国人，由于在日韩国人的抗议行动、清廷在日公使的抗议而撤除，但冲绳的抗议却比韩国与中国迟了一个月后才撤去。① 如果是人类学的研究，应有各种各样的人种才对，这是一个典型的歧视案例。"人类馆"事件，在1983年5月7日的《冲绳时报》以头条新闻刊登，是由一位在大阪经营旧书店的老板在一堆有关冲绳古历史资料中发现的。其证据是1903年2月4日出版的第五届国内劝业博览会导游图以及被展示人的合影，有朝鲜人3人，中国人1人，爱奴人6人，冲绳人2人。报纸的报道同时指出，"人类馆"事件是民间公然歧视的开端，也影响到大正末期时公然在店门上标贴"谢绝冲绳人"来欺负在大阪打工的冲绳人。这种歧视风气未曾间断过，在这里用我华会会长的话来形容：

> 一直到第二次世界大战前，久米村人表现得很低调。因为日本人看不起冲绳人，我到日本本土去读高中的时候，学校里同学之间有朝鲜人、琉球人、日本人之分。因为种族歧视的因素，常常打架，从来就没有好好地读过书。大战前，如在日本本土就业，不会有提升的机会，或者根本不被任用。就是因为这种族歧视的原因，大战后，冲绳人独特的三个字的姓氏，就有人把它改为两个字的姓氏，用看起来与日本人一样的姓氏来掩饰自己是冲绳人的身份。

（三）美军对冲绳的影响

以前日本政府让冲绳在战后处于美国军事的占领下，是因为日本的无条件投降所致，而对于1952年的和平条约，是以当时的日本还处于一个独立国，尚未恢复应有的力量为理由作了回答。但是到1968年时，日本的经济已恢复发展到仅次于美国了，但美军依然存在，冲绳的美军基地仍然是全日本美军基地占有率的四分之三。美军对冲绳的影响，可从美军自身的态度与美军基地驻扎两方面加以分析。

---

① 大田昌秀：《醜い日本人》，东京：サイマル出版社，1969年，第24～25页。

美军自身对冲绳以一种居高临下的歧视态度。由美军引发的案件不计其数,我们从最突出的三起车祸案件以及妇女凌辱案件中,就可以理解到美军对民间的危害。事发于1963年2月28日,那霸市一个中学生在行人穿越道上被美军军人所驾驶的车轧死,但美军军事法庭以夕阳照射在红绿灯上不能辨出红绿为理由,肇事者被判无罪。接着,1969年9月18日,系满町(现系满市)的一位妇女被酒后驾车美军中士轧死,又以证据不足判为无罪等。这些使冲绳人对美军的判决产生不满与不信任心理。另一起是1970年的阔咋暴动(コザ暴动),是在现已改名为冲绳市的暴动事件。事发于1970年12月20日凌晨1点多,一个冲绳人被美军的军教务兵驾驶的车撞倒。由于旁观者认为美军警察没有秉公行事而干扰美军警察处理车祸,现场显得一片纷乱,美军警察只好将肇事者移送到日本警察的阔咋分局(コザ分局)。旁观者误认为美军警察想隐匿肇事者,于是与美军警察乱成一团,加上附近又发生车祸,混乱的场面更加扩大,因此美军警察朝着群众示意开枪,群众就此袭击美军警察与肇事者,接着发展到烧毁附近所有的美军军人及军属的车辆。本来,这是一件较为轻微的交通事故,群众为何有如此激烈的反应?那是冲绳人长期对美军不信任的心理所致。① 另一起案件是在1995年9月4日,冲绳北部美军基地3名美军强制拉走回家途中12岁小学女生,并将她凌辱。② 这几起案件足能显示出冲绳人到现在为止,还必须面对美军的歧视与危害。

把日本本土上的美军基地与冲绳的美军基地相比较,也可看出日本政府对冲绳持有的抛弃态度。日本本土的美军基地是演习用的基地,而冲绳的美军基地在1960年代就有F105战斗机、B52轰炸机、98基导弹等,成为"核的基地"。③

如今,这"核的基地"还在被充实。最新的例子是2006年9月30日,琉球新报报道:30日早上8点左右,那霸军港开始卸下最新锐的美国陆军地对空导弹PAC3的配备,载有配备的军车陆续地经由国道58号线,搬运到

---

① www.geocities.co.jp/HeartLand－Kaede/4722/1/koza.html.

② 其实这件事情就发生在笔者的身边,受害者是笔者大女儿的同班同学,因此笔者更能体会作为父母的心痛与无助。同时也能理解冲绳人为此愤慨,也为此事举行了多次的全县人民对美军的抗议行动。

③ 大田昌秀:《醜い日本人》,东京:サイマル出版社,1969年,第75～88页。

嘉手纳空军基地。早上6点,已集合在那霸军港的和平爱好者所组织的"平和市民联络会"的会员,喊着反对导弹配备的口号。市民的反应是"战争已过了60年,美军还是把冲绳当作殖民地来使用,导弹的配备对冲绳人来说是担心战争重来的根源"。嘉手纳空军基地所占有的冲绳市、北谷町及嘉手纳町的三市町协议会表明导弹的配备。持有大部分嘉手纳空军基地的嘉手纳町的町议会全会一致地反对导弹配备的决议。可见冲绳人对美军的行动极力反对,美军驻军成为冲绳人的重负。如果,一旦美国在亚太地区与其他国家发生冲突时,冲绳人无可置疑地会因为美军基地驻扎冲绳而受到牵连。但因冲绳是日本的国土,冲绳人也是日本的国民,在日美安保条约下,纵使冲绳人百般不愿意,也需负起国防上的义务。美军驻扎的现实问题是冲绳无法摆脱的困境。

其实从明治、大正、昭和以至现在的平成时代,冲绳所面对的种种问题终归于日本政府并没有真正地把冲绳视为"同胞"来对待,以至于民间肆无忌惮地歧视冲绳。在无国家呵护情况下,美军自身以居高临下的歧视态度危害冲绳,也因为美军基地驻扎冲绳而受到连累。

综上所述,无论是在国家层面上或是在民间层面上都可以感触到,这种被抛弃的感受、被歧视的压抑,这种自己无法摆脱困境的无力感,促使冲绳阮氏转向自己的祖先祈求庇护,加强对祖先执着的自我意识,强化自己的族群认同,成为巩固自我、壮大自我的必然现象。

七、小　　结

冲绳的祖先崇拜有其独特的形态以及特殊的祖先观。冲绳阮氏虽是华裔,但因受到琉球王国时代政治文化的影响,在他们的祭祀实践中也融入了当地的固有文化,而这固有文化的根底有着特殊祖先观的因素。冲绳阮氏今日的圣迹巡拜与祖先崇拜是冲绳昔日政治理念、固有信仰以及固有祭祀体系混合为一体的体现。在此再次提示今日冲绳阮氏独特的祖先祭祀形态以及特殊祖先观的缘由。

1. 冲绳阮氏虽是华裔,但因为始祖阮国入籍琉球时是士族,也就与其他琉球士族一样巡拜圣迹而流传至今。圣迹巡拜所祭拜是琉球的祖神阿摩美久降临之处,是冲绳固有的祖灵信仰;祭祀村落共同祭祀之地的泉井与火神,是冲绳固有的水、火信仰。门中的圣迹巡拜由门中具有灵性的女儿担任

"神役",领导祭拜。这种巡拜形态是琉球王国时代由国王之妹"闻得大君"领着国王巡拜圣迹,以求国泰民安所遗传下来的习俗。门中的"神役"以及"闻得大君"是古代村落祭祀体系中担任村落祭祀仪式的具有灵性女性"根神"的演变。这些具有灵性的女性担当祭祀职责的诞生,是冲绳固有的姐妹具有独特的感受性,能领会神意,帮助兄弟事业的"女神"信仰习俗。而"闻得大君"是琉球国王尚真在统一全琉球实施中央集权政策中,利用固有女神信仰习俗建立了上有"闻得大君",下至"祝女"专任祭祀职责的"神女"组织体系,并且建造寺院,建造"闻得大君"的住处"御殿",让首里的人去拜佛。与此同时,每个季节也要去"御殿"祭拜,这是尚真王"祭政合一"的政治理念。而此后的国王也遵循尚真王以儒家教义为治国的根本,采用儒家礼仪为王室的祭祖仪式,稻麦穗祭祖后分给列席的臣子的行为,演变成为日后在宗家里,由"神役"主持的远祖祭祀"稻穗祭"后,将米分给前来祭祀族人的习俗。族人将分得的米放在孩子的头上,或掺和其他的米煮饭享用来获得祖神的保佑,这种表现是固有祖灵信仰的体现。在这宗家的远祖祭祀"稻穗祭"里,不仅有着冲绳固有的祖灵信仰的存在,还体现出固有的"女神"信仰,以及昔日治国上的政治理念。

2.儒家的礼仪、道教的祭品、佛教的信仰都体现在祖先祭祀礼仪上。中元祭祀祖先时,有迎祖先与送祖先的仪式过程。在清明祭扫祖坟时,由通赞主持仪式进程,有礼生引赞献祭品,这是儒家礼仪的体现。以三牲为主的祭品是道教的体现。把祭祀祖先牌位的祭坛称为"佛坛",相信祖先做完三十三年忌日之后成为神,并与其他祖先融为一体,这是佛教信仰的体现。在中元的祖先祭祀里,以树枝轻拍家人身体不适之处,以借助祖先的灵力使之好转,是把祖先当作神,而这种表现是固有祖灵信仰的体现。

冲绳阮氏有着祖先是神的祖先观,又由于有着被日本政府抛弃与歧视的感触,以及今日的美军驻扎,这些现实的社会背景促使他们强化对祖先执着的自我意识。在此值得注意的是,冲绳阮氏一方面拥有他们自身的祖先祭拜方式以及特殊的祖先观,另一方面由于与大陆及台湾阮氏互动后,也接受了宗祠的理念,在事务所里设立了暂时性的祠堂,祭祀他们的始祖阮国。

第三节　台湾阮氏的祖先崇拜

1971年,台湾阮氏响应当局的政策,筹备组织中华阮姓宗亲会,利用彰化阮姓宗祠的春秋两祭,吸引了台湾全省阮氏前来祭祀,从而形成了全省的联宗祠。

一、祠堂内的祖先祭祀

台湾阮姓宗祠每年举办春秋两祭,春祭为二月十五日,秋祭为八月十五日。当时彰化阮氏有五分多的农地放耕收租,以租金的收入为祭祀费用及族亲会餐的开销。自1948年实施三七五减租后,公田的收入只够缴纳租税,族亲的会餐就得靠乐捐来维持,也就逐渐萧条。租金的收入勉强支持一年的春秋两祭及建筑物的维修,因此祠堂也日益破损。直至1963年,由九世的阮才发起整修策划为第一次整修祠堂,1968年重新粉刷。1972年为美化环境,在外庭兴建圆形的绿化地,1986年增设牌楼,皆得到族人的响应才呈现今日的面貌。

阮姓宗祠是"浦仔克环公"系统下所拥有的私人建筑物113坪(376平方米),现由185名子孙共有。为了团结稀少的阮氏后裔,1971年,以祠堂为筹备处,召开了全省阮姓宗亲祭祖联谊会。1977年9月的全台宗亲大会做出决定:秋季祭典改在中秋节过后的第一个星期日举行,彰化浦雅祠堂不是彰化派下祠堂而是全台阮姓的宗祠,春秋祭典改由大会办理,乐捐款项由大会管理。赞同全国阮姓祭祖按照古例,春秋两祭在阮姓宗祠举办。将台湾省阮姓分为北、中、南三区,每年由一区为主祭,其他二区为陪祭,轮流主办。祭拜仪式皆遵古制行"三献礼",执仪人员皆穿长衫马褂,在古乐演奏中,由通赞及礼生之引导下实行祭拜仪式。祭拜后,在大庭举办宗亲会餐,以求相互交流联谊。

祭祖大典虽定为春祭二月十五日,秋祭八月十五日,但实际操作大多是选在这两个祭祀日后的星期天举行祭祖大典。2004年的秋季祭典就遵照全台宗亲大会决定,在中秋节后的第一个星期日,即10月3日(八月二十日)举行。祭品有酒、水果(木瓜、葡萄、柚子、香蕉、杨桃)、九盘菜(白斩鸡、猪肉条、麻薯、鱼等待后办酒席时用的原料)、五牲(鸡、麸皮、猪肉、鱿鱼、猪脑)、饼干等。由台北市阮氏宗亲会理事长阮锡魁主祭的秋季祭祖仪式,岁次甲申秋季阮姓宗祠第135次祭祖大典程序如下:

礼生:中华台湾阮姓联合祭祖大典开始

(一)奏乐(鸣炮)

(二)陪祭者就位(全省各地宗亲)

(三)主祭者就位(由引赞引导就位)

(四)总主祭者就位(由引赞引导就位)

(五)全体肃立

(六)擂鼓三通

(七)迎神(两位礼生持灯、香炉,自香案前由礼场左右行道并行通过外庭直至牌楼,嗣后再由中央大门进入)

礼生念唱:迎神

天清清　地灵灵

今天是彰化县阮姓宗祠第135次秋季祭祖大典之日,裔孙台北市阮姓宗亲会理事长阮锡魁等,谨以至诚恭请阮姓历代显祖考、显祖妣,降吉赐福。

(八)进馔(礼生将香案前的馔盖取开,掀起保鲜膜)

(九)初献礼

1. 鼓初严

2. 行初献礼:由引赞引总主祭者至香案行初献礼,通赞唱:上香(三拜)、献花、献果、献爵(各一拜)

3. 通赞唱:全体肃立

(十)读祭文

秋祭祭文

维公元2004年岁次甲申国历十月三日农历九月二十日

孝裔孙景泰等敢昭告于列祖列宗之灵曰

时维中秋　满天月朗　永月风清

追维祖德　既厚且深　报本之典

罔敢不遵　虔修岁祀　聊答先灵

粢盛必洁　黍稷维馨　共伸奠献

尚其来歆　尚飨

1. 通赞唱：全体宗亲向阮姓列祖列宗神位行三鞠躬，一鞠躬，再鞠躬，三鞠躬

2. 总主祭者复位（由引赞引复位）

（十一）亚献礼（陪祭的中区代表接着南区代表行亚献礼）

1. 鼓再严

2. 行亚献礼（由引赞引总主祭者至香案行亚献礼，通赞唱：上香、献花、献果、献爵）

3. 通赞唱：全体宗亲向阮姓列祖列宗神位行三鞠躬，一鞠躬，再鞠躬，三鞠躬

4. 主祭者复位（由引赞引复位）

（十二）终献礼（主祭北区代表）

1. 鼓三严

2. 行终礼（由引赞引总主祭者至香案行初献礼，通赞唱：上香、献花、献果、献爵）

3. 通赞唱：全体宗亲向阮姓列祖列宗神位行三鞠躬，一鞠躬，再鞠躬，三鞠躬

4. 主祭者复位（由引赞引复位）

（十三）行受福礼

总主祭由引赞引总主祭者至香案前，鞠躬，饮福酒，受福肉（只是举起酒杯、碗鞠躬一下而已，没有实际上的吃喝）。总主祭代表列祖列宗降吉赐福（张开百福图），全体敬谨受福，由引赞引复位。

（十四）撤馔（礼生将香案前的馔盖取开，盖上保鲜膜）

送神

礼生持灯、香炉，自中央大门通过外庭直至牌楼，将香插在面向外面牌楼的左下方（春祭时插在右下方）。

（十五）复位

（十六）全体唱阮姓宗亲会会歌

由阮毓进作曲、作词宗亲会会歌：阮姓宗亲和气团结，慎终追远。为国家贡献宗亲的亲弦，我们来共勉励。阮姓宗亲陈留绵延，光宗耀祖如同青天白日，千秋万万年。

（十七）礼成（鸣炮）

（十八）总主祭，主祭退场

从典礼开始至礼毕为时20分钟左右，接着是宗亲们的会餐，共有9桌宴席。此次参加祭典的族人，在报到时个人乐捐1000元或2000元新台币的餐费。为了能吸引更多的族人参加祭祖大典，三年前开始了"超拔祖先"仪式。如在请帖上的祭典要旨之一：本次祭祖有举办寄往生钱给我们的亲人，也聘请诵经团，请各位宗亲踊跃参加。据说为了节省时间，此次省去了"超拔祖先"仪式。大典的一切皆由阮姓族人一手包办，整个大典过程中的奏乐也是由阮姓宗亲组成的湳雅锦黎园担任。

祠堂正殿奉祀三大座神位，居住在祠堂附近的宗亲在家中就没安置牌位，席珍这一房（大房）八世建业的祖厝里也安置牌位，同时也写进祠堂内的牌位里，但只参加祠堂的春秋两祭。

笔者询问他们的族人，祭祀祖先时是否把祖先当神看。那些族人毫不迟疑地答道：就是因为有祖先才有我，我怀念他们所以纪念他们，不当神来看。再问，如果有事祈求时，是向神还是祖先？答说：当然是向祖先祈求帮助，因为祖先是我们的直系，而神是针对一般民众的，很有可能顾不到我们。神是判决事情的中间者，因为神要是让一个人赚钱，另一个人就会赔钱。为了公平，会对祈求的当事人作个判断，是有斟酌余地的。这种私人之事就只有对祖先祈求，祖先保佑子孙是绝对性的，就如当时阮英雄竞选彰化县县长时，宗亲们同心协力地向祖先祈佑，阮英雄连任两届彰化县县长。

笔者与冲绳阮氏一行12人，在2006年3月12日参加了第138次由彰化县阮姓宗亲会理事长阮厚爵主祭的春季祭祖仪式，仪式的程序内容与秋季祭祖的内容一样，其春季祭祖祭文如下：

维

公元2004年岁次丙戌国历三月十二日农历二月十三日

孝裔孙厚爵等敢昭告于列祖列宗之灵曰

韶光流易　已届分涸　桐花初放

柳絮将棉　追念先德　倍感怆然

礼重报本　祭祀宜虔　谨具牲醴

荐诸豆笾　恭伸祭告　佐以短篇

尚飨

二、坟墓祭祀

(一)迁台祖的祖坟

迁台祖阮嘉尚(终年58岁)葬于北港奄猪社,台湾光复后,拾骨改葬于嘉犁里的左北方大霞里庄后公墓,与阮厚德及其夫人同葬。

(二)阮姓家族墓

目前只有席珍系统设有阮姓家族墓,也就是笔者调查家族墓的对象,家族墓位于鹿港镇草港中段八卦寮公墓东北角,与阮家私有园地相邻。此墓原本建于1924年(大正十三年),为八世建业之妻杨萍之墓。七年后,建业也葬于此。嗣后"拾骨"时,由于坟墓颇大,风水师建议应多葬几座才会兴旺,因此由九世阮甘雪于1952年创建家族墓。阮甘雪唯恐今后子孙随着社会潮流的演变而迁居远离,年年的扫墓也就因此只扫近亲二三代的坟墓而已,而无形中把远代的祖坟遗忘,使祖坟变成无人认拜的孤墓,因此集合了受"择吉地佑后辈"的观念而散布各地祖坟的遗骨。当时合葬8粒"黄金瓮"(俗称"皇金"),又于1966年由十世毓遵再次聚集多位祖先遗骸,至今共有19粒黄金瓮。此墓葬有直系祖先四世文祥及夫人,五世维发及夫人,六世席珍及两位夫人,八世建业及夫人,九世甘雪及夫人杨氏、白氏,另5位九世及1位二十三四岁时过世的十一世。

从日据时代至1951年为止,台湾实施三七五减租,每年凡"培墓"(扫墓)"做忌"(祖先的忌日祭拜)时有一笔公款(八世建业过世分家后,每年的佃租300石米)支付,由九世4个房轮流"做忌",扫墓时一定准备4辆人力车及一顶轿子(回头姑婆使用)。成群结队地到墓地时,佃农已在墓庭里准备好的四角桌上供上祭品祭拜祖先。

由于曾有4个房轮流祭祖的存在,又因1968年曾发生过首次从远方返乡扫墓的族人,受当地多户族人邀请用餐,但他们慢起脚步先让当地族人先回村后,各自在外边随便用餐后才回村的情况。因此再次由十世的毓遵将当时21名已婚男性,6人组成一组(现有5组),负责准备"牲礼"(三牲)、银纸及负担扫墓后回到古厝用餐的费用。自1969年至今延续了35年,参加扫墓人数最多为100多人,就2004年也有80人左右参加扫墓。

一年一度的扫墓定于清明节前的2005年4月3日星期日早上9点。数日前,曾放火烧去坟山上的杂草,此日,族人分头除去剩余的杂草。给坟山填土,压上白色"墓纸"。10点30分,先拜了后土(无祭品),之后,各自开始上香。祭品除了三牲外,有各家庭带来祭品,十碗为一组,大约有贝、麸皮、花生、芋头、香肠、蛋、鱼、鸡、干香菇、干金针菜、虾、红龟、发糕,放有红豆的饭、肉丸、干鱼、海带(放有几片红萝卜)、素面(放有几片红萝卜)、水果(葡萄、苹果、桃子、橙、莲雾)、糕饼、罐头、饮料等。祭拜是行两跪八拜礼(只有在拜神明时才行三跪九拜)。阮毓进也指导小男生们要先踏出右脚在跪板上,拜后也是以右脚站起,左脚退出等跪拜仪式。他们还维持着今日很少见到的旧习"发墓糕",别人的小孩向扫墓的人要东西时,必定给的是拜祖后的"发糕",或是零钱,但他们是向族人发出元宝形的巧克力及十元铜板。此次参加扫墓的人数有70多人,也都参加了聚餐。

在这大型家族墓的后方,墓的砂手(指坟墓最外围的围墙)内侧的正中央,从上往下刻有从四世的有庆开始到十世的甘霖等十多位名字。笔者问道:这么大一座坟墓,坟墓上没有任何记号,如何来确定位置呢?阮毓进(十世)站在坟山上用手从墓碑后的外肩(墓龟与墓山之间的围墙外侧)量一尺二寸划一线,说着:这里一排就是摆放第十世骨灰瓮,像水沟式样的水泥框,盖有水泥板盖。就因框口的口径也是一尺二寸,所以以一尺二寸这个尺寸就可以找到各代祖先的骨灰瓮。本来这坟墓只设计埋葬到十世为止,现在一个十一世的骨灰瓮暂放在十世的位置,如十一世的子孙还想使用这座家墓的话,我已在墓里盖好了正身,他们可在正身的两旁盖上护龙。阮毓进把民宅的三合院反映到祖坟里去了。

三、小　　结

台湾阮氏生活在台湾的社会文化中,仍然保存着中华文化一脉相承的文化传统,从祭祀公业的拥有到现在宗祠的形态,都是宗族的组织内涵与象征,并且持久不断地在联宗祠举行祭祀,以祖先祭祀为凝结族人的纽带。台湾阮氏的祖先祭祀有以下的特征:

1. 以儒家礼仪的三献礼为祭祀礼仪。台湾阮氏至今已举行了138次祭祖仪式,从奏乐鸣炮的仪式开始到主祭的退场,共有18个程序31个步骤,是可供理解何谓三献礼的一个很好的祭祀模式,并且在整个仪式进行中都有由族人组成的南音乐团随着伴奏,这可说是台湾阮氏祭祖的特色之一。

2.以现代聚餐代替往昔"吃公"。由祭祀公业的收入开办酒席,提供给前来祭拜的子孙们用餐是台湾祭祖后的必有项目。台湾阮氏在1948年实施三七五减租后,公田的收入相对减少,以乐捐维持族亲的会餐。到了1971年,由于亲属范围的扩大,联宗的完成,以缴出聚餐费的一般聚会方式会餐。台湾阮氏的祭后会餐方式的变化是随着时代的变迁而改变,这提示了现代联宗祭祖活动的基本趋势。

3.把三合院民屋形象反映在家族坟里。在阮席珍系统的家族坟,共葬有从四世到十一世共19个"黄金瓮"。阮毓进把在墓正中依一个世代葬成一列,从上而下的直到十世的埋葬空间称为正身,而十一世以下的就葬在正身的两旁为护龙。

第四节 小 结

两国三地阮氏生存于不同的环境,经历不同的时代变迁,历经三四百年,虽然他们都保持了祖先崇拜这一传统,但祖先崇拜的内涵已经发生了不同程度的变化。本章已经分别描述了三地阮氏祖先崇拜的细节,下面就从祭文的比较、仪式及祭品异同的角度,来剖析三地阮氏在不同社会文化环境中的本土化进程。

笔者在田野调查中收集了三地阮氏的祭文,大陆阮氏的祭文内容基本一样。台湾阮氏虽有春秋两祭,但每年的春祭与秋祭的祭文内容相同。冲绳阮氏的祭文变化体现了一个很好的研究个案,从祭文的比较可以看出三地阮氏在祖先祭祀上的异同。

一、祭文的比较

1.海澄豆巷村埭内阮氏的祭文

维公元2005年岁次己酉建戊寅望日寅越十八辛巳,不孝孤哀世代孙二十三世、二十四世、二十五世裔孙等

谨以牲礼、庶肴果品、香楮之仪，敢照奠于
阮公先辈、列祖列宗。慈灵之日，痛念先辈。
列祖列宗，养育深恩。抚养儿女，一片心长。
建基立业，积德积功。和睦乡里，内外称扬。
今已西登，是日裔孙，致备薄礼，虔修果品。
荐洒牲陈，祈鉴微诚。启告祭文，致以敬孝。
呜呼哀哉！优维尚飨。
太岁己酉年正月

2. 台湾阮氏秋祭与春祭的祭文

秋祭祭文

维公元2004年岁次甲申国历十月三日农历九月二十日
孝裔孙景泰等敢昭告于列祖列宗之灵曰
时维中秋　满天月朗　永月风清　追维祖德
既厚且深　报本之典　罔敢不遵　虔修岁祀
聊答先灵　粢盛必洁　黍稷维馨　共伸奠献
尚其来歆
尚飨

春祭祭文

维公元2006年岁次丙戌国历三月十二日农历二月十三日
孝裔孙厚爵等敢昭告列祖列宗之灵曰
韶光流易　已届分泗　桐花初放
柳絮将棉　追念先德　倍感怆然
礼重报本　祭祀宜虔　谨具牲醴
荐诸豆笾　恭伸祭告　佐以短篇
尚飨

以上是大陆与台湾阮氏的祭文，而冲绳阮氏现在已不用祭文，但在《久米の民俗》中有昭和三年（1928年）的一般久米村人所用的祭文范本。虽然昭和三年的祭文与大陆、台湾的祭文其时期相隔已久，但将它们相比较是很有意义的。

3. 昭和三年久米村人所用的祭文

维昭和何年岁次干支何月何日何某（某某人的意思）

敢昭告于显祖考何某之灵曰：日月流易，岁序改移。兹当何年俗祀之期，追感厚德，不胜永慕。谨以清酌洁牲粢盛庶品，仰伸奠献。尚飨

昭和三年（1928年）的祭文与现在大陆、台湾阮氏所用的祭文相比，可以看出冲绳方面的祭文已经简化了。而现在冲绳阮氏已不再使用统一的祭文，而是在祭祀时以"祝词"祭拜祖先，就是像一般冲绳人在祭祀祖先时一样口中念念有词。"祝词"依照祭拜的场合与对象而略有差异，但基本内容大致相同。祝词的开始，先说出祭拜对象、祭祀种类、日期，今供上祭品给祖先享用，并求祖先保佑一族的繁荣，保佑一家大小的健康与外出安全等。冲绳阮氏从文字祭文到口述祝词的变化，而且只注意到祈求当前的庇护，对祖先的功德赞扬已不在祈祷的内容里。这提示了冲绳阮氏的本土化，他们已经属于琉球文化圈。

从祭文上来看，大陆阮氏的祭文比台湾阮氏的祭文内容更为丰富，大陆祭文内容多是叙述对祖先思怀，也赞颂祖先的积德及对养育子女的一番心思等词语。而台湾的祭文在季节情景的叙述后是追思祖德等词汇。大陆与台湾的祭文基本上是包括对祖先的敬拜，要求子孙尽孝道、积公德等，在道德文化上是一脉相承的文化传承。尽管大陆与台湾的阮氏之间没有直接的交往，但他们都属于同一个文化圈，相同点更多。而冲绳阮氏在昭和初期还有简单的祭文存在，但现在只用"祝词"代替了祭文，变化更大。虽然冲绳阮氏在感情上觉得与台湾阮氏有着共通的语言，但在文化上，台湾阮氏与大陆阮氏实际上更相近。

二、祭祀仪式的比较

（一）儒家礼仪的比较

在祠堂里，明显以儒家礼仪为祭祀仪式进行祭祖的，有漳州龙海海澄豆巷村的竹林堂，由礼生、引赞主持仪式并宣读祝文，但台湾彰化阮氏保有比较完整的三献礼程序。而在冲绳方面，因当时的琉球王国深受儒家思想的影响，所以冲绳阮氏如以祠堂层次来做比较的话，冲绳阮氏我华会里所设的

竹林堂是在与大陆及台湾阮氏交流后才建立起来的,因此谈不上有任何儒家仪式的因素存在。但如以一族的人参与祭祀来看的话,儒家礼仪的因素仍可见于祭扫始祖阮国坟墓时,仍有由祭主、礼生、引赞等进行祭祀仪式。并且在家庭层次的牌位祭祀上也有着迎神(祖先)与送神(祖先)的仪式表现,这些在表面上看来都保有儒家礼仪的祭祀因素,但祭祀本身已深受琉球固有文化的影响。

(二)祖先为"神"

在祖先祭祀仪式上,大陆与台湾的阮氏主要是对祖先的敬拜。但笔者注意到,阮钦为——大陆泉州西门阮氏的祖先之一,是唯一被族人尊为"神"的先人。根据《泉州西门竹林紫溪阮氏族谱》的记载,阮钦为是一位勇武之人,当年施琅攻打台湾时,阮钦为随施琅先克澎湖,随师入鹿耳门(今台湾鹿港),进抚台湾。后升南澳总兵官,由于巡海过于劳累卒于官署。四月初一日是阮钦为跟随施琅攻打台湾之日,这一天也就被族人视为一个特殊的日子。族人相信,只要把阮钦为的画像挂在房间里,族人就无难产的事发生,也没有族人在四月初一日过世。可以说,阮钦为在阮氏中的地位,就像关羽在汉人中的地位一样,成为族群精神的一种象征。

冲绳阮氏把祖先视为神的观念,是受到当地固有文化祖灵信仰的影响,它体现在门中的圣迹巡拜中。圣迹巡拜所祭拜的是琉球的祖神阿摩美久降临之处,是抽象的远祖灵魂的信仰,而且含有来自于琉球固有的女神信仰习俗,加上做完了三十三忌日后的祖先将丧失其个性,融合于祖灵集合体中,而与祖灵共祀于神坛的思想。把祖先当作神的具体体现有三,其一,在阮氏祭祀远祖的稻穗祭。在祭拜后,女主人分给每一位参拜者一撮用白纸包的米,以便参拜者会把米放在小孩的头上,保佑孩子聪明,或加在白米里一起煮饭,以求一家人身体健康。其二,表现在中元的牌位祭祀上,手拿着小树枝沾水,轻轻地拍在每个家人身上不适的地方。这种祖先观也表现在日常生活中。其三,比如每当家人外出远行时,他会烧香求祖先保佑外出平安,而不会到社区内的寺院去求神保佑。这些祭祀安排在中国大陆、台湾都是看不到的。

三、祭品的比较

大陆、台湾以及冲绳阮氏都是用"熟"的祭品来表示与祖先的熟稔。在祭品的种类上,大陆阮氏皆以五牲来祭祀祖先,虽然五牲的内容不尽相同,但离不开最能代表五牲的猪头、公鸡、鱼这三样。五牲并没有传到琉球,冲绳阮氏所用的三牲的祭品却以"三味"称之,但在祭品上也保存着以蛋来代替整只鸡以及以红色表示喜庆的传统,只是大陆阮氏不忌讳用番茄作为祭品(在台湾不用番茄作为祭品)。在烧金银纸方面,依照1736年《四本堂家礼》的记载来算,冲绳阮氏保存着至少270年前的传统,烧的是黄纸上打有古铜钱印记的"纸钱",而不是现代的金银纸。

从祭品的数量来看,大陆阮氏的祭品多于台湾阮氏的祭品,而冲绳阮氏的祭品最少。以清明的祭品相比,依据1736年《四本堂家礼》有关祭品的记载可知,冲绳阮氏在十八世纪中叶之前,祭拜所用祭品仍然是极其丰富,尚可见到公鸡、猪肉,整条鱼等以三牲为主的,包括白年糕两盘,白贝一升,20节为一捆的甘蔗两盘,橘子两盘等祭品。但在那之后,祭品逐渐减少,直到现在,仅余下从三牲演变的"三味"为主,装盛在木盒里切细的鸡肉、猪肉、猪耳朵,以及装盛在木盒里的白色圆形年糕等各两盒,水果两盘。而且呈现出三方面的变化:其一,装盛祭品用具在形式上起了变化,在十八世纪时,祭品都盛于盘中。但到了十九世纪时,则以木盒装盛为主流。在1899年完成的《嘉德堂规模账》明确记载着以木盒装盛祭品,并有大小之分,这明显受到日本习俗的影响。其二,商业化的趋势,大陆与台湾的阮氏在祭祀时,迄今都是由族人自己亲自准备祭品,而冲绳阮氏在准备祭品时,则是直接到市场上去购买。其三,直到今天,在大陆及台湾,祭品仍然具有神圣的意义,吃了祭祀后的祭品能保平安是一般民间对祭祀的观念。但在冲绳,比如祭扫祖坟时,祭品在祭拜后并没有分给族人,而是另外分发与祭品内容相同的食盒。一是为了省时,二是为了方便,这是冲绳现代商品经济社会的趋势。对冲绳阮氏族人来说,重视的是远祖祭祀的稻穗祭,在祭拜后,大宗本家女主人分给每一位参拜者一撮用白纸包的米,以便参拜者把米放在小孩的头上,保佑孩子聪明,或加在白米里一起煮饭,以求一家人身体健康。从烧冥纸的比较上,大陆与台湾的阮氏都是烧金银纸,反而冲绳阮氏烧的是黄纸上打有古铜钱印记的"纸钱",是保留了至少两百七十年前的传统,而且这较早的中华文化传统已经成为冲绳的传统。在祭品内容与对祭品的观念上,大陆与台湾阮氏之间没有太大的差别,但冲绳阮氏的祭品内容,从亲自准备的三牲的整只鸡、整块猪肉、整条鱼,变成已商品化的细切猪肉、鸡肉、猪耳朵,而且不像大陆与台湾阮氏那样重视祭品所具有的保平安的神圣性。

从以上的祭文、祭祀仪式以及祭品的比较,可以看出大陆与台湾阮氏是同一个文化圈。他们同样使用祭文祭祖,举行儒家礼仪的祭祖仪式,也有把视为英雄的祖先当作神祭拜,也都用五牲或三牲为主的祭拜祭品。而冲绳阮氏只用口述的"祝词"代替了文字的祭文,而且只注意到祈求当前的庇护,对祖先功德的赞扬已不在祈祷的内容里。虽然冲绳阮氏在表面上看来都保有儒家礼仪的祭祀因素,但祭祀本身已是深受琉球固有文化的影响,并且有着把整体的祖先都当作神的祖先观,也可在祭品从整体到细分、从多到少的变迁上,以及对祭品神圣性观念的不同上,都可以呈现出冲绳阮氏本土化的进程。与此同时,我们也理解到由于冲绳阮氏受到固有文化的影响,从而把祖先当作神来看的特殊祖先观,加上日本政府的种族歧视带给阮氏被抛弃、被歧视的感受,以及无法摆脱现实的美军居高临下的情况。这些因素使冲绳阮氏不断强化自己的族群认同,巩固自我、壮大自我,加强对祖先执着的认同与景仰。

第四章

异同之间：两国三地的神明崇拜

此章将论述文化复兴后大陆阮氏的神明信仰与台湾阮氏、冲绳阮氏的神明信仰之间有何异同？在历经时代变迁的跨境传播历程中，有哪些起了变化？保留了什么？扬弃了什么？并且借于剖析神明信仰的异同，更能清晰地体现出台湾阮氏、冲绳阮氏的本土化进程。

第一节　大陆的地缘性祭祀组织及其活动

一、漳州海澄镇豆巷村埭内社的地缘性神明祭祀

埭内社阮氏先祖是最早迁住埭内社的，其次是张姓、陈姓和朱姓，都是在元、明时代迁入。最后是李姓及一户朱姓的迁入，因原莲池河和公路边一小社叫宫兜社迁拆建拖拉机站。1960年迁入埭内社的尚有一户洪园秀已亡，进入埭内社只有李锦年、李锦福、李永顺以及朱玉兔（朱牛、朱乌定之父）等四户。

埭内社靠妈祖庙附近的称社头，另一边为社尾，这与房屋的地籍编号正好相反。社中间有条小道，将靠公路这边称"前面"，另一边为"后面"，这种前面与后面的区分与全社的祭祀活动有着密切关系。

表 4-1　埭内社的民间信仰活动

时间	场所	祭祀活动
每月初一、十五日	神坛	点香、烧金纸
每月二十九日	家的大门口	"敬月尾",在这一天"拜门口",也就是拜"好兄弟"
正月初二日	家的大厅靠门口	拜"地基主",拜"地基主"的桌子不可对准大厅的神位。四菜碗、饭、烧金。新盖房子时的打地基之日,每月就得在那一日拜"地基主"
正月初九日	家的大厅靠门口	拜天公,如"入厝"或"生丁"时,须拜五牲。平常是拜三牲即可
正月十七日	家的大门口	"拜门口",这是为正月十九开始的"春祈",在二十一"抬尪公"(神的出境)时做事前准备
正月十九至二十二日	全社的"春祈"	
正月二十二日	妈祖庙	"祈平安"
二月初二日	家的灶台	拜灶君,此日特别做"菜糕"为祭品
三月初三日	家的大厅靠门口	拜"地基主"
三月二十三日	妈祖庙	妈祖生日,牲礼,烧金纸
六月十五日	家的大厅 家的大厅靠门口	拜家神,此日的祭品多加汤圆 拜"地基主",此日的祭品多加汤圆
七月初七日	家的庭院	拜"普度公"
七月十五日	家的大厅靠门口	拜"地基主"
八月十五日	家的大厅 土地公庙	拜家神,三牲 土地公生,三牲
九月初九日	家的大厅	拜家神,此日的祭品多加汤圆
冬至前	妈祖庙	"谢平安",谢平安日期的选择是在"大雪过后"到妈祖庙"掷筊"而定

续表

时间	场　所	祭祀活动
冬至期间不定日	家的大厅靠门口	拜"地基主"
十二月二十九日	家的大厅 家的大厅靠门口 妈祖庙	拜家神,烧金纸 拜"地基主" 由头家半夜到妈祖庙去烧金放炮

资料来源:笔者的田野调查,于 2005 年 3 月制作。

埭内社的祭祀组织由 4 位老家长及 8 位头家组成。埭内社的一切活动都由他们决定,比如祭祀费用的征收、裁决筹造戏台及老人活动室之事等等。他们将决定的事项,于 2004 年 4 月 2 日公布在妈祖庙的外墙上。决定的事项有:(1)筹造戏台面积 1100 平方米。(2)筹造老人活动室 2 间,约 35 平方米。(3)筹造戏台前的水沟,约 60 平方米。(4)凡捐款人民币 120 元者,上石碑。三项筹造需人民币 7 万元,其费用来源是捐款。

埭内社民间信仰活动所需的费用一年征收两次,年头"春祈"及年尾的"谢平安",征收范围只限于社内,不包括 1 位信奉基督教的张姓。以 2004 年的"谢平安"为例,征收有阮姓 20 户,陈姓 17 户,张姓 11 户,李姓 7 户及朱姓 13 户,共 341 人,无论男女老少一人 5 元,无收入的老人由子女负担者,计收半,收 2.5 元。每户另收 10 元户钱,老人户不收。

1. 妈祖诞辰

2004 年 5 月 11 日(三月二十三日)为妈祖诞辰日。因在妈祖庙的前方新建戏台,将于前一天下午 4 时举行剪彩,也就是戏台使用前的驱邪仪式。这种仪式在埭内社,人人怕凶煞都避开不看的,但我坚持必须参加,此时有一老妇言道:"你已经是博士研究生了,就等于是当了官一样,应当撑得住,够资格参加。"此次庆典从三月二十三日至二十六日为止,每晚有一台戏,是由 4 位本社的人乐捐的。

2. "春祈"

埭内社祭祀组织中的 4 位老家长及 8 位头家对社内的祭祀事项拥有决策权,从下面的"春祈"过程可以看出,他们在祭祀仪式中是承担着什么样的实际任务,扮演着什么样的角色。

在"春祈"的整个祭祀活动中，除了4位老家长及8位头家，还有1位坛主，4位斗灯。8位头家分为1位头家头、1位头家副及6位头家，4位斗灯分有斗灯一、斗灯二、斗灯三及斗灯四。在这活动中，整个过程是以坛主为中心运作。他须提供神明的停放、祭祀人员的接待与休息及做法事的场所。

2005年"春祈"的整个过程是从正月十九至二十二日，为时四天。第一天下午1点20分头家头领着头家们及有空闲的壮男和男孩，一同到隔壁下庵社的崇真院请出上帝爷（大帝、二帝、三帝）、威武尊王、开天圣王（王公）、王妈、开天元帅，也在本社请出妈祖及土地公。一行人放着鞭炮，敲锣打鼓到了崇真院，由头家们供上橘子，点香烧了寿金，很娴熟地抬出神明，一路上又放着鞭炮，敲锣直往坛主家的庭院。坛主家的入口处插着绣有埭内社的红旗、玄天上帝的黑旗、天上圣母的黄旗及王公尊神的绿旗。神明及神桌在搬入庭院之前，坛主家人皆以净炉熏绕三回，安置之时包括虎神皆以寿金垫底。早在坛主家等待的头家太太们摆上橘子、糖果饼干，点香祭拜。凡参与祭祀的妇女头上皆插着"缎花"，土语叫"公抱孙"，表示喜庆。

下午3点30分左右竖起天公灯，仿古的油灯须整个晚上点着。

由道士主持社的公祭"拜天公"，依"掷玟"的结果，于晚上10点后开始，先是4位老家长、坛主家人，而后是3位道士的念经。3位道士念经是由头家头持香随拜。天公坛的上桌置有纸制的玉皇上帝及三官大帝神位，前两桌角挂着"长钱"（表平安长寿），祭品有水果（香蕉、橘子）、饼干、糖果、柿饼（较为大礼时用之），桌中间的一列白饭，一列面线，4小杯为一列，共5列计有20杯，各杯上面放有红枣。下桌摆有公共的祭品，五牲（染红的猪头猪脑、鸡、鸭、鱿鱼、猪肉）、4小碗煮成甜的猪腰及猪心、酒，一大盘的发糕上有米龟及小圆子。

晚上11点30分，在坛主家的大厅开始由道士们请神为斗灯做法事（念经及道士的互相穿梭走法步），先由4位老家长，再由坛主家人祭拜。斗灯点燃后，除了坛主家人及执事者以外，其他人不得入内，特别是女性。为斗灯所设的桌上有5个斗灯，祭品有水果及道士所指定的龙眼干、香菇、红枣、糖果、肉丝、鱼丸各2碗，共12碗。以上的祭祀，老家长、坛主及头家头皆头戴黑礼帽，身穿长衫。

晚上12点5分，坛主开始拜天公，其祭品与公祭时相同，但也须为请来的神明供上三牲，虎神是生鸭蛋、生猪肉及西红柿。接着是头家们以三牲、水果、饼干糖果拜天公及各神明。他们除了烧天公金、寿金外，也烧了改连金,请神明解除全家的厄运。

第二天正月二十日早上,社里的人前来捐款,也提来三牲、水果、饼干糖果,陆续前来拜天公及各神明。早上 10 点,由斗灯一及道士为主到庙里"请神",由头家头挑着一对纸制的灯带头,领先到妈祖庙、土地公庙及崇真院"请神"。"请神"是先由斗灯一及头家头跪拜后,再由道士念经,最后回到坛主家的大厅,道士也同样念经及互相穿梭走法步。

紧接着是"过坛",即一行人到斗灯及头家们的家,先由挑灯进入大厅环绕一圈,同时说着:"大家平安顺利发财。"在场的家人回应着:"好呀!"家人上了香,接着是道士们的念经及互相穿梭走法步,走出大厅之前道士说:"家内平安添丁发财。"家人回应着:"好呀!"

以上是整个上午的活动,在这忙碌之时,老家长也于 11 点 30 分时"掷筊"得出"返香"及"出境"的路线。"返香"与"出境"的路线是相同的。为了公平起见,每一年均须以"掷筊"的方式决定"前面"与"后面"的先后,因以前曾有过纠纷。今年是"前面"为先。

午饭后,头家的太太们分别将昨天公祭"拜天公"的祭品送到各户,有的将决定好的 6 人一组抬神轿的名单传出,有的分发"疏文",好让各户写上全家人的生辰。与此同时,小男孩们抬着土地公到各户去收集寿金,为次日神明"出境"前"钉符"所需。各户的家人烧香拜土地公并把香插在神椅上,同时也缴出寿金。

下午 2 点开始"返香",先由挑灯进入大厅环绕一圈边说着:"发财呀!"家人回应着:"好呀!"接着道士念了一小段的经文及朗读"疏文"后说着:"添丁发财呀!"家人回应着:"好呀!"这时与"过坛"一样,须对家神"敬茶",烧了寿金及疏文,放了小串的鞭炮。这就是 70 户中每一户"返香"的过程。

下午 5 点 30 分,敲着锣,由一位头家手提着有火焰的铁勺,一位道士口含酒精,进入各户大厅往火焰上一喷,冒出火团,大喊一声:"大发财呀!"家人回应着:"好呀!"道士拿了红包告成。

晚上 7 点,道士向神请符做"敕符"仪式及送神,敕符分有灵宝大法师的"六畜符"、"平安符"及"清净符"。晚上 9 点"掷筊",决定在 11 点 40 分送斗灯。晚上 10 点多,道士为坛主、斗灯及头家们,在一小堆的毛巾上做法事,与头家头在大厅里绕着祭桌追跑,直到道士将酒喷在头家头的脸上为止。据说这是惯例,意思是不让道士轻易得逞。

晚上 11 点 40 分,为了不让灯火熄灭,头家们小心翼翼地将斗灯放入装有稻米的米篮里,在包上红神明桌裙之前,老道士一边为灯加油,一边说着进财、生意兴旺、财源广进,处处出大学生之类的吉利话。这行为称"谢斗灯"。送出斗灯前为灯加油,可让斗灯到了斗灯家之后,让其自然熄灭,否则就得让斗灯继续燃烧十二天。凌晨12点20分送走了最后的斗灯,接着坛主及头家们朝着旗杆拜后,一边降下天公灯,一边说着:"天公灯从旗杆下来呀!添丁大发财呀!"烧了寿金,放了鞭炮,第二天的仪式告成。

第三天正月二十一日早上,头家的太太们到各户去分发"六畜符"、"平安符"、"清净符"及红丝带,红丝带绑在小孩手腕保平安,说是给孩子带乖。早上9点,头家头拿着钉符的用具(斧头、画了符的竹片,境土净平符、寿金),头家们抬着"三帝"及一位道士到埭内社的境界去"钉符",以保社内平安。

境界的"钉符"地点及顺序:(1)往龙海二中方向的社尾最后一家的路旁。(2)往溪尾社的小路过了小溪的田边。(3)与下庵社为界的小溪桥边。(4)从公路进入社内的路口旁。道士把寿金及境土净平符铺在地面上,并从上面敲进三片竹片,边说着:"埭内社里添丁大进财呀!"在场的人回应着:"好呀!"头家点香拜后插在地上,烧了寿金,"钉符"完成。

第三天早上,各家各户须在家,以4碗菜碗、生米、生鸭蛋、泡面、白饭拜家里的神明及虎神(一般家庭没设虎神神位,但一起拜),以4碗菜碗、白饭,在门口"拜门口"。

中午12点过后,神明"出境"时,以绣有埭内社的红旗、玄天上帝的黑旗、天上圣母的黄旗及王公尊神的绿旗领先,随后是从普贤社请来的舞龙队,老家长、头家们、土地公为先,大帝押后,裙旗、抬神轿的换班人,最后是社里的男女老少,浩浩荡荡的,从社尾朝龙海二中方向走出公路。公路旁的各家各户有的就在大门口摆香案,香案上有10杯茶、水果、饼干、糖果、香炉、寿金、一小串鞭炮。较大尊的神明就停在路旁,较小的如土地公、妈祖、三帝、王母、元帅及龙跟随着老家长到各家各户。老家长一个抱着玄天上帝的香炉,另一位拿着黑伞与剑,边绕香案边说吉利话:"平安顺利呀!做生意大赚钱呀!孩子考上大学呀!"户主将红包放进另一位老家长的托盘里,这些红包是属于埭内社祭祀公共钱。每家每户未必有上述的神明及龙入内绕过,年轻人所抬较小的神明皆以冲跑方式进屋,显得一片混乱,最重要的是须老家长来绕过香案才算数。社内的绕境先是"前面"的各户,再是"后面"的各户。下午1点50分左右的绕境完毕,舞龙队在妈祖庙前舞龙,这时各神明、老家长及头家们也到齐了。下午2点是"跳火",由道士在火堆的四方上以剑画符,先由道士跳火,随着四位老家长、各尊神明,最后是社内的男士抱着男孩跳火。接着社内妇女纷纷将跳过的火炭挑选大的扫入畚箕,带回家,以前有炉灶时放在炉灶内,现在放在家内不妨碍行走的地方。在以前有养猪时,火炭意味着能养大猪赚大钱,也有的说是取闽南话"炭"的谐音"传",意味着养猪越养越多,家族生丁代代相传。各神明抬回坛主家后,老家长及头家们上香拜后,道士再次"安坛"。

下午3点30分左右,由老家长"掷筊"选出明年的坛主、斗灯及头家,除去家里人口少的及身体欠安的,参加"掷筊"仪式的共有52人。"掷筊"的顺序,以坛主为先、斗灯一、斗灯二、斗灯三、斗灯四、头家头、头家副,最后是6位头家。"掷筊"的原则是以最多"圣筊"当选,今年已担任职务的人,不得参加明年同职的"掷筊"。社内人最关心的是坛主的选定,坛主选定后大家就纷纷离开,场内只剩老家长及头家们继续"掷筊"。

第四天正月二十二日是"祈平安"之日,一大早从坛主家请回妈祖到妈祖庙,各户提着水果、发糕、饼干、糖果、茶、寿金、改连金、鞭炮,先到妈祖庙祭拜,再到土地公庙祭拜。午饭过后,将各神明送回"崇真院"。至此,为期四天的"春祈"祭祀活动圆满结束。

二、血缘性神明的祭祀活动

(一)福州城门"康大爵主"的诞辰祭祀

在第二章第三节里,已讨论过福州城门阮氏的迁移及寻根过程。位于福州市仓山区城门樟岚村湖地里的阮氏支祠"竹林堂",由于风水的关系未能晋主,祠堂内仅安置泉州西门阮氏提供的祖神阮钦为画像。

"康大爵主"是当初43岁的奶奶(始祖)迁来时背着过来的,起初是木牌上的画像,现在是木雕的大神像,是城门阮氏这宗支的房头神。"康大爵主"连同村内的湖地大王宫请来的"都总管爷"(据说是总管财务的神)都供奉在神主龛的右边。在"大爵主"的诞辰此日(三月二十五日),将这两神请出坐进在常设于神主龛前两旁的神椅里。神椅及神龛前常设的香案桌外,各另设一圆桌,早上9点开始摆上10碗菜(鱼圆、干面、红蛋、鱿鱼、猪肉、糯米糕、扁食、猪肚、章鱼等,均是半成品),特别在"康大爵主"的祭桌上加有两大盘的寿包及一大盘的红蛋。在各祭桌前各置烧纸钱的金鼎。在外的族人也就在这一天回乡祭祀祖先所崇拜的家神"康大爵主",而欢聚一堂。大家各自带香和纸钱,先到的先拜,直到11点多,12点开始聚餐(10桌)。下午3点多演了第一场闽剧,晚上也有一场,隔日也有同样的演出。族人离开时都手提着装有寿包、红蛋、水果的塑胶袋回家。

此次的祭祀仪式中比较特殊的是不仅祭品的碗数是10碗,而且连所敬的酒也是10杯。令人费解的是所烧的纸钱,无论是对祖先或是对神明,所烧的纸钱均是金、银纸同时烧。

(二)泉州大宇阮氏杨府真人的诞辰仪式

1.大宇阮氏的祭祀组织

凡已婚的男性族人就有当"主头"的权利与义务。当上主头的人即使在外做生意,也一定会在神的诞辰日返乡尽主头的义务。主头的任务是包括仪式的准备、接待,为山门及祠堂前的石狮挂红彩带,替换祠堂内的红彩灯,记录及保管族人的捐款等等,更重要的是捐出两天的演戏费用(10500元)、一天的电影费用(500元)和师公的费用(200元)。过去是由两人来担当主头,如有一人比较贫穷的话,费用的负担就会落在另一人的身上。为了减轻主头的负担,从2004年开始,由四人来当主头。主头每年都要更新,选举日定在每年的九月十一日杨府真人诞辰日,由当届主头以"掷筊"的方式,选出得到最多"圣筶"的人当主头。

2.神明信仰

大宇阮氏所祭拜的道教神有的有神像,有的没有神像,有神像的有清水祖师(大宇村本地人的共同神)、杨府真人(安西经岭的分香)、孙府大人、余府大人(仑苍镇蔡西村的分香)、湿府相江公(来历不知,依南安阮氏联谊会会长所述,南安的英都镇南坪、美林镇西埔、洪濑都祭拜此神)。这些神像的背部都有一个洞,装有注明来源的红布,但在"文革"时都被烧毁了,现有的这些神像都是后来重新造的。

大宇阮氏的共同财产除了位于大宇南街的祠堂外,尚有位于大宇东街(老东街)的龙回宫,其神龛里的神明因为灵验而被偷过。平时这些神安置在主头家的中厅堂,每逢喜庆建房时,会随时借给族人去祭拜,因族人认为杨府真人是个懂风水的地理先生。上述诸神之中,借出次数最多的就是杨府真人。龙回宫神龛的右边供奉直接画在墙壁上的注生娘娘,左边供奉着直接画在墙壁上的阎罗天子。而祠堂的神龛右边还供奉有用红纸写上的观音菩萨、福德正神及灶君。祠堂或龙回宫内虽已没有神像,但四位主头中的二位须在每月初二日,另二位在每月十六日烧香祭拜。

3. 杨府真人诞辰

2004年,杨府真人诞辰的前一日,即九月初十日,主头们将祭拜祖先的香炉挪置在神龛的左旁。神龛以红布遮盖,祭桌上只置神明的香炉,并将清水祖师、杨府真人、孙府大人、余府大人、湿府相江公一同请到祠堂里安置,同时准备了5盘水果(柚、苹果、香蕉、橘子、佛手)、五牲(猪头、猪腿、猪心肺、鸡、鱼)、米龟及族人所谓的"菜桌"(红枣、冰糖、木耳、金针菜、香瓜、双层糕、白木耳、腰果、红梅、花生豆糖、香菇、绿豆饼、橘子、火龙果)、酒、金纸等供品祭拜。当晚由安溪高甲戏团演一场戏,晚上11点左右放了鞭炮,结束了第一天的祭祀。

大宇阮氏族人现还依旧习家家养猪,虽然大多是出售用的,但以南安阮氏联谊会会长家为例,杨府真人诞辰日(九月十一日)这一天,就是一年两次杀猪中的一次(另一次在春节),除了留下祭祀所需部分,其余的就卖给杀猪人了。

九月十一日杨府真人诞辰日这天,一大早就有族人挑着一担担的祭品(猪头、猪腿、猪心肺、鸡、鱼、米龟、几碗的菜肴、酒、金纸及鞭炮)前来祭拜。族人来了就直接把整担的祭品摆到桌上去,点香参拜,烧了金纸,放了鞭炮也就完成了一户的祭拜。就这样一户接一户,直到临近中午才告一段落。下午3点多,祭典仪式由本镇丰富村赖姓"师公"主持,四位主头随拜,桌上摆满了由四位主头各自供上的一盘祭品(猪头、猪腿、猪心肺、鸡、鱼、米龟),还有事先由族人(一家一盘)分摊好的23小盘祭品(香菇、贝肉、虾米、鱿鱼、木耳、猪腿、鸭、虾、兔、鳗鱼、青蛙、鳖、猪心、糕、冬粉、鸡、鱼、五花肉、包、猪脚筋、海参、海棠、鸡胗)。此外还供有诞辰日不可或缺的祭品:5碗面线红蛋,一大碗的圆仔汤。在祠堂内举行祭拜的同时,族人也挑着一担担祭品(水果、几碗的菜肴、酒、金纸)摆在祠堂外的大庭犒军祭祀,此时也上演犒军戏。在祭拜过程中,下午5点30分左右,由一主头报出今日报名的35名下届主头候选人名字,以"掷筊"的方式,选出了4名下届的主头。庆典结束后,新主头就得迎回所祭拜的神。下午 6 点前放了鞭炮,犒军就告结束,但犒军戏还在上演,族人也就迟迟不回。下午 7 点 30 分后,安溪高甲戏团开始了诞辰日的正式表演。8 点 30 分左右,由戏班的人装扮为八仙到祠堂里进行"八仙拜寿"的仪式,紧接着继续这天的大戏,直到 11 点放了鞭炮,结束此日的活动。

诞辰庆典的第三天九月十二日,此日只在晚上放电影,历时三天的庆典全都结束。大宇阮氏所供的祭品也都与福州城门、泉州西门的阮氏一样,放有红纸以表喜庆,但在祭品的碗数上没有禁忌。

清水祖师、孙府大人、余府大人、湿府相江公均以八月十五日为诞辰日,其庆典仪式在龙回堂举行。至于庆典方式与过程,与杨府真人诞辰日一样。除了春节外,族人返乡较多的大多是八月十五日,因为刚好会碰上国庆节。

大宇的祭祀,无论是九月十一日杨府真人诞辰日,抑或是八月十五日其他四神的诞辰日,族人到祠堂或是龙回宫祭拜都会捐钱作为公款,也就是说,祠堂与龙回宫各有公款。利用神的诞辰日收集捐款来确保开展各种宗族活动的经费来源,这种方式与泉州西门的做法一样。

三、小　　结

漳州海澄镇豆巷村埭内社的地缘性神明祭祀,从其祭祀组织与祭祀过程由"掷筊"的方式选出炉主、头家来运作整个祭祀活动,其祭祀经费以收丁钱的方式,而且整个活动中都有道士的参与,也为境界钉上平境符的行为等,可知大陆民间信仰已经完全复兴,并且还保有闽南典型的地方自治团体的传承。

房头神[①],是拥有由同一族人形成的共祀群,来共同祭祀这一神明,因此房头神祭祀也就是血缘性神明祭祀。血缘性房头神祭祀,有福州城门阮氏的"康大爵主"诞辰祭祀,以及泉州大宇阮氏的杨府真人诞辰仪式。血缘

---

① 房头神是指某一个宗族(或宗族分支,即闽南方言中"房头"的本意)所崇拜的神明,这种神明可以是民间信仰常见的妈祖、关公、玄天上帝、各种王爷或其他神明,然而其崇祀者的集体性质相当特殊(参见庄英章、李翘宏:《房头神与宗族分支:以惠东与鹿港为例》,《"中央研究院"民族学研究所集刊》第 88 期,台北:"中央研究院"民族学研究所,1999 年,第 204 页)。

性神明"房头神"的祭祀活动,也是凝聚族人的另一个纽带,由于参加祭祀房头神的族人都乐意捐钱作为公款,也可借此获得经济来源,而带动更多的宗族活动。尤其是泉州大宇阮氏的杨府真人诞辰仪式,证实了"奉祀一个灵验的神明,比奉祀祖先具有更强的结合人群的吸引力和开放性,因房头神具有灵活而丰富的象征资源"。从房头神与宗祠的关系上来看,正是把祖先共祀群转变为房头神共祀群,这对大宇阮氏来说,无论在凝聚族人或是在确保资金来源上,都是一个十分有效的实践策略。①

大宇阮氏所祭拜的道教神中有神像的有清水祖师(大宇村本地人的共同神)、杨府真人(安西经岭的分香)、孙府大人、余府大人(仑苍镇蔡西村的分香)、湿府相江公。但只有湿府相江公的来历不知,依南安阮氏联谊会会长所述,南安的英都镇南坪、美林镇西埔、洪濑的阮氏都祭拜此神。南安阮氏经过社会主义政策,模糊了彼此的系谱关系,可从他们都祭祀湿府相江公上来说,他们都原属于同一宗支再分衍而出的下级各宗支。

然而,今日的大宇阮氏的血缘性房头神祭祀,提供了一种特殊现象。大宇阮氏以杨府真人诞辰仪式为重,而把湿府相江公与清水祖师、孙府大人、余府大人等其他神明一同在八月十五日,于大宇阮氏的另一祖产"龙回堂"举行祭祀仪式。而且族人每逢喜庆建房时,都奉请杨府真人回家祭拜,杨府真人是大宇阮氏族人奉请次数最多的神。因此由以上两个因素可以看出,大宇阮氏为自己创立了属于大宇阮氏灵验的房头神"杨府真人",成为大宇阮氏凝聚族人的另一个纽带。也就是说,"房头神"可因任何一个宗族或宗支,就自身所需而被"创立"。在大宇阮氏这个案中,对大宇阮氏而言的"旧房头神",即各地的南安阮氏都祭拜的房头神"湿府相江公",成为大宇阮氏对上级宗支识别意识的另一种代替性文化符码,而新房头神"杨府真人"将成为大宇阮氏对下级宗支之间识别意识的另一种代替性文化符码。

---

① 参见庄英章、李翘宏:《房头神与宗族分支:以惠东与鹿港为例》,《"中央研究院"民族学研究所集刊》第88期,台北:"中央研究院"民族学研究所,1999年,第209、227页。

第二节　久米村的地缘性祭祀活动

一、久米村的社团

(一)久米村血缘性社团

琉球王国时代的久米村,大致是现在的那霸市久米一丁目及二丁目,是中国系统子孙的聚居处,但在第二次大战后迁出的也不少。在第二章里曾叙述过振兴萧条的久米村的政策之一,有阮氏及毛氏的入籍琉球。毛氏始祖毛国鼎,是在1600年跟随阮国第二次护航琉球使者到琉球。其子孙在那霸市安里拥有久米国鼎会大楼(久米国鼎会ビル),大楼的三楼是社团法人久米国鼎会组织的办公处。在久米村里,成功地成为法人社团的只有毛氏门中会在1960年成立的久米国鼎会,2003年12月1日为止,有正会员364人,准会员1003人。

由梁氏组成的"梁氏吴江会"是拟似法人(みなし法人),于1980年成立,约有276户人口,以出租土地及停车场为该会的经济来源。据我华会会长所说,在久米村的林氏只剩2户人家。王氏门中会槐王会是以经营不动产的收入、定期存款的利息、捐款、会费等为经济来源。该会虽有明确的章程及干事的组织,但其办公处于1994年设在私人(国昌武三)家里,干事们的小会议就在餐厅里开,总会就在清明扫墓后开。郑氏门中也同样在清明时相聚一起论事。

(二)久米村地缘性社团

在久米村有两个地缘性社团,久米崇圣会(后述)与久米同进会。久米同进会的形成有下述的历史背景。从王府时代到废藩置县期间,由于士族人口的增加而造成官职及领土分配的不足,促使采取下级士族移住农村(田舍下り)的政策。久米村人也不例外地移住冲绳的中、北部,在那里形成的村落,称为"屋取集落"。① 没有移住乡下那些破落的久米村士族,住进救济机构,接受最低的生活补助。根据《久米村の民俗》,蔡氏门中的救济机构"堂屋敷",出生于此的子弟当了官就得搬出,采取交替制度。其他尚有"登川屋敷"、"深井屋敷"、"堂小屋敷"、奴本加屋敷("ヌブンジャー屋敷")、哈鲁屋敷("ハル屋敷")、棍帕屋敷("グンパー屋敷")等共七处救济机构。从"堂小屋敷"出生的子孙于1970年成立了久米俱乐部,改名为现在的"久米同进会"。此会拥有久米同进会馆,以会馆的大厅及停车场的出租为经济来源。

二、久米崇圣会的成立及其事业活动

琉球的祭孔始于1610年,进贡使蔡坚参拜山东省曲阜孔庙时,买回孔子、颜子、曾子、子思子、孟子的画像,由久米村的士大夫轮流祭拜于家中。1671年,久米村最高行政长官金正昌提议,透过摄政的向象贤启奏尚真王,得准建造至圣庙。其经费由王子以下诸士族献金,再由公费补其不足。1674年圣庙竣工。1676年完成孔子的圣像。1718年启奏尚敬王得准,兴建明伦堂,同年竣工时也在堂内设置启圣祠,内祀"四配"之父的神位。在当时,明伦堂除了教授官话外,同时教授外交文书,诗文的写作,是儒教及学问的总部。②

废藩置县的当时(1879年),至圣庙及明伦堂的土地、建筑物、藏书、备件等皆为国有,由县政府管理。祭典费用由那霸区当局补助,还有久米村有志者的献金。至圣庙及明伦堂曾在1885年(明治十八年)由国库负担,动工整修。那霸区通过县政府向日本内务省请求至圣庙及明伦堂的土地、建筑物、藏书、备件连同圣庙内的树木归返给那霸区,并在1902年(明治三十五年)完成转让手续。③

废藩置县后,久而未修的至圣庙及明伦堂逐渐老化,1912年(大正元年),以久米村人士为主,带动那霸地区的志愿者兴起全县的募款运动。接着以至圣庙及明伦堂的维持管理、祭典的执行、儒教的普及为目的,在1914

---

① 多和田真助:《門中風土記》,那霸:沖縄タイムス社,1986年,第26~30页。
② 池宫正治他編:《久米村:歴史と人物》,那霸:ひるぎ社,1993年,第48页。
③ 具志坚以德:《久米至圣庙沿革概要》,那霸:久米崇圣会,2001年,第1~3页。

年(大正三年)5月11日,得到主管单位的认可,办理法人登记,成立了社团法人久米崇圣会。并在1915年(大正四年),向那霸区取得至圣庙及明伦堂的土地、建筑物、藏书、备品的免费发返,久米崇圣会在此时才拥有自己的财产。①

第二次世界大战后,久米崇圣会在1962年(昭和三十七年)11月5日重新得到美军统治下的琉球政府的认可,并在12月2日完成财团法人的登记,与此同时也登记了拥有的土地。在久米崇圣会的干事中,参合了上述的九米国鼎会、阮氏我华会、梁氏吴江会、久米同进会的领导阶层,其成员有139名(2004年),包括阮姓28人、梁氏26人、毛氏18人、郑氏15人、梁氏(兼个段系统)13人、蔡氏12人、金氏8人、王氏7人、林氏2人、红氏2人、杨氏2人、陈氏2人、孙氏1人、郑氏(肇祚系统)1人、陈氏(华系统)1人、陈氏(康系统)1人,可以说总括了久米村的各姓人士。宗族组织中成为崇圣会会员的人数越多,越能显示出该宗族组织的强大,同时也能显示出他们对地缘事务的重视程度。

现在,至圣庙的范围内有大成殿、天尊庙(内祀天尊、龙王、关帝)、天妃宫(配祀千里眼、顺风耳)、明伦堂等,都是第二次大战后在以前的天尊庙的旧址上(因国道58路线贯穿了至圣庙占地,以"久米至圣庙址"、"明伦堂址"标示史迹)重建的,另有久米崇圣会事务所及程顺则的纪念碑。其实,现在的至圣庙范围内有大成殿、天尊庙、天妃宫、明伦堂等情况,并不是他们本来的愿望。这种儒、道的庙宇混杂在同一个范围内的现象将被废除,将来预计把至圣庙重建在那霸旧邮政局的空地上。

至圣庙于1974年落成,1975年举行了复兴后的第一次释奠。当时的重建得到台湾方面的大力支持,比如孔子圣像由台湾师范大学的刘狮教授塑造,释奠时由孔子的第七十七代子孙孔德成上香,还有台湾孔孟学会代表、台北孔庙管理委员会主任、台北崇圣会代表、中琉文化经济协会理事长等出席。

久米崇圣会的事业,除了至圣庙的管理经营外,也支援县内的学校、教育委员会,对促进国际和平也做出贡献。崇圣会自从1981年那霸市与福州市缔结友好城市以来,凡当那霸市要求参与福州市的交流事业时,久米崇圣

---

① 具志坚以德:《久米至圣庙沿革概要》,那霸:久米崇圣会,2001年,第5~7页。

会都积极参加,派出干事加入亲善访问团,至今已有6次。久米崇圣会是地缘组织的实体机制,由此会的干事组成的祭祀委员,举行一年六次的祭祀仪式,但以释奠的祭孔仪式为重头戏。

正月初一日	元日祭
正月初四日	天尊天妃下天祭
二月十八日	天尊天妃春季例祭
九月二十八日	释奠的礼祭
八月初八日	天尊天妃秋季例祭
十二月二十四日	天尊天妃上天祭

笔者在2004年1月25日(正月初四日)参与天尊天妃的下天祭祀,下午2点开始了天尊天妃下天祭,以橘子及三种不同的糕点为祭品,所烧的香与台湾一般祭拜时用的香一样(普通冲绳人是不用的)。先拜天尊(中央)、龙王(安置在天尊的左侧)、关帝(安置在天尊的右侧),而后移到天妃宫拜妈祖(当地称菩萨),前后的祭拜不超过10分钟。除了释奠以外,其他的祭祀都与下天祭的顺序一样祭拜,祭品也不变。

天尊庙的主神是九天应元雷声普化天尊,也就是雷神。是永乐年间(1403—1424)赴中国的进贡使从北京带回来的天尊神像。在正月初四日的下天日、五月初五日、六月二十四(诞辰日)、九月初九日、十一月的冬至、十二月二十四日的升天日等要拜雷神。①

根据《久米村的民俗》,琉球王国时代有上天妃宫(久米村)②及下天妃宫(那霸),文献的记载建于1412年,更可能是多数的闽人三十六姓皆为航海者或造船者,来琉球时就携带妈祖过来建庙。上天妃宫里的龙王殿本在三重城,因台风倒塌后迁入上天妃宫,其创建年代与迁移的年代不详。1683年(康熙二十二年)尚真王的册封正使汪楫、副使林麟焻提议并捐款,经蔡铎取得尚真王的许可,1690年委托进贡使买回关帝、关平、周仓等三神像,但没建庙。而在1691年,只在上天妃宫内设一室祭拜。天妃宫的祭日,除了

---

① 窪德忠:《冲縄文化に及ぼした中国文化の影响(Ⅱ)》,《史海》第6号,冲縄:绿林堂书店,1988年,第1~5页。
② 进贡船出发前,择日请妈祖,一路上敲锣吹笛地恭请到船尾的"菩萨御殿",由担当祭祀的总管烧香祭拜。出航后直到进贡船回来的每一天,天妃宫轮流祭拜(参见赤嶺守:《琉球王国》,东京:讲谈社,2004年,第142~146页)。

三月二十三日（圣诞日）外，与天尊庙的祭日相同。当时祭祀时，聚集了从若秀才到士大夫一起祭拜。废藩置县后，因下天妃宫设为师范学校而将神像转置上天妃宫。上天妃宫后又被当作学校使用（教7岁以上子弟北京话及朗读《小学》）①，也就再次将神像转移奉祀在天尊庙。因此天尊庙里是天妃、关帝、龙王与天尊一起供奉。到了1928年（昭和三年）天妃宫落成时，天妃才迁出天尊庙，而供奉于天妃宫。天尊庙供奉了天尊、关帝及龙王。天妃庙与天尊庙的庙宇管理由久米村人担当，负责每月初一、十五日及春秋两祭。但祭祀与整修费用都由国库支付。在祭品上，王国时代祭祀时用三味（蒸鱼、猪肉、鸡肉是三牲的演变），初一、十五日时用神饭（用小茶杯盛得尖尖的饭），到了大正以后改为三味、白饼（年糕）、糕点、橘子、芭蕉及甘蔗等，②而现在的祭品只有一盘橘子，三盘不同糕点，从中可以看出祭祀日期与祭品随着时代的变迁逐步简化。

三、释奠的祭孔仪式

每年9月28日举行释奠仪式，是重建至圣庙当时，得到台湾方面的大力协助完成的。落成后的第一次释奠，也是受到台湾方面的指导。9月28日在台湾是教师节，久米村的释奠也就以9月28日为祭祀日。但释奠仪式同样也有它的变迁过程。1676年2月，至圣庙落成后举行第一次释奠，只行八拜礼的仪式，甚为简单。1719年，经久米村总役（最高长官）程顺则向尚敬王启奏，得到允许，以太牢祭孔子，以少牢祭启圣祠，实行饮福受胙的礼法。至圣庙的主祭由三司官担任，启圣祠的主祭由久米村总役或长史司（总役的补佐）担任。③

随着时代的变迁，明治以后，废除了全头牛的祭品。1939年（昭和十四年），由于战争时期照旧礼法实施很困难，遵照东京汤岛圣堂的仪式，以日本固有的神道的方式进行。祭祀程序为主祭奉读祝文、来宾演讲及女子高中

---

① 真荣平房昭：《海外情报と久米村》，池宫正治他编：《久米村：歴史と人物》，那霸：ひるぎ社，1993年，第48页。
② 具志坚以德：《久米至圣庙沿革概要》，那霸：久米崇圣会，2001年，第20～24页。
③ 具志坚以德：《久米村の民俗》，那霸：久米崇圣会，1989年，第17～19页。

合唱团合唱孔子颂德歌即告完毕。①

如今的释奠有主祭、引赞、礼生、监仪、司香烛、司帛、司爵、把门、祝文官、执事、司焚等来执行仪式。其次序为：（一）释奠祭礼开始，（二）执事就位，（三）主祭就位，（四）启扉，（五）迎神，（六）进馔，（七）上香，（八）初献礼，（九）祝文奉读，（十）亚献礼，（十一）终献礼，（十二）来宾上香，（十三）饮福受胙，（十四）撤馔，（十五）送神，（十六）燎祝文，（十七）阖门，（十八）撤班，（十九）释奠祭礼终了。今日的祭品与大正时代到第二次世界大战前祭品的比较，如表 4-2。

表 4-2　久米村祭品的变化

大正时代至第二次世界大战前	现　　在
整头的猪、羊	三味（三大盘：蒸鱼一大条、猪肉一大块、一只煮熟的鸡，特意在鸡翅与鸡尾巴上各插三根鸡毛）
醋腌的韭、芹、燕 盐腌的羊肉、兔肉、鱼、笋 猪血	无
鱼干、羊肉干	无
成型的食盐	无
甘蔗、芭蕉、橘子	甘蔗、网状香瓜、橘子、香蕉
白饼（白色年糕）、黑饼（黑糖年糕）	白、黑糕点
扣羹、大羹、扣羹（羹是清汤）	无
黍、米、粱、粟	无
帛	帛

资料来源：具志坚以德：《久米村の民俗》，社团法人久米崇圣会，1989 年。

四、久米村人每年的定例活动

久米村内有"内兼久山拜所"，是"辨才天"（音乐、辨才、财富的女神）白

---

① 具志坚以德：《久米至圣庙沿革概要》，那霸：久米崇圣会，2001 年，第 8～9 页。

金宫的遗迹。现有一大岩石,每年由久米妇女会为村做礼拜。

久米村的家庭,其祭祀仪式及祭品都受到儒家及道教的影响,这已在第三章的祖先崇拜里谈过。在这里叙述一年当中,家庭内的主要祭祀活动。

表 4-3 久米村一般家庭的祭祀

日 期	场所	内 容
每月初一、十五日	佛坛	烧香,拜神饭(用小茶杯盛满,成为尖形的饭)
正月初一日 (到大宗、小宗的本家拜年,在佛坛上香)	佛坛	摆饰:花瓶里重新插上青翠的小树枝。在黄、红、白三色重叠的纸上放上食盐及直径15厘米的圆饼,又在圆饼上放橘子一对 祭品:早上是糕点、黑砂糖、开口笑等,晚上是菜肴、饭、汤
	灶台(火神)	摆饰:用海带包木炭挂在灶台上。拜"神饭"
正月初二日	佛坛	祭品:芋头、萝卜、胡萝卜及大蒜炒的菜肴
正月初三日	佛坛	晚餐的菜肴
正月初四日(灶神降天日)	灶台	洗过的米、酒、神饭
正月初七日	佛坛	七草粥
正月十五日	佛坛	粥、"神饭"
	灶台	"神饭"
	厕所	烧香
二月择吉日(拜宅地)	佛坛、灶、宅地的四角及中心、厕所、玄关	捧着装有酒、酒杯、米、香的木箱,装有煨好的猪肉、海带、蒟蒻、牛蒡及鱼糕的木盒。白纸三张,冲绳的香两片,大中小相叠的白色圆形年糕
二月十八、十九、二十三日	神龛	日期依照家内所供奉的不同神而异(观音、关公、天妃菩萨、土地公、文昌帝君)。水果、糕点、甘蔗、酒、茶为祭品
春分	佛坛	祭品:煨好的猪肉、海带、蒟蒻、牛蒡及鱼糕
清明	墓地	始祖的扫墓
五月初五日	佛坛	面粉拌黑糖煎的卷饼

续表

日　期	场　所	内　　容
五月十五日	本家的神坛	本家的麦穗祭祀
六月十五日	宗家的神坛	五月十五日麦穗祭拜
七月初七日	墓地	墓的清扫。鲜花、糕点
七月十三、十四、十五日	佛坛	中元祭祀
八月择吉日（拜宅地）		与二月的拜宅地相同
秋分	佛坛	与二月春分相同
八月十五日	佛坛	晚餐的菜肴
十二月初八日	佛坛	用月桃叶包的糯米粉加糖、水蒸出来的糕
十二月二十四日（升天日）	灶台	与降天日相同

资料来源：具志坚以德：《久米村の民俗》，社团法人久米崇圣会，1989年。

从表4-3可以看出，一般久米村家庭里以祭祀祖先为主，其次是祭拜灶神，再就是一年两次祭拜宅地的神，只有大宗与小宗的本家才祭祀其他的道教神。这显示了久米村人虽然继承了道教神的信仰，但并没有普遍地传播到每户人家，这是久米村人在神明信仰上特殊的一面。

在第二章里已经论述到，在历史上，久米村人在琉球王国时代，在当时国家的进贡贸易事业上扮演了重要的角色，并且与王府有着紧密的关系。在此重温一下久米村地缘性神明信仰与国家的关系，就不难理解为何至今久米村人积极配合那霸市政府策划的项目。从地缘性神明崇拜中，得知只有天妃妈祖由闽人带来冲绳，在1879年以前是久米村的地缘性神明信仰，比如建立至圣庙、释奠仪式的更改，从大陆带回天尊、关帝、关平、周仓等神像，以及建庙与修复庙宇之事，都须有国王的许可。1879年废藩置县之后，至圣庙成为国家所有。直到1962年，久米崇圣会成为财团法人时，至圣庙的管理与整修才真正由久米村人操作。可以说直到20世纪前叶，还与政府有着割不断的关系，所以至今的久米村人还是与那霸市政府保持着良好的关系。

1914年组成的社团法人久米崇圣会,是以至圣庙、明伦堂的维持管理、祭奠的执行,儒教的普及为目的。从这时候开始,久米村地缘性信仰活动着重于祭孔释奠,这也就成为今日久米崇圣会一年中祭祀活动的重头戏。这种重视儒教的偏向,也反映在与台湾阮氏及大陆阮氏互动之后,冲绳阮氏对宗乡文化的认知。

五、小 结

冲绳久米村的地缘性神明崇拜显示了以下的特征:

1. 在久米村内道教神当中,只有天妃(妈祖)是随当时迁入琉球的闽人而来,同时也建立寺庙。其他如同天尊、关帝等是由册封使提议,经过琉球国王的批准,再由进贡使买回神像建庙或合祀于他庙。孔子的祭祀,也是进贡使从山东省曲阜买回孔子等画像才开始的。

2. 冲绳久米村的地缘组织"崇圣会"已经是一个现代社会运作系统中的财团,以祭孔的释奠,来对外展示久米村在琉球与中国的朝贡关系中所占有的重要地位,以提高久米村在当地社会的地位。与此同时,每年的祭孔释奠也是久米村人一年一度对自身身份的再认识、再肯定,也是回顾祖先曾在琉球王国时代的进贡贸易中扮演的重要角色而引以为豪,借此得到心理上的满足。

笔者的另一个关注点是血缘性房头神崇拜,试图探讨血缘性房头神崇拜是否能成为重新建构各宗支之间的另一种替代性文化符码,并且以这构想来为尚在寻找始祖阮国故乡的冲绳阮氏提供一个寻根的范围。

探讨血缘性房头神,是否能成为重新建构各宗支之间的、区别意识的另一种替代性文化符码之构想,来自于庄英章、李翘宏的《房头神与宗族分支:以惠东与鹿港为例》一文,文章以惠安东村与台湾鹿港为例,说明房头神与宗族分支的关系,提示了"当不同宗支的分支祖先,因为社会主义政策或移民的波折而模糊了彼此的系谱关系时,名目各异的房头神变成为重新建构各宗支之间的区别意识的另一种替代性的文化符码"[①]。

冲绳阮氏家谱上的记载,其祖籍地为福建漳州府龙溪县,而漳州阮氏的

---

① 参见庄英章、李翘宏:《房头神与宗族分支:以惠东与鹿港为例》,《"中央研究院"民族学研究所集刊》第88期,台北:"中央研究院"民族学研究所,1999年,第203~232页。

最先迁入地为漳州龙海市角美镇石美村埭内社,也是冲绳阮氏全力协助重修世德堂之处。而在第三章第一节里论述过的从石美村直接迁出的西、北溪房所祭拜的房头神"关帝",并未成为冲绳阮氏共同的祭祀对象。而且笔者在2006年9月的深入访谈中了解到,冲绳久米村各姓氏中都未曾有过类似血缘性房头神的祭祀活动。因此在本个案的调研探讨中,不只未能为冲绳阮氏提供一个有用的寻根范围,更认为庄英章、李翘宏所提示的"以房头神成为重新建构各宗支之间的区别意识的另一种替代性的文化符码"的论断有它的局限性。而这种局限性同时也出现在台湾阮氏的神明崇拜中。

至于冲绳阮氏也好,全久米村的各姓氏也罢,他们为何都没有"房头神"祭祀的习俗?笔者认为原因有二:其一,已在第二章的移民与繁衍中论述过的,他们祖先的移民是在国家政策支持下的移民,是移出国和移入国双方政府认可与支持下而实施的移民行为。在这种移民行为中,除海上的风险(这就是妈祖最早被带进琉球的原因)之外,尚无其他如同台湾当初的垦荒而移民,必须面对的恶劣环境所带来的疾病、野生动物的袭击,与原住民的对抗等令人担忧的因素。其二,移入琉球后,他们的工作是以协助琉球王国的进贡贸易为主,他们不止在国家庇护下展开了他们自己的贸易而获益,而且他们都有机会"回中国",这足以满足他们心灵上的需求。这种既有国家的庇护,又有明确的工作收入,还能有机会回到中国来满足心理需求的情况,显然与早期移民台湾的阮氏是截然不同。

第三节　台湾阮氏的地缘性祭祀

一、中浦仔的镇天府庙

台湾彰化县和美镇嘉犁里共有十五邻,俗称浦雅,是顶浦仔、中浦仔以及下浦仔的总称。而中浦仔是属于九、十、十一、十二邻,也是阮氏集中居住的地方。依照1995年的人口分布来看,阮氏人口占191户中的34户。

位于彰化县和美镇嘉犁里中浦仔的镇天府,是中浦仔的庙,原是一乩童个人的厅堂,供奉的神原有观音菩萨、苏王爷、池王爷、土地公,后来又有薛王爷、高王爷及太子爷,除土地公外的六尊神都有乩童存在。观音菩萨的乩童姓林,苏王爷的乩童姓李,其余的4位就是阮姓。这些神本来都祀奉在各乩童的厅堂,现集聚于一堂,虽为暂时的寄放,但已有20多年了。镇天府因集聚诸神而得名,由30多名三四十岁的男性组织了祭祀委员会,阮姓及其他姓氏的族人都会来此祭拜,每周五晚上8点左右,五位乩童在现场待人来问神。

中湳仔是阮姓在嘉犁里分布最集中的地方,镇天府祭祀活动的资金来源,是在每年的冬至,以一丁60元新台币的标准向居民收取丁钱。比如2004年冬至,从原来就住湳雅的住民及工商行号收取了17480元台币,大嘉新城的新住民11400元台币,彰恭新城6760元台币,共收35680元台币。

2005年4月3日(二月二十五日),是湳雅的"安营"放兵之日。下午1点,居民早已挑来祭品,摆放在镇天府所设香案(祭品三牲)的两旁,道士在香案前以唱的方式开始了祭祀仪式。经过一个小时的法术,由湳雅锦黎园,敲锣打鼓的带路领先,接着是"礼旗"、裙旗,安置着土地公及五尊镇天府神明的神轿,随行的是19名委员(其中17名阮姓)。"安营"是在湳雅境界内的四个角落钉入写有镇天府的符及神明名字的竹筒,在每个角落安放黄、红、紫、绿四色纸糊成的房子、三角旗、裙旗、马,经过道士烧香做法术,乩童的"上乩"、"退乩"(神的附身与离去),烧金纸等一系列仪式的过程,"安营"就告完成。放兵是在镇天府大庭外右角做最后的安营之前,在大庭上洒水及抛出青草就表示放了兵。"安营"及放兵仪式前后持续三个半小时。镇天府的另一项重要活动是与相邻的诏安里所共有的嘉安宫所举行的绕境。

二、湳雅的民间信仰

湳雅的居民一旦有事,最常见的是以问神的方式来解决问题。这可以从许多乩童的存在来窥豹一斑。镇天府诸神的诞辰日,在祭祀方面不只需要道士来主持礼仪,更加需要乩童的助威,才得以满足心理上的需求。除外,临时性的活动也很普遍。比如2005年的元宵,苏王爷的乩童"上乩"指示,将在四月初七到云林县的泰安宫进香,就如此类的临时活动也是习以为常。

一般家庭或者商家,每月初二及十六日,将在门口摆上香案,拜"门口"。在家中的祭坛(即"尪架桌"),面对祭坛的右边安置神明,左边安置牌位,每月初一、十五日,点香拜神明的同时也拜"公妈"(牌位)。一年之中,正月初九日拜天公,正月十五日的元宵节、五月初五日的端午节、七月十五日的中元节、九月初九日的重阳节、冬至及除夕夜都得敬神拜祖先。当然也少不了在七月中做普度,祭"好兄弟",也拜"地基主"。

三、小　结

台湾方面的祭祀活动与地缘组织,在跨境传播的历程中,几经时代的变迁,依然保留着一脉相承的传统,即闽南地方上的共同祭祀以及社会自治团体组成的传承。这显示出不只在祖先崇拜上,也在神明崇拜上,大陆与台湾阮氏是拥有共同的文化内涵,处于同一文化圈。

在上一节的小结里,已经指出了庄英章、李翘宏所提示的以房头神为重新建构各宗支之间区别意识的另一种替代性文化符码,是有它的局限性。在此,再以台湾阮氏的个案讨论它的局限性。在台湾的调查点是彰化县和美镇嘉犁里,阮氏来自南安县二十七都,现在南安的英都镇南坪是属于明、清时代南安县二十七都。而美林镇西埔是属于明、清时期南安县二十二至二十五都,洪濑镇是分别隶属于明、清时代南安县四、五、六、十八、十九都,仑苍镇在明、清分属南安县二十四至二十七都。分别居住于范围较广的英都镇南坪、美林镇西埔、洪濑镇洪南、仑苍镇大宇等这些地方的阮氏都祭拜房头神"湿府相江公"。这只验证了在大陆同一地区(南安市)有着同样的房头神,房头神只能在同一个区域中成为各宗支之间区别意识的另一种替代性文化符码。但来自南安县二十七都的彰化县和美镇嘉犁里的阮氏,却没有祭祀"湿府相江公"。在台湾阮氏的调研中也可显示出,台湾阮氏乩童供奉池王爷、薛王爷、高王爷及太子爷,也没有类似房头神的祭祀活动。因此说,庄英章、李翘宏所提示的以房头神能为重新建构各宗支之间区别意识的另一种替代性文化符码,是有它的局限性。

因此,台湾阮氏在没有祭祀房头神的情况下,依然以祖先祭祀为凝聚族人的中心。在神明崇拜方面,从六尊神明的乩童中有四位是阮氏,并且在当地中浦仔的镇天府中,每周五晚上 8 点左右,阮氏乩童也在现场待人来问神。这些行为显示出台湾阮氏也热衷于当地民间信仰体系中的信仰行为,更体现出台湾阮氏本土化的迹象。

第四节 小 结

　　冈田谦在《台湾北部村落に於ける祭祀圈》一文中,对祭祀圈下了定义,即共同举行祭典的民众所居住的地域(冈田谦 1938:3)。许嘉明在《祭祀圈之于居台汉人社会的独特性》一文中,为祭祀圈所下的界定为:"祭祀圈是指以一个主祭神为中心,信徒共同举行祭祀所属的地域单位。其成员则以主祭神名义下之财产所属的地域范围内之住民为限。"(许嘉明 1978:62)林美容参照冈田谦与许嘉明的祭祀圈定义,指出三个共同点:(一)凡是祭祀圈都有一个主祭神。(二)都有共同祭祀。(三)都指涉一定的地域范围。也就是说,祭祀圈这一概念的主题指的是一定的地域范围,并且包括共同的祭祀组织与共同的祭祀,才有祭祀圈可言。在祭祀圈研究里,共同性就如关键词那样重要。总之,林美容所提出的祭祀圈的定义,即是指一个以主祭神为中心、共同举行祭祀的居民所属的地域单位。① 林美容提出六项指标来划定祭祀圈:第一项,建庙或修庙居民共同出资。第二项,收丁钱或募捐。第三项,有头家炉主。第四项,演出公戏。第五项,巡境。第六项,有其他共同的祭祀活动。但以收丁钱为祭祀圈最明显的指标,头家炉主资格为第二鲜明的指标,再有巡境和一些与祭祀有关的共同活动,祭祀圈就更为明显。只要满足一个以上的指标,就有祭祀圈可言。②

　　在两国三地阮氏所参与的地缘性神明祭祀中,依照林美容的祭祀圈指标列表(见表 4-4),从只要满足一个以上的指标就有祭祀圈可言来说,祭祀圈概念在漳州埭内阮氏的居住地是可行的,也可应用在台湾彰化和美镇嘉犁里及冲绳久米村,也正显示在阮氏居住的两国三地都保有闽南地缘组织传统的地方自治团体的形态,及民间信仰习俗的传统。

---

　　① 林美容:《乡土史语村庄史:人类学者看地方》,台北:台原出版社,2000 年,第 129～130 页。

　　② 林美容:《乡土史语村庄史:人类学者看地方》,台北:台原出版社,2000 年,第 136 页。

表 4-4　祭祀圈指标

祭祀圈指标＼居住地内容	漳州海澄豆巷埭内社（阮姓20户，他姓48户）	冲绳久米村（阮姓28人，他姓111人）	台湾彰化和美（阮姓34户，他姓157户）
居民共同出资建庙或修庙	筹造戏台，修建妈祖庙	孔子庙、明伦堂（1912年），庙的建设	镇天府
收丁钱或募捐	收丁钱	募款、组织的资金	收丁钱
有头家炉主	长老、头家、坛主	会长、理事	头家
有演公戏活动	演戏	无	未证实
有巡境活动	出境	无	绕境
有其他共同祭祀活动	妈祖生日、土地公生日、春祈	天妃、天尊、龙王、关帝、孔子、四贤	诏安宫（嘉犁里与诏里共同的庙）

资料来源：笔者制作，2006年10月。

从表 4-4 关于"祭祀圈"相关指标的比较与考察中可以看出：

1. 大陆漳州海澄豆巷埭内社的阮氏居住地最能满足所有的指标，拥有最明显的祭祀圈，其次为台湾彰化和美镇嘉犁里的阮氏居住地满足了六项指标中的五项。这意味着大陆与台湾阮氏在神明崇拜上，其所保有的闽南地缘组织的地方自治团体形态最为传统。而冲绳阮氏的居住地严格上只满足了两个祭祀圈的指标，有修建庙宇以及其他共同祭祀活动而已。虽然可勉强地属于拥有了祭祀圈，但内涵已有很大的不同，与大陆及台湾阮氏居住地的祭祀圈内涵相距很大。

2. 组织运作上的变化。在漳州和台湾，地缘组织的运作还是以传统的炉主、头家为首，并且以"掷筊"的方式，由神选出炉主、头家。而在冲绳，已经具有了现代组织的形态，以会长、理事们依照现代非政府组织的正规管理方法来运作。会长、理事是通过会员大会的方式，由全体会员选出，是由人来操作，没有以神为主的神圣感。

3. 在筹款方面，漳州与台湾还是以传统的收丁钱方式来筹集资金，而冲绳在历史上以募款方式筹备资金，现在是以组织的资金来负担祭祀与修护庙宇。

  4.在其他共同祭祀活动上。在冲绳,孔教的地位被突出。孔教在冲绳的突出,具体表现在每年隆重地举行孔子释奠,借此引来了媒体的报道及研究者的兴趣,是久米村对外宣传的一个良好机会,让外界有机会再次认识琉球王朝时代受到中国的影响,也以儒家思想为治国的根本,以及在琉球对中国的进贡贸易中久米村所扮演的重要角色,借以提高久米村在当地的社会地位。与此同时,久米村人也能借助每年的祭孔释奠来再次确认久米村人的自我身份,也是回顾祖先曾在琉球王国时代的进贡贸易中扮演重要角色而引以为豪,借此得到心理上的满足。因此在冲绳的地缘性祭祀上显示出孔教的突出,而对道教神祭祀的潦草。但大陆与台湾阮氏所参与的共同祭祀活动是,以求神的保佑为主,在该区域境界上钉平境符以求合境平安、分丁肉吃福、求神保佑发财等等,显示出的是一般民间信仰的内涵。

  从祭祀圈的内涵、祭祀组织的内容、筹款方式,以及其他共同祭祀的性质上可以看出,大陆与台湾阮氏无论在传统的地方自治团体的形态方面,还是在民间信仰习俗的传统方面,都显示出较为相似的文化特征,归属于同样的文化圈。而冲绳阮氏在地方自治团体的形态与内涵都是依照现代非政府组织的正规管理方法来运作,在共同祭祀上显示出孔教的突出,而对道教神祭祀的潦草,这是与大陆及台湾阮氏截然不同之处。而且这种对孔教的重视,正体现出冲绳阮氏到大陆寻根时,所呈现的是对冲绳阮氏大陆祖先的专注,而不是一般意义上的对中华文化的认同。

第五章

感情与理性：交流与隔阂

与其他海外华裔相似，冲绳阮氏到大陆寻根是基于血浓于水的传统观念，到大陆寻根是他们多年来的愿望。在调研冲绳阮氏与大陆及台湾阮氏交流互动的过程中，笔者发现，他们之间的交流呈现出两种不同的情况，其一，冲绳阮氏与台湾阮氏的交流呈现的是一种轻松愉快的交往。其二，与大陆阮氏的交流则使冲绳阮氏备感压力，甚至视之为一种沉重的负担。本章主要通过剖析两国三地阮氏的来往信件，来体现两国三地阮氏交往的实际状况，力图解释这种状况对建构跨境联宗的重要影响。

第一节 冲绳阮氏与海外阮氏的交流

冲绳阮氏自1987年回大陆寻根以来，至今还继续与海外各地阮氏展开交流，其中以与大陆阮氏的交流次数为最多，这也显示出冲绳阮氏对其祖籍地的重视。冲绳阮氏与各地阮氏的交流情况，有冲绳阮氏赴海外各地进行交流的，也有冲绳阮氏邀请海外阮氏赴日本冲绳进行交流的，其往来情况大致如下。

一、冲绳阮氏与大陆阮氏的交流

冲绳阮氏与大陆阮氏的交流，最先是与冲绳阮氏祖籍地漳州阮氏之间的交流。这可追溯到1987年（昭和六十二年）7月27日，当时久米村的阮、毛、王等姓氏的代表及学者组团，首次访问漳州，得到漳州市旅游局长王先生的协助,得知阮氏的祖庙世德堂现存于龙海县角美镇石美村。但此时地方政府把祠堂当作粮仓来使用,早就没有祭拜祖先的现象。据阮氏我华会会长说,由于当时不知中国的国情,当场向漳州市旅游局长王先生抱怨说,怎么把阮氏的宗祠当作仓库用,还在前庭养起猪来了!并且要求尽快协助恢复宗祠的功能。此次访问中,冲绳阮氏代表遇上漳州宗亲阮虎齿及阮天发,这是冲绳阮氏与大陆阮氏第一次交流。在石美阮氏的努力下,争取得当地政府的配合,迅速使阮氏宗祠恢复为祭拜祖先之地。

1988年(昭和六十三年)1月2日,冲绳阮氏一行十二人参加世德堂的祭祖仪式。此时政府已将世德堂归还给阮姓,且初步设置了牌位。

1990年(平成二年)11月12日,冲绳阮氏再次组成12人的调查团访问世德堂,同时受理了石美阮氏对祠堂长年荒废亟需重修的请求。1991年,我华会第五次理事会商议结果,决定冲绳阮氏负担三四万美金的重建费用,也决定邀请大陆的宗亲来访冲绳。

1992年(平成四年)6月21日,我华会邀请了漳州宗亲代表阮维希、阮彬及福建省旅游局的王先生访问冲绳,以感谢他们帮助调查家谱及宗祠,同时也先支付了修建祠堂的一部分费用,金额为一万五千美金。

冲绳阮氏为了确认修建世德堂工程的进度及参加落成庆典,再渡大陆。1993年(平成五年)8月12日,阮氏我华会副理事长及理事1人,出席了世德堂的修建工程理事会,要求工程如期竣工,并把余款两万美金捐出。同年12月,世德堂举行重修落成仪式。此典礼盛况非凡,香港、台湾的宗亲也派人出席。我华会率团11人参加,且捐出两千六百美金为追加工程费用。

1997年11月,当冲绳我华会举办始祖阮国公来琉四百年纪念暨阮氏我华会创立十周年纪念庆典时,阮彬与阮金宏虽受冲绳阮氏的邀请,但因签证延误,无法出席。1999年9月,阮彬与阮金宏再次应邀参加了冲绳阮氏我华会每年的定期总会。

2001年11月,我华会成员15名,随那霸市和福州市友好城市缔结二十周年的访问团,出席友好城市缔结二十周年的纪念仪式。随后我华会团员访问了福州阮公祠、泉州阮氏祠堂、海澄县月港的阮氏宗祠,也到世德堂祭祖。为了此事,早在9月时,我华会理事长就亲自到福州,与阮维希及阮彬商洽访问的细节。

2003年2月25日,冲绳阮氏再次寻根。为了进一步去寻找始祖阮国公的出生地,举办"访问阮国公的故乡"之旅,希望借机与大陆的宗亲代表密切交流,从而了解始祖究竟来自何处。"访问阮国公的故乡"之旅不是单纯的旅行,他们曾与漳州阮氏联谊会的代表多次沟通,确定了此行的寻根目的、实施方法与内容,也设定了调查项目,可说是研习之旅。此次旅行,冲绳阮氏有11人参加,各自持有明确的讨论事项与漳州阮氏进行交流。

在联谊会上(漳州阮氏12人),漳州各宗祠代表介绍各自的宗祠状况,有龙海市角美镇石美埭头的世德堂,海澄镇月港埭内的"竹林堂",珠浦墩上的世德堂和"竹林堂",港尾梅市的"竹林堂"共五处。对这些宗祠的访问把这次研习之旅推向最高潮,各宗祠代表高举着旗帜,在一路的吹笛、打鼓和鞭炮声中,带领着阮氏我华会的宗亲进入各宗祠。虽然此次寻根还是无法确认阮国的出生地,但我华会会长认为正如在他在交流会上所说的:"我的目标是能尽快地集合分散在亚洲阮姓于一堂,虽是各居于不同国家,但也是属于同一血统的兄弟。这就是我的愿望,我们就是一家人。"

冲绳阮氏的第三次寻根。此次始祖阮国祖籍地的调查是由于曾有族人向笔者透露,阮武水在退休后,自己花钱走访各地的阮姓,对福州方面的阮姓最为清楚的人非他莫属。冲绳阮氏我华会依据此信息,于2005年11月21日在福州展开第二次阮国故里的调查。

  笔者问:"福州市著名的港口:马尾港、松下港、琯头港、黄岐港、下垄港、梅花港、筹东港、定海港、苏澳港、竹屿港、江阴港、澳前港等,是否有阮姓居住?"

  阮武水:"不知道。"

  会长:"阮国初次去琉球是万历二十二年(1594年,28岁),停留在琉球是万历三十五年(1607年,41岁),在这段时间内,族人出琉球这类事情,是否曾经听说过?"

  阮武水:"父亲不识字,也没从母亲或任何人听过此事。"

  会长:"冲绳的族谱上清楚地记载着阮国是漳州府龙溪县人,但我们认为阮国当时是住在福州,你对我们的这种推测有什么看法?"

  阮武水:"在莆田阮氏的族谱里有阮国的记载。"

当笔者随着阮武水到三楼去找《中华阮姓通谱》时,会长说出他的看法,他认为:"口传的记忆顶多追述百年,已经事隔四百年的阮国,只能以文字记载来求证。因在《中华阮姓通谱》里没有阮国的记载,我们又到离阮武水家50米的祠堂去找莆田阮氏族谱,所记载的是阮国与妻在万历三年(1575年)遭海难逝世。这万历三年(1575年)时,冲绳始祖阮国已经是9岁的年龄,显然不是同一个人。"这次冲绳阮氏的寻根又没达成目的。

冲绳阮氏的此次行动,专程是为了调查始祖阮国公的故里,走访历史上与琉球有关的史迹,同时也预定简单地拜访福州市政府。因会长是那霸市一年一度民俗传统活动大绳拔河保存会的理事,在10月举行的大绳拔河(誉为世界第一大绳)时,曾言及将到福州走访之事,那霸市政府人员得知后,认为既然有人到福州去,就请我华会会长及随行人员顺道拜访福州市政府,并且事先通知了福州市政府。我华会一行在起程之前,由笔者与福州市政府取得联系,应他们的要求,我华会也传真了我华会的介绍信,并表示在福州时将访问市长,以表敬意。笔者与我华会一行抵达福州,从阮武水那里未能达成寻根目的后,由笔者再次与福州市政府取得联络,得知福州市长已准备在当晚宴请我华会一行。但我华会会长认为此次访福州的最大目的为寻根,也有已定的行程计划,而拜访市长为次要,因此这种拜访仅仅是"表敬访问",按计划是一个大约15分钟的简单访问,即只想利用下午一段很简短的时间去拜访一下市长。然而不知是福州市政府的主办人员未能理解日本人所谓的"表敬访问"之意,或是福州市政府对那霸市的来客有宴请的惯例,福州市政府认真安排了对我华会的宴请,但我华会会长实在难以理解,因此最终还是推辞了市长的宴请。

2006年3月,我华会第四次访问台湾宗亲及参观台南、台中、彰化及台北的孔子庙,并做初步的调查及收集资料。我华会此行同样受到台北中琉文化经济协会理事长的宴请。这时,冲绳我华会会长才理解到无论是大陆或者台湾,宴请来访客人是对客人表示尊敬的礼遇。我华会会长推辞福州市长宴请的行为,真属一场因个人的想法与文化的差异而导致的尴尬结果。

二、冲绳阮氏与台湾、香港阮氏的交流

1992年7月13日,冲绳阮氏第一次访台,拜会了台北阮姓宗亲会和彰化县阮姓宗亲会。我华会与台湾宗亲的来往起因有二:其一,1992年6月,副理事长利用旅游香港的机会,对香港的阮姓做了调查,证实了香港阮姓宗亲会的存在。在与该会主席阮添交流中得知香港与台湾的宗亲会有交往,而香港宗亲会也对冲绳阮姓的存在感到惊喜而欣慰,双方都期待今后能有进一步的交流。其二,1992年(平成四年)7月13日,我华会在冲绳看到台湾出版的《台湾地区阮氏宗祠第100次祭纪念特刊》,确认在台湾有阮姓宗

亲会。随后,我华会派 2 名代表前往台湾访问台北和彰化县的宗亲会及宗祠,这是冲绳阮氏第一次与台湾宗亲交流。同年 10 月 10 日,冲绳阮氏也参加屏东县阮姓宗亲会会馆落成庆典。

1997 年 11 月,香港、台湾、大陆阮氏宗亲应冲绳阮氏的邀请,参加冲绳阮氏始祖迁移琉球四百年暨我华会成立十周年的纪念活动,访问了冲绳。台湾方面,由于台北及彰化县的宗亲会因碰巧会员竞选县长,忙于助选,未能及时参加典礼,大陆的宗亲代表也因签证延误,无法出席。结果,由屏东县宗亲会理事长和宗亲们代表台湾方面出席参加,同时香港宗亲会主席也参加揭幕典礼。出席参加庆典者与未能出席参加庆典者都发出祝贺文,表示祝贺。发来祝贺文的有福建省阮氏联谊会、漳州阮氏宗亲会、漳州市海澄月港阮氏宗亲会、屏东县阮姓宗亲会、马来西亚阮姓宗亲联谊会以及台湾彰化县长阮英雄,彰化县阮氏宗亲会也寄去匾额及百福图。我华会为此次庆典出版了《阮氏纪念志》,在这纪念志里,除了有关冲绳阮氏的资料外,也有 41 页的篇幅刊登了有关香港、台湾、大陆漳州方面所提供的资料。

未能参加 1997 年 11 月冲绳我华会举办始祖阮国公来琉四百年纪念暨阮氏我华会创立十周年纪念庆典的彰化县阮氏宗亲,在 1999 年 9 月,受我华会的再度邀请访问冲绳。彰化县阮氏宗亲访问冲绳的是中华阮姓宗亲会会长及其夫人,同时也与大陆漳州的阮彬与阮金宏一同访问《琉球新报》及《冲绳时报》。对海外阮氏的来访,《冲绳时报》以"草根的国际交流",《琉球新报》以"加强国与国之间的友好关系"为标题,刊载他们的来访,赞扬阮氏我华会邀请国外宗亲来冲绳参加阮氏我华会定期总会,这不仅可以增进不同国家阮氏宗亲间的联谊,还有助于国与国之间民间方面的交流交往。

1999 年,冲绳阮氏第三次组团访台,我华会组团 20 人,参加彰化县阮姓宗亲会的秋季祭祖。

2006 年 3 月 10 日—13 日,第四次组团访台。此次访台共有 12 人参加,目的有二:其一是访问多年不见的屏东县宗亲,并参加彰化县阮姓宗祠的春季祭祖。其二是参观台南、台中、彰化及台北的孔子庙,做初步的调查及收集资料。访台的第一站是屏东县,在宗亲会会馆双方相互致辞,全体合影,并到餐馆与宗亲会会长及宗亲们进餐叙谈,共享亲情的快乐时光。离开时,屏东县宗亲送给每位团员一大盒"乌鱼子"及台湾最贵的莲雾"黑珍珠",这是当地的品牌特产。由于游览车司机不知阮姓宗祠所在之处,阮世可在路旁等待冲绳阮氏的到来。阮世可上车向车内的冲绳阮氏打声招呼后,递给笔者一个纸袋,内装有一钱重的纯金戒指的小礼盒,要笔者帮忙分给每个团员,以表示他对冲绳阮氏的亲情。十几分钟的祭祖仪式后,在与从台北、屏东及各地前来参加祭祖的宗亲共进午餐时,阮世可与我华会会长谈起举办国际性阮氏宗亲联谊会之事。他俩很有默契地对谈,只花8分钟的时间就做出决定:因为是首次的国际性大会,为了减少语言上的困扰,先开亚洲阮氏宗亲联谊会。大会之前的准备会由阮世可主持,大会由冲绳我华会带头,可向各地发出邀请函。

三、尝试与越南社会主义共和国的阮姓宗亲交流

1996年(平成八年)9月4日,当越南社会主义共和国的副主席(姓阮)访问冲绳时,我华会代表三人求见,并赠予阮副主席神村大宗家谱一册,希望今后能与越南宗亲展开交流。但从此之后,并未有任何交流迹象。

四、小　　结

以上简单地叙述了冲绳阮氏与海外阮氏的互动过程。自从冲绳阮氏在1987年找到祖籍地的世德堂以及全力支持世德堂的重修工程,可以看出冲绳阮氏当他们寻找到祖籍地时的兴奋以及得到了心灵上的安慰。并从他们之间互动的内容、情况及频繁性,也可以看出冲绳阮氏自找到祖籍地之后,呈现出对其海外族人之间互动的重视与需求。冲绳阮氏与海外阮氏之间的交往是以祭祀对方祖先为主的交流方式,从冲绳阮氏与海外阮氏的交往次数上来看,以与大陆阮氏的交往次数为多,尤其是与大陆阮氏之间的互动中,以漳州阮氏的交流次数为最多。而且在其交流的性质上,从联谊转为再次"寻根",这是不同于台湾和香港阮氏之间纯粹的联谊交流,而是寻找冲绳阮氏始祖阮国的确实家乡,并且显示出继续寻找祖先的毅力与趋向。这体现了冲绳阮氏对其祖先执着的追寻与敬重的行为。下一节将论述冲绳阮氏继续寻根的动力所在。

第二节　冲绳阮氏对大陆远祖执着的追寻与敬重

冲绳阮氏与大陆阮氏共 11 次的交流中,从第 10 次的 2003 年"访问阮国公的故乡"之旅开始,是冲绳阮氏针对寻找始祖阮国故乡的交流活动。在第 10 次 2003 年的寻根之旅中,他们虽然事前与漳州阮氏联谊会的代表们多次沟通,确定了此行的寻根目的、实施方法与内容,也设定了调查项目,但在联谊会上(漳州阮氏 12 人),除了各宗祠代表介绍各自的宗祠状况之外,并没有得到任何有关始祖阮国故乡的消息。冲绳阮氏再次把目标转向福州,但在 2005 年的福州寻根,也未能达到寻根的目的。虽然如此,但冲绳阮氏还表示继续寻根的愿望,体现了对大陆远祖执着的追寻与敬重,这有其自身因素与外在因素的影响。

一、冲绳阮氏自身因素的影响

冲绳阮氏对大陆远祖执着的追寻与敬重,是冲绳阮氏在当地对祖先的执着与敬重之延伸。我们已在第三章的祖先崇拜中论述过了,是源自于阮氏受到冲绳固有的圣迹巡拜中的祖灵(抽象的远祖灵魂)信仰,加上做完了三十三年忌日以后的灵魂融入祖灵集合体中,共同祭祀于大宗本家的神坛,以及视祖先为神的基本思想。并且也因冲绳阮氏,无论在国家或民间层面上都面对被抛弃、被歧视的处境,但自己又无法摆脱现状,故而促使冲绳阮氏加强对祖先执着的自我意识。与此同时,冲绳阮氏也在祖先祭祀的实践中体现了他们对大陆阮氏远祖的执着与敬重。每年清明祭祀阮氏始祖坟墓之前,我华会会长必须事先前往尚宁王的坟墓,去郑重汇报,禀告当日即将为始祖阮国扫墓,并在祭拜始祖阮国的坟墓之前,先朝向中国遥拜远祖。这一规矩,是历代会长延续下来的惯例,是清明祭扫祖坟程序的第一步骤,是提示阮氏始祖阮国是在尚宁王时期国策上的需求而入籍琉球,祖先是从大陆来的中国人。由于前辈遗留下来的祖先祭祀实践方式,年年提醒阮氏后裔的这种举动,也就不难理解冲绳阮氏对大陆远祖的重视情怀,表现出他们对大陆远祖执着的追寻与敬重。

二、冲绳阮氏外在因素的影响

冲绳阮氏前往大陆寻根是借助于冲绳县民回忆与追随先人足迹行动的大背景,在参与久米村人集体寻根行动之下实现的。1987年,由久米村各姓氏的长老所组成的秉烛会,派遣阮氏、毛氏、王氏的代表初次探访祖籍地。1988年,再次由林氏、陈氏、毛氏、蔡氏、王氏等代表组团访问大陆。各姓氏与大陆宗亲之间呈现出不同程度的交流,比如林氏与福州林浦的林氏进行了交流。笔者在2003年的访谈中得知,毛氏正为是否应该协助大陆重建祖庙之事犹豫不决,但2006年9月,笔者又从毛氏的事务长处获悉,自1988年以后,毛氏与他们的大陆宗亲并没有进一步的联系。王氏在1993年,不只访问了龙海县步文乡山边村上苑祖庙,还访问了各小宗的家庙。1994年,郑氏在长乐市福湖认祖,并且查寻到其始祖是福湖郑氏里厝房权公派下埧公支派的第十三世义才出使琉球,2000年出版的福湖郑氏族谱中就载入了"日本琉球冲绳支派"。

王氏门中会"久米村王姓槐王会"的书记小渡清孝认为,"寻根"热潮中门中会所规划的"中国之旅",确实给年轻的族人创造了与异文化接触的机会。在这种新鲜感中,又对自己的根源有了认识,重新唤起对中国祖籍地的认同,同时也给门中会注入了新的活力,而不再是个老人会。但以王氏门中会来说,只为了祭祀祖先的交流已告一段落。一次中国之旅就花费两百万日元,虽有异文化的新鲜感,但开支很大,希望今后以学术上的交流、互动为主要,比如有关王氏祖先坟墓的新发现等,因为王氏最早四代祖先的遗骨葬在大陆。

在久米村各姓氏与大陆宗亲之间的不同程度交流中,让冲绳阮氏极感羡慕的是郑氏寻根的成功。郑氏不只找到始祖出自何处,同时还在系谱上找到关于冲绳郑氏属于哪一支系的明确记载,并发现在他们的总谱上有他们"日本琉球冲绳支派"的载入。这种仰慕正是冲绳阮氏继续寻根的动力之一。

三、小　　结

笔者目前了解到,即使是具有法人资格的毛氏,他们在清明祭扫祖坟时,也没有朝向中国遥拜中国远祖的惯例,而且在久米村其他姓氏的寻根热潮逐渐冷却的情况下,冲绳阮氏还继续不断地与大陆宗亲交流寻根,这更衬托出他们对大陆远祖执着的追寻与敬重。

冲绳阮氏对大陆远祖执着的追寻与敬重的意识,是一种在冲绳本地就已经对其冲绳阮氏祖先执着意识的延伸行为,以及对已经成功达到寻根目的的其他姓氏仰慕的攀比心理,这就是冲绳阮氏继续寻根的动力。

冲绳阮氏体现了对大陆远祖执着的追寻与敬重,也因此接二连三地继续前往大陆寻找始祖阮国的故乡。在第三章与第四章我们已论述了两国三地阮氏的祖先崇拜与神明崇拜上的异同,从中得知台湾与大陆阮氏有着相同的文化层面,而冲绳阮氏在文化上是属于日本琉球文化圈,正如久米村王氏的书记小渡清孝以"异文化"来形容中国文化一样,所呈现的是冲绳阮氏的本土化。生活于不同文化就有着不同的价值观,以下将从信件的内容来理解两国三地阮氏之间的往来中所呈现出的交流与隔阂。

第三节 从信件看两国三地阮氏的交流与隔阂

在两国三地阮氏交流过程中,笔者认为从信件分析着手是个很好的视角。笔者在调研中收集了大量的信件,并从中了解到为什么冲绳阮氏与台湾阮氏之间的交流显示了亲密,但冲绳阮氏与大陆阮氏之间的交流却有不少的隔阂。信件是很好的分析基础资料,以下将以笔者收集的冲绳阮氏与台湾、大陆阮氏之间的 217 封往返信件为例,来分析两国三地阮氏交往中所存在的问题。

一、冲绳阮氏与台湾阮氏:默契如兄弟

在这 217 封信件中,从 1992 年至 2006 年 3 月底冲绳阮氏与台湾阮氏之间的信件有 34 封,其中从冲绳寄出的有 15 封,从台湾寄出的有 19 封。在前 15 封中,以联谊为内容的有 13 封,约占 87%;请求代办事物有 2 封,约占 13%。在后 19 封中,以联谊为内容的有 18 封,约占 95%;请求代办事物的有 1 封信,占 5%。可以看出,在整个冲绳与台湾之间的 34 封往返信件

中，以联谊为内容的约占总数的90％，大多是贺年卡、纪念庆典与祭祖的邀请函及事后的感谢信、灾害（SARS、地震、台风）时互相的问候与慰问信函，也有三封是要求对方代办事情的求助信，约占总数的10％。其中一封是彰化县阮氏宗亲会决定赠送纪念我华会创立十周年的匾额，为免去从台湾带去冲绳的麻烦，要求冲绳方面代做，但因冲绳方面没有适合的师傅而作罢。另二封是我华会请求彰化的阮世可定做阮国公的牌位，及安放阮国牌位的神明桌和八仙桌。

冲绳阮氏与台湾阮氏的交流能够默契如兄弟，主要是台湾宗亲阮世可不仅能说一口流利的日语，又能用流畅的日文书写信件。这使得台湾阮氏与我华会间的联系，基本上不存在语言上的障碍。这是当今因为阮世可的个人因素所呈现的特别亲密情况。因此我华会与台湾宗亲之间的交流不仅仅局限于信件往来，电话沟通的次数估计也不少。就如1999年，我华会组团参加彰化阮姓宗祠的秋季祭祖回国后的第二天，电视新闻报道台湾"9·21"大地震的消息，这是20世纪台湾最大的地震。会长马上打电话给阮世可询问台湾宗亲的情况。我华会也为此事在12月16日，为台湾阮氏汇出救济金150万日元。

又如2006年1月29日，笔者再次参加我华会的年始祭时，向会长（我华会在2003年正式成为财团法人后，从理事长改称会长）提起台湾彰化阮氏祭祖的最后一幕，是向在场的阮姓子孙展示百福图的意义。会长马上叫事务员挂电话，向台湾方面的会长阮世可转达了想参加台湾阮氏春季祭祖的意愿。事后在3月10日，笔者再次到我华会时，会长笑眯眯地说：那天在事务所打了电话后，当晚世可打电话到我家来，告诉我说他们都很高兴冲绳的宗亲将到台湾拜访。后来我与世可又通了几次电话，请他联络好屏东县的宗亲，并且世可也告诉我说他很高兴，将送给每位来访的人金戒指。

在此，将具有较能表示彼此间情怀的信件举出一二例。我华会第一次访问台湾宗亲后，在1992年7月寄出的感谢信中说：

> 突然的访问，不仅带给大家的不便，同时也受到各位的热烈款待，在此表示感谢。这次能与出自同祖的阮氏子孙相见，甚是感激。得知当地的阮氏子孙在各种领域上成为活跃的人物，也是我们冲绳阮氏族人的荣耀。在世界渐渐的处于和平之中，移往各国的阮氏子孙间的交流将是越来越频繁。我等当把这次的交流视为极有意义的行动，也希望永久地保持与贵地更深入的交流。

在1997年,因事不能参加"始祖阮国公来琉四百年纪念暨阮氏我华会创立十周年纪念"这一我华会盛事时,彰化县阮姓宗亲会常务理事阮世可发出了道歉信函:

> ……在此祝贺贵会创立十周年的到来。为了能参加此次的祝贺会,经过多方面的努力,只因大家忙于力助亲属阮英雄竞选连任彰化县县长之事,而不能实现当初的计划,实感十分抱歉。但已答应赠送的匾额,已在昨日以航空寄出,随同附上彰化县长阮英雄的祝词及理事长阮莲洲的百福图。
>
> 四百年前,从中国之地往东发展,南北分离了我们。今天,虽然国家不同,但我们千真万确地继承同祖的血。今后,手牵着手互相交流,团结一心,将我们的理想,在最近将来能开花结果。

从这些信件可以看出,冲绳阮氏与台湾阮氏之间的互动,可以说是以宗亲之间的联谊为主。也如我华会会长的口头禅:我跟世可同样是"世"字辈,是同辈分且年龄相近,又有默契,有如兄弟。笔者认为这种亲密感不只是有着同一个辈分就能感受得到的,而是已在第二章里论述过的,这是他们曾在同一个时代,有着同样被日本统治的社会背景,受同样的日本教育所导致的现象。

二、冲绳阮氏与大陆阮氏:又背又抱

在笔者收集的217封信件中,冲绳阮氏与大陆阮氏之间的往返信件共183封(1990年12月12日到2005年6月28日),其中从冲绳寄出的有51封,从大陆寄出的有132封信。为了便于解释冲绳阮氏与大陆阮氏交流中所呈现的隔阂问题,可将从大陆寄出的132封信件分为四大类:第一类,纯粹是联谊性质的,诸如提供有关冲绳阮氏始祖阮国的史料、贺年卡、纪念庆典与祭祖的邀请函及事后的感谢信,灾害(SARS)时互相的问候与慰问信函等共52封,占全部信件的39%。第二类,有关召开国际性宗亲联谊会,包括建议编撰联宗谱的、建议在河南尉氏开联谊会的、开会的费用预算等的信件共有9封,占全部信件的7%。第三类,涉及向冲绳阮氏提出金钱协助的、要求代办事物等此类信件共23封,占全部信件的18%。第四类,牵涉到应冲绳阮氏我华会之邀请赴日联谊问题,环绕着修建世德堂问题以及有关冲绳阮氏与福州、泉州、漳州月港阮氏交流问题等共47封,占全部信件的

36％。这些信件中,除了第一类的信件之外,第二、三、四类信件中都能体现出冲绳阮氏与大陆阮氏之间的隔阂问题,占全部信件的 61％,共 79 封。而在冲绳阮氏的信件中,有 2 封是请求大陆阮氏代购物品的,纯粹联谊性质的有 19 封,与第二类相关的回信有 1 封,与第三类相关的回信有 6 封,与第四类相关的回信有 23 封,共 51 封信。在本章以第三及第四类信件为例来论述冲绳阮氏与大陆阮氏之间的隔阂问题。

  冲绳阮氏与大陆阮氏之间的交流,基本上是以联谊为目的,在这总体的框架中,在跨境联谊情况之下,在第三类的信件中,有个人向我华会提出要求与宗亲会向冲绳阮氏我华会提出请求的。要求的内容有提出金钱援助的要求、代办事务的要求,或者是两者兼具的。这些信件共有 23 封,占全部信件的 18％。

  1. 个人向冲绳阮氏我华会请求的共 12 封信。因天灾而请求在经济上协助建房的有 1 封,事务上的有 9 封,两者兼具的有 2 封。请求代办的事务包括协助留学日本,请求帮忙向日本横滨鹤见区的总持寺要回在 1911 年被日本人运走的漳州玄坛宫村活佛宫的活佛无际大师(死后成干尸的肉身佛)①,放弃留学日本转而请求代找结婚对象、代买书本、代查数码相机与手机的价位,代购钓鱼用具、代购喷雾机的喷头等等。但冲绳阮氏对这些要求只回了 4 封信,其中 2 封是对留学日本的作答,表示可以当保证人,但不负担学费,也不代找学校。另 2 封是回答喷头可以在大陆的喷雾机喷头总代理店买到,以及告知已购买了钓鱼具。

  2. 宗亲会向冲绳阮氏我华会的请求有 11 封信,包括请求资金援助的 7 封,请求事务上协助的 4 封。请求经济上协助的有漳州石美阮氏修建祖坟资金、福州前屿"阮公祠"的修建费用、福州城门阮氏房头神的建庙费用、宁德漳湾的阮氏宗祠建造费以及老人会基金与助学金资金等。我华会对福州前屿"阮公祠"的修建费用及安置城门阮氏房头神的建庙费用回了信,以冲绳阮氏也将建造自己的家庙为理由拒绝资助。请求事务上协助的有 4 封,要求协助福州前屿阮氏向区政府要回"阮公祠"要求协助讨回漳州石美世德堂的护厝及前面庭院,福安市潭头镇三里村阮氏请求我华会写信给台北阮姓宗亲会,请台北阮氏协助办理入境台湾的手续,以便调查从该村迁出的宗

---

① 有关活佛的详情,请参考,黄山:《漳州活佛宫遗址调查及有关问题探讨》,漳州市图书馆,2000 年。

亲状况。我华会对该类请求概不回答。

大陆阮氏与冲绳阮氏之间的交流已经持续了近20年,从信件上可知大陆各地的阮氏不管是个人,还是宗亲会,都对冲绳阮氏抱有很大的期望,但冲绳也有自己的回应准则。双方交流之间所遇到的困惑,虽然能一一解决,但给冲绳阮氏留下了一种不胜负荷的感受。这种不胜负荷之感,冲绳阮氏以"又背又抱"这四个字来生动地加以形容。"又背又抱"是一种对承担某事物的责任程度在语言上的表现,它包括经济上与心理上的双重负担。这四个字不仅出自于我华会会长的口中,也可从长年工作于我华会的事务员那里听得。下面就环绕修建世德堂的事,应我华会之邀赴日联谊以及冲绳阮氏与福州、泉州、漳州阮氏间的互动等,来分析在哪些环节上让冲绳阮氏产生"又背又抱"的感触,进而观察冲绳阮氏如何做出理性的回应。

(一)修建世德堂

从1987年冲绳阮氏寻找到大陆阮氏最初入漳之地的世德堂到世德堂修建的整个过程中,冲绳阮氏的心理感受从当初找到世德堂时的兴奋与激动,转为吃惊与不信任,而后是愤慨与丧气。

从1990年我华会与大陆阮氏族人互动到2005年6月28日为止的来往信件,在数量上呈现出起伏的曲线。以1993年的信件数量最多,从1993年3月开始,因为有人告发修建世德堂的款项被私自挪用,而使冲绳阮氏对修建世德堂的心理状况变得复杂与困惑。

早在1991年,我华会为修建世德堂之事,发给漳州阮氏这样一封信:

……这次的通知是我们在1990年11月访问漳州时,答应支持阮氏大德祖庙修复建设工程。为了能达成目的,对实施的方法与程序作了协议。

首先,在4月29日的阮氏我华会会员总会中,对第一期工程资金的筹划,由我华会的预算中挪出资金来分担,再向会员个人实行募款活动,以便完成所答应之事等做出决定。

(1)敬请维希与启圣先生,负责祖庙修复工程的竣工计划图与综合计划书。对一期、二期、三期的工程都有个严正的工程计划。

(2)计划完成时,请寄到冲绳来,我们将听取冲绳专业者之意见,加以检讨后,通知开工。

(3)赋予全力地把它当作历史上友好的证据,也是永久保存的纪念活动。我们会全心全力地努力,也请你们基于信赖与诚实来进行工程计划。

顺便提出一点作为参考。在日本,承包工程是经过自由竞争,投标后签订打契约的……

从上面的信中可以体会出冲绳阮氏将修建世德堂视为与大陆阮氏交往中一件极为重要的事,并谨慎地告知漳州阮氏在修建方面应有的程序和计划。但笔者在漳州阮氏的信件中并未见到任何有关修建工程的计划报告。1992年10月,冲绳我华会邀请了漳州两位宗亲及漳州旅游局长王先生时,将修建资金的一部分交给其中的一位宗亲带回漳州。就在冲绳阮氏交付了第1笔款项后,问题出现了。

1993年3月20日,我华会接到由南靖浮山阮氏宗亲阮力所发出有关修建世德堂款项挪为私用的告状信:

去年听说日本阮氏宗亲捐款一万五千美元,修建石美阮氏宗祠。喜讯传来,漳州阮氏宗亲欢欣鼓舞,非常兴奋。对日本宗亲的援助,无限感谢。

但是时过四个多月,阮启圣把日本捐献修建经费一万五千美元换成人民币,用私人名义入股做生意。宗亲们意见很大。

我们特地到角美建筑公司查询宗祠修建进展情况,他们说:"阮启圣没有交钱,我们无钱备料,修建项目也无签订,无法动工……"

漳州石码镇石码渔业大队阮德,也在1993年3月28日发出一封告状信:

最近我们发现阮启圣从日本带回美元一万五千元,不是用在修理阮氏世德堂,而是把钱拿去入股做商业买卖。以致建筑公司无钱备料,无法准备。漳州阮氏宗亲对阮启圣的假公济私的卑劣行为十分愤恨,意见很大……

我华会对上述两封信,于5月18日做了答复,要求查明实况:

你们好!谢谢你们的真心诚意地来信及忠告,非常感谢!

阮启圣先生是原任某市的市长,现仍在市政府中担任重要职务,我们一直把他当作一个很正派的人,受到大家的尊敬。您信中之事真令我们大吃一惊。

正像我们各位所知的那样,阮氏祖庙(世德堂)的修复工程,是中日(冲绳)友好的象征,它将作为中日友好的象征而世代相传。修复费用是阮氏我华会各位成员的真心诚意的捐赠,是不许胡乱花费的。

我们大家都希望尽快能将事情真相搞清楚,并为祖庙的胜利完成而真心祈祷。今后还请各位多多帮忙和关照,最后还请你们原谅我们没能及时回信。

以下资料同信一起寄给您作为参考,请您再将此事了解一下,并将结果告诉我们。

1.工程报价单,2.合同书,3.收费收据。

我华会也在同一天写信给曾经帮助冲绳阮氏寻根的王先生、阮维希及李威(母亲阮姓)青年求助查明挪用修建费之事。

……这次突然给你们写信,是关于世德堂修复工程之事。像附给你的信中所说的那样,资金被阮启圣先生乱用,我们听说后大吃一惊,简直令人无法相信。

如果这是真实的话,那就会使我们和中国间的亲密友好、相互理解合作的关系受到巨大影响,也许会使这种友好关系受到无法挽回的损害。

百忙之中,给你们添麻烦了。如果你们能协助我们将事实真相搞清楚,我们将不胜感激。

对于我华会追查真相的求助信,李威(另有阮立和、阮金宏两兄弟的署名)很快就在5月30日回了信,信中否认有挪用修建费之事,同时催促我华会汇来后续款项:

来信收阅,感到事关重大,我们立即去角美建筑工程公司查询此事,公司负责人回答:"备料款项已如期付给,杉料已备,木雕、瓷雕基本完成。详见相片。"

4月23、24日两天里,建筑公司派人来世德堂拍影,重新测量。5月2、3日,又来人催问后期款项是否汇来。由于后期款项未到,不能进行拆建工程。

关于阮启圣先生是否乱用公款一事,由于人多话杂,某些人不明真相,以致引起误解。

阮维希也在5月31日的回信中否认了挪用修建费的说法。但是王先生就此事,在6月15日作了更为具体的答复,并提出了建议:

……据角美建筑公司说,他们于4月10日才收到阮启圣交来备料款80000元人民币。……第一期备料款15000美元带到漳州后,即由阮启圣先生拿到市场上兑换成人民币 105225 元,这笔钱就由阮启圣掌管,并全权负责备料。……至于阮启圣先生从去年 10 月收款后,为什么拖延到今年 4 月 10 日才把 80000 元备料款交给角美建筑公司(目前还有 25225 元在阮启圣处)?前后半年时间,这笔钱是否被挪作他用?这个问题因不便直接向他本人查询,所以尚不能下结论。待贵会来人时,再请阮启圣先生当面做出解释。……请我华会会长先生按原计划于近期来漳州,召集阮氏宗亲会议一下,组织一个"修建世德堂理事会",可由阮启圣、阮维希、阮立和两兄弟等人共同负责,以便齐心协力,共同管理和监督修建工程的各项事务。

南靖浮山方面的回信是由阮彬在 6 月 20 日写的:

……咨询石美世德堂修建的情况,经核实后,详情告知如下:

阮维希从日本带回 15000 美元在途中(广东汕头)全部交给阮启圣掌管,回漳州后,阮启圣把美元换人民币,搞自己建筑材料生意。阮维希和宗亲找他,他不理不睬,直到去年年底祭祖宗亲聚会在石美时,阮启圣急忙说修祠堂包给角美建筑公司,要二十四万人民币。宗亲一致反对,要求举行公开投标,指出造价偏高。直到二月,宗亲又聚会于石美,成立修建小组,降低部分造价。但钱仍由阮启圣挪用,直至四月中旬,才凑 80000 元人民币交给角美建筑公司备料(现公司已备部分材料),目的想再骗日本宗亲,从中再渔利。真是不肖子孙,我们很气愤。

目前世德堂无法修建,角美建筑公司不能开工,启圣尚有两万多元人民币欠款不交出来,这个问题都是启圣造成的。可能要诉之于法。

从以上李威、阮维希、王先生及阮彬的回信内容可以看出,他们站在不同的立场给出了不同的答案,不管事情的真相如何,对冲绳阮氏来说,重要的是得知修建事宜已在进行。我华会收到李威、阮维希、王先生及阮彬的回信后,于 7 月 2 日发给各位以下的信:

非常感谢你们这么快就把有关世德堂修复工程之事给了答复。

因我们之间的联系不够紧密和稳定,又加上各种传闻,使我及阮氏我华会执行部的各位不得不产生很多顾虑。这些资金是阮氏我华会的各位会员对始祖原籍地的一片深情,所以如果修建世德堂之事不能顺利完成的话,我是坚决不能原谅的,这一点请你们理解。另请转告阮启圣先生,为消除一些误会,还请他对祖庙修复之事给予大力协助。

得知修复工程正按原定计划进行,我们大家都很高兴,在此特代表大家表示感谢。有关协议书中的第二期工事款之事,我们打算尽快派副理事长去中国完成此事。但由于他去年12月突然病倒,住进琉球大学附属医院,经检查为心肌梗死及腹部动脉瘤,已于今年2月24日动了手术,4月10日已平安出院。现正在疗养之中,所以我认为8月份将可去中国访问。工程费两万美元也已准备好,先存在琉球银行(附存款单2张),一切请不要担心。所以请你们让角美建筑公司按原定计划将工程全部完成,我保证不会给你们及角美建筑公司添任何麻烦。

最后,我建议在"世德堂修复理事会"的领导下,对工程及财务等方面进行管理、监督,有事请多和王先生商量,听取他的指示,并随时将进展情况告诉我们。

我华会关于后续款项已准备妥当的回信,这可让漳州阮氏安下了心,从阮维希在7月16日回复的信中可以查知:

7月2日来信收阅,甚慰!非常感谢阮氏我华会执行部全体先生对漳州阮氏世德堂宗祠的修复工程关怀、支持和赞助。我代表阮氏宗亲表示感谢。

我们保证世德堂修建工程继续进行,如期完成,保质保量。我们保证日本宗亲修复世德堂的赞助款,一定用在修建工程,专款专用,我们保证工程进展情况随时函告。

我们十分关心副理事长先生的身体健康,望自珍重,祝他健康长寿。

如果8月份阮氏我华会派员来漳,行程日期请来电告,以便派车到厦门机场迎接,切切。

7月22日,我华会通知了阮维希、阮彬、李威、阮立和及阮金宏前往漳州的日期,其内容如下:

现决定于8月12日去漳州,由副理事长与理事一同前往,请多关照。

1.请你们五位在8月12日来厦门机场接我们,然后一同前往悦华酒店商量有关事情。

2.8月13日(星期五),世德堂修复理事会成立大会在悦华酒店召开,出席人员计划为10人左右。

3.将第一期工程的工程款项15000美金的余款部分带来,参加8月13日的理事会。

4.上次我华会理事长访问漳州时,曾托你们办一本10000日元的存折,也请在13日带来理事会。

5.世德堂修复理事会成立大会,因阮启圣较为繁忙,所以请通知名誉顾问、会长阮维希先生,副会长阮彬先生等有关各位参加会议。

漳州阮氏得知我华会将于8月派副理事长前往漳州,就在7月24日召开了修建阮氏世德堂工程会议,组织了修建阮氏世德堂理事会,由阮启圣任理事长,阮维希为副理事长。从《修建阮氏世德堂工程会议纪要》中可以得知,木材的购买与雕刻工作已在6月份全部完成。

7月26日,阮维希向我华会汇报已经组织了修建阮氏世德堂理事会,为了后款能直接交给理事会,他们还建议款项最好由来漳州的人员随身带来。

李威、阮立和及阮金宏对我华会7月22日的回信,于8月5日做了如下的回复:

1.你们7月22日的来信,在8月2日收悉。我们与阮维希、阮彬约定,在8月9日之前,不让阮启圣知道。

2.《修建阮氏世德堂工程会议纪要》不知你们收到没有?不知你们意下如何?你们7月22日来信的安排是否有所变动?

3.我们认为你们7月22日的来信与漳州宗亲在7月24日制定的有关于阮启圣的安排,存在着矛盾,你们是否再慎重考虑。我们的意见是为了能使世德堂修建顺利进行,8月13日将召开世德堂修复理事会,希望能够邀请阮启圣先生出席。

4.请在8月9日之前,尽快给我们回个电报。

第二天,即8月6日,副理事长就以传真回答如下:

1.7月24日所制定的《修建阮氏世德堂工程会议纪要》何时寄出?如果邮寄的话,十天后才能收到。我们还未收到,因此无法加以检讨。

2.7月22日信中的安排尚无变动。

3.8月13日,让阮启圣参加在悦华酒店召开的世德堂修复理事会之事,虽无异议,但我华会执行部认为阮启圣是繁忙之人,还是由阮维希与阮彬来担任负责人。

4.8月13日,在审核第一期工程的开支情况与确认了所剩的余额之后,将第2期工程资金赠予理事会。由组织来运营管理,会计与出纳的担任者必须明确,确记工程款项须以公款来操作。

5.携带现金危险性较大,以旅行支票的形式带来第2期工程资金,你们认为如何?

6.以上如有意见,请由阮维希先生回信。

阮维希、阮彬、李威、阮立和及阮金宏联名于8月9日,传真了如下内容:

1.8月6日传真电文受阅,谢谢您的关怀和支持。

2.关于第2期工程资金最好是带现金进入。如带现金不安全,可以汇入漳州市胜利西路中国银行漳州分行,阮维希、阮彬先生收存,并请注明用途私人购房。(写私人购房的资金可以百分之百领出美元,特此备注)

3.第1期的现金使用情况及账目备齐,届时送审。

4.详情8月12日晚上到厦门悦华酒店座谈。

5.7月24日制定的《修建阮氏世德堂工程会议纪要》已于7月27日寄出。

由于阮启圣没被邀请参加8月13日的会议,他于8月12日致信副理事长为自己喊冤:

我从侧面得知您已经来到中国厦门,最近我工作很忙,可能您这次中国之行我没有机会与您会面,所以写此信。

我与日本冲绳阮氏我华会心情一样,本着对阮氏祖先崇敬,对阮氏世德堂的修建应尽力去努力工作。对世德堂修建事宜,我是尽最大力量。诸如世德堂产权的讨回,与龙海角美建筑公司签合同(合同另托人带给您),编制预标,催促备料、雕刻。与县、镇、村各方面领导联系处理世德堂修建许多事情,均是我出面领头去做。阮维希、阮彬可以说是什么事都没有办,如果说有些场合他们有参加,只是陪同,没有出任何主意。此事不是我自己说的,您可向县、镇、村、角美建筑公司调查。他们有几次亲自到角美建筑公司去,是在背后调查我的工作,在此我不是向日本我华会表白我所做的工作。作为阮氏后代,为祖先的事多做一点工作是应该的。我之所以说这些事,是因阮维希、阮彬在我为阮氏世德堂修建所做的工作,千方百计干扰,甚至颠倒黑白,乱造舆论,为分清是非,才写此信。

至于你们寄钱来修阮氏世德堂之事,我多次在会上讲:日本我华会千方百计筹资修建阮氏世德堂,我们在中国的阮氏宗亲有力要出力,有钱出钱,修建阮氏世德堂的钱任何人一分钱也不能贪污,贪污就是犯罪。……本着对阮氏祖先的崇敬,及日本阮氏我华会筹资修建阮氏世德堂的贡献,我自己筹资制作记载日本阮氏我华会对阮氏祖先敬仰的石碑。现已做好,存放在阮氏世德堂里面。您这次有可能的话,到现场看看。石碑如何刻写,请留下意见及具体的文字内容,我好雕刻。

注:7月24日在漳州的阮氏宗亲会议,推我为修建阮氏世德堂工程理事会理事长。因种种原因,我决定辞去这一职务。

虽然我华会显示出对阮启圣的不信任,但阮启圣最终还是担任了修建阮氏世德堂工程理事会理事长,并在8月21日向我华会理事长与理事汇报工程进展:

……现就决定事项向您汇报。

1. 决定于农历七月二十二日(公历9月8日)开工修建。
2. 这次修建,将世德堂按原样提高45厘米。
3. 新增项目:世德堂内部石料,凡有破损的全部更换新石料。
4. 内部设施均按你们的要求布置制作。
5. 根据副理事长的意见,将凡捐资50000日元以上的冲绳宗亲姓名刻在石碑上(其余刻在木雕上)。为不误雕刻时间,名单在9月20日以前寄到。

至此,修建工程得以顺利进行。

8月29日,我华会发信建议,希望邀请台湾与香港阮氏莅临参加落成庆典,询问是否发行特刊,如发行特刊,希望公告一下冲绳阮氏的资料,当然会支付公告费。

阮维希也在9月4日写信给副理事长与理事:

……据8月29日信上指示,向香港阮氏宗亲会、台北市阮姓宗亲会、彰化县阮姓宗亲会与屏东县阮姓宗亲会发出请帖。……也将我华会会员捐赠五万日元以上的名字刻在石碑上,其他的名字刻在木板上。制造匾额,指定庆典日期(12月29日),发行庆典特刊……

阮启圣也在9月20日向我华会汇报工程已破土动工,堂内布置细节,决定发行特刊。刊物内容首先是以冲绳阮氏追宗敬祖捐资修建世德堂为主线,其次是刊载石美阮氏始祖及传衍各地的历史资料,再次刊登有关庆贺文稿以及弘扬阮氏宗亲兴旺发达的事迹。与此同时,他向我华会提出欠款情况:

> ……我华会共捐出折合人民币283442元,而工程费用276800元,加上落成典礼活动会(包括纪念特刊)及宴请贵宾一餐,共需加30000元,尚差23358元。

对此,我华会也在11月26日的回信中答应在参加庆典时,带去不足的款项。世德堂修建初期的风波,经过种种的安排与努力,终于平息。1993年12月29日,世德堂如期举行了落成庆祝大典。

从以上的信件分析可以看出,在修建世德堂的过程中,冲绳阮氏在情感上经历了从吃惊到气愤与不信任的波折,这对冲绳阮氏来说是一种心理上的沉重负荷。更重要的是,整个事件运作过程中有着"鸡对鸭讲"的现象,虽然这现象产生的原因可以归于文化上的差异,但对冲绳阮氏来说,这的确是一种与心意相违的事物运作方式,这也加重了冲绳阮氏的心理上负担。

首先,是冲绳阮氏我华会答应协助世德堂的修建,1993年捐出第一期工程资金之后,大陆宗亲关于挪用修建资金的告状信,以及应我华会要求回答事情真相的信件,都显示出大陆阮氏宗亲间的相互猜忌,双方也曾一度呈现出为修建祠堂的成败担忧。与此同时,也让冲绳阮氏族人在情感上经历了从兴奋到吃惊到气愤的波折。这对冲绳阮氏来说,是心理上的沉重负荷。

其次,是双方交流所呈现的"鸡对鸭讲"现象。其实笔者认为冲绳阮氏与大陆阮氏的实际交流过程,处处显示出"鸡对鸭讲"现象。在此,只从上述的信件中举出比较具体的例子来体现实际状况。从上述信件中可以看出,漳州阮氏在某些方面并没有遵照我华会的意思来操作。有两种现象:一是基于社会人际关系的考量,诸如我华会明言不让阮启圣参加8月13日在厦门悦华酒店举行的世德堂修复理事会的成立大会,但为了能使世德堂修建顺利进行,漳州阮氏还是提议让原任某市市长的阮启圣参加,并且在实际操作上,更是与冲绳阮氏的心意相违。8月13日上午,漳州阮氏安排我华会的代表视察世德堂,下午在他们下榻的漳州大酒店会客厅开会,出席的10人中,也包括了阮启圣。这与冲绳阮氏原先的计划相违。二是显然基于文化上的不同,冲绳阮氏在举行阮氏我华会创立十周年纪念庆典时,刊发了《久米阮氏纪念志》,在最后的几张篇幅中刊登了冲绳阮氏宗亲的公司行号与社会职务,虽属于广告之类的形式,但目的是公告阮氏族人的信息,让族人之间相互有更深的了解。我华会也想在世德堂落成庆典的特刊上刊登同样的信息。但在9月20日阮启圣的信中,并没有言及刊登冲绳阮氏的公告,并且在特刊上也没有公告的篇幅。此外在9月20日阮启圣的信中,也呈现出与原先计划相违的经济负担。我华会原计划负担的是修建工程的资金,在我华会资助的修建资金尚有余额的情况下,庆典活动的费用与宴请贵宾的开销也成为我华会的应付款项。在修建世德堂的整个运作过程中,冲绳阮氏不只要在事物的运作上负责,也包办了从修建工程到落成的一切费用。

就如冲绳阮氏在信上所强调的,世德堂是中日宗亲友好的象征,是历史上友好的证据,修建世德堂是他们之间最需要显示出"同心协力"的重要机会。但实际上,整个修建世德堂事所体现出来的是,冲绳阮氏如果主动与大陆阮氏联谊,那么他们就必须在经济上或事务上担负起全部的职责。这种一切由我华会"全包办"之事,从以下两个例子中也可以得到清楚地体现。

(二)大陆宗亲访问冲绳

1997年,我华会定于11月9日举办"始祖阮国公来琉四百年纪念暨阮氏我华会创立十周年纪念"活动,向香港、台湾及大陆的宗亲发出了邀请,并注明参加庆典者旅费自负。

接到邀请函后,大陆宗亲立即申请前往日本的签证。然而签证的过程非常不顺,阮彬在1997年11月1日给我华会的信中说:

> 承蒙贵会盛情邀请参加庆典,因操办护照延慢,加上我处离沪较远,托人申请,手续、证件十分复杂。据在沪朋友意见,要办好办快,唯一办法:就是将护照寄给你们,由你们在日本外务省批准即可。签证后就可联系出国。故现将我们两人护照寄给你们!一切拜托,劳烦之处,容后面谢!

阮氏我华会在纪念活动后的12月15日,才给阮彬及阮立和回信:

> 盛大的纪念典礼圆满结束了,台湾、香港的海外宗亲也来参加了典礼,但是大陆的宗亲因为签证没有办好,所以无法参加此次典礼,我们十分遗憾。
>
> 上次护照和信受到了,我会将有关办理签证的文件,邀请保证书和护照寄给你们。申请入境签证只能在驻中国日本领事馆办手续,所以你们尽快办手续。关于办手续方法,请和王先生先联系、请教。另外,听说漳州市的国际旅行社也有代办业务。入境签证办好后,我们再安排来日日程。

我华会在信中已经提出"你们尽快办手续",也告知向谁请教办理出国

手续,以及旅行社有代办手续等事。大约三个月后,我华会打电话问起签证的情况。阮彬在1998年3月2日传真给我华会:

> 2月22日接来电询问关于申请签证问题,我于24日,即带了一切手续证件前往上海。经上海的好友介绍,直接委托上海市国际旅行社代办,时间据说是一个月左右(即4月上旬),我即可到上海取回签证,届时我立即电传给您!

针对3月2日阮彬的传真,我华会在3月11日回信道:

> 得知你们已到上海领事馆申请签证,如果4月中旬签证办妥的话,4月26日是阮氏我华会定期大会,希望你们能参加此次大会。上次在电话中,我们答应给你们申请签证所需的路费。今天,我们给你们两位各汇出五万元日元,请查收。收到款后,请立即传真给我们,谢谢!

我华会又在4月15日传真给了阮彬:

> 从中国到那霸的往返机票,我们已经向中国国际旅行社(付丹青小姐)预定完毕,签证手续办妥后,请你们立即用电话同旅行社的付丹青小姐取得联系。再者,飞机票钱由我们直接付给旅行社,请勿担心,盼望着你们早日拿到签证。

阮彬3月24日传真给我华会,说已收到款项。又在4月16日回信:

> 我前往上海请亲朋好友帮忙,托上海国际旅行社多次办理申请。日本领事馆说我和阮立和都不是上海籍,故上海国际旅行社不能代办。后改托上海熟人找关系申请办理,拖了一个多月,仍未批下来。据熟人说,前一段有许多申请到日本探亲"有去无回",特别是福建人。所以现在较为审慎,这一阶段不可能马上批下来……

阮彬接着又在4月23日传真电文告知说:

> 至今未获签证,昨天向福州国旅付小姐声明不要25日的机票,以免浪费。
>
> 今后如何,是继续等待签证,或是撤回申请,请通知。前天阮维希宗亲说,他们三人赴日,前后也拖了一年多才批下签证。

我华会也在5月25日回了信:

> 因为签证没批准,你们不能参加今年的宗亲大会,我们深感遗憾。至于今后的具体日程安排,等你们签证批下来再另行安排,请你们为早日拿到签证继续努力……

事隔两个月,我华会打了电话给阮彬问起签证进展如何,阮彬在8月3

日回信说：

　　我赴沪申请和托在沪好友帮助，四次都以福建人拒不许申请，真是不可理解。我省与冲绳友好活动十分热情，为何沪日本领事馆不许福建人申请赴日会亲。特此告知。请您先与日本外务省联系，请通知沪领事馆特殊情况处理。或有困难，我拟赴广东广州市日本领事馆申请。

此后，签证之事一直没有音信。直到两年后的1999年4月，阮彬与阮立和的签证才获批准。4月7日，阮彬给我华会发了传真：

　　昨天上午，我到广州领回签证，特此敬告，以便安排行程手续。另我个人拜托，想了解移动电话(手机全球通)一把多少钱(中档货小巧玲珑质优)？和手提小号录像机一台多少价钱(中档货)？请先告诉金额多少，以便带款，劳烦之处，容后面谢！

我华会接到传真后，在4月13日传真给阮彬，答复全球通手机与录像机的价钱，并告知4月24日到冲绳，28日返回大陆的飞机航班，也因阮彬他们俩想早一天到香港，我华会也得告知香港免税商店电话的号码。

从1997年11月1日到1999年4月7日，因签证的不批准，经过一番的波折，也惊动冲绳县的参议员要求帮忙。从在大陆的申请签证费用、机票的支付、在冲绳的停留费用，一切"全包办"的情形，也曾在1992年10月邀请阮启圣、阮维希及王先生到冲绳参加久米村六百年纪念活动时，已出现过一次。

（三）冲绳阮氏与福州、泉州、漳州龙海海澄阮氏的互动

　　为了与福州、泉州、漳州龙海海澄阮氏互动，2001年7月1日，我华会通知阮启圣、阮维希、阮彬三人，我华会将组团15人随同庆祝那霸市与福州市缔结友好城市二十周年组成的200人左右的代表团，于11月20日到25日访问大陆。我华会的团员将从22日起访问福州、泉州、漳州龙海海澄(月港)等宗祠。为此，副理事长也事前于9月20日到23日，到大陆做了事前准备工作，商讨如何进行。我华会的团员照原计划访问了各宗祠，与大陆宗亲的互动开销也成为我华会的应付款项。

　　这可从2002年1月4日，阮彬信中附上的2001年11月迎接日本宗亲收支情况可以看出来。

支出部分　　　　　　　　　　（人民币，元）

10月13日　漳州各县阮氏宗亲代表中餐　　　　342.00

10月25日	石美守祖阮立和修祖庙款	1500.00
11月11日	接日本通知后，与泉州、福州联系	71.00
11月18日	到平和、南靖联系差旅费	54.00
11月21日	送两块匾额到泉州、福州费	100.00
11月21日	送中堂和对联给阮氏我华会	280.00
11月21日	两人到福州迎接日本宗亲来回费	588.00
11月22日	两人从江东到石美并回漳州费	80.00
11月23日	阮海土和阮木材到石美"泽口"	70.00
11月25日	送日本宗亲国画小品30幅	1650.00
11月25日	付阮立和购买祭品等	350.00
11月25日	宴请日本宗亲和市领导	2547.00
11月25日	省宗亲会和世德堂、竹林堂锦旗4面	400.00
11月25日	送日本宗亲印泥、奥章及补贴司车	417.00
11月25日	石美和海澄欢迎公布条2副	160.00
11月25日	送日本宗亲到厦门机场费	121.00
11月25日	复印、传真、邮费等	164.00
11月27日	冲洗相片及购胶卷	205.00
11月28日	用车交费	200.00
12月31日	两人送匾额两块到罗源	888.00
2002年1月1日	两人送匾差旅费	746.00
以上支出合计		10973.00

收入部分

9月22日	在泉州汽车上，收到理事长给现金	5000
11月16日	收海澄月港宗亲竹林堂赞助现金	1000
11月21日	在福州西湖大酒店日本阮氏我华会给现金	5000.00
以上收入合计		11000.00

收支尚结余人民币 27.00

从收入部分可以看出，只有月港宗亲赞助了1000元，但经常与我华会交流互动的其他地区宗亲，对出钱这事像是与他们无关。反观支出方面，从筹划接待冲绳宗亲开始，大陆宗亲间碰面商讨之交通费、餐费，世德堂的部分修理费、祭品,到机场迎接、宴请冲绳宗亲及市领导,赠送给我华会礼物及锦旗、胶卷的购买到相片的冲洗及寄出费用;与其他地区宗亲互动的交通与赠送(送區額)等,一一都由我华会来支出。从上面这张收支表来看,大陆方面似乎认为冲绳阮氏与大陆阮氏的联谊交流,完全出于冲绳阮氏的需求,所以一切费用都得由他们承担。

三、小 结

从以上冲绳阮氏与大陆阮氏的交流模式中可以看出,冲绳阮氏之所以会有"又背又抱"的感触,是因为在互动中,经济上的开支,大陆宗亲没有表现出或多或少共同承担的倾向。联谊应是双方的互动,须双方的积极参与,这种参与不仅表现在经济上,同时在事务的运作上也需彼此相互照应,而绝不是一边倒的现象。迄今为止的这种互动模式,让冲绳阮氏形成了一个概念,与大陆阮氏交流时,只要谁先主动,谁就得负起"全包办"的责任。

然而,以上的种种实例中,冲绳阮氏如何做出他们理性选择的决定?这可以从阮氏我华会的章程里看出它的准则性。阮氏我华会章程的第二章明确记载了我华会的目的与事业:本会以维持管理及经营共同的财产,增进族人间的福利、人才的培养及地域社会做贡献,期望阮氏门中永远繁荣为目的。本会为了达成目的,实施如次的事业:(1)尊重祖先祭祀,祭祀祖先为子孙永远继承的事业。……(6)其他认定必要的事业。在冲绳阮氏看来,世德堂的修建是对大陆远祖的敬重体现,而与大陆、台湾、香港阮氏的交流是我华会随着时代的推进,所认定的必要事业之一。

第四节 小 结

冲绳阮氏自1987年到大陆寻根以来,至今还继续地与海外阮氏进行交流,其中与大陆阮氏的交流次数最多,而且在交流的性质上转为以寻找冲绳阮氏始祖的父母兄弟所在地为主。在冲绳久米村各姓氏与其大陆宗亲之间的互动渐趋低迷时,冲绳阮氏依然进行着他们的寻根之旅。冲绳阮氏对大陆远祖执着的追寻与敬重的意识,是一种在冲绳本地就已经对其冲绳阮氏祖先执着意识的延伸行为，以及对已经成功地达到寻根目的的姓氏仰慕的攀比心理，也就是冲绳阮氏继续寻根的动力。

在两国三地阮氏交流过程中，笔者从信件分析着手，去了解两国三地阮氏之间的交流情况。无论从来往的书信，或是笔者参与冲绳阮氏与台湾及大陆宗亲互动中所感受到的他们之间的交流情况，的确呈现出轻松与不胜负荷两种不同交流情况。调研中收集的217封信件，清楚地反映出为什么冲绳阮氏与台湾阮氏之间的交流显示了亲密，而冲绳阮氏与大陆阮氏之间的交流却有不少的隔阂。

冲绳阮氏与台湾阮氏的交流有着如兄弟般的默契，并显示出其亲密感。从信件中可以看出，冲绳阮氏与台湾阮氏之间的互动，纯粹是以宗亲联谊为主的交流。并且我华会会长与台湾阮氏宗亲会会长阮世可之间，是同辈分且年龄相近，又有默契，有如兄弟。因他们曾在同一个时代，有着同样的被日本统治的社会背景，受同样的日本教育所导致的现象。与此同时，笔者也认为纵使下一届台湾阮氏宗亲会会长是一位不通日文的人，这种亲密的交往情况将依然存在，因为他们之间的互动，纯粹是以宗亲联谊为主的交流。

冲绳阮氏与大陆阮氏的交往，从信件中显示的三件事例，体现了冲绳阮氏与大陆阮氏之间"又背又抱"的交流模式。冲绳阮氏之所以会有"又背又抱"的感触，是因为在互动中，经济上的负担，大陆方面的宗亲没有表现出或多或少共同承担的倾向。联谊应是双方的互动，须双方的积极参与，这种参与不仅表现在经济上，同时在事务的运作上也要彼此相互照应，而绝不是一边倒的现象。迄今为止的这种互动模式，让冲绳阮氏形成了一个概念，与大陆阮氏交流时，只要谁先开了口，谁就得负起"全包办"的责任。

而这种"只要谁先开了口，就得负起全包办的责任"的观念正影响着跨境联宗的实现，自从2003年冲绳阮氏曾表示过"聚世界各地阮氏于一堂"的愿望之后，再也不做任何的表示。这种观念是冲绳阮氏不愿带头举办世界阮氏宗亲联谊会的真正原因。

第六章

期待与现实：
跨境联宗的提议与实践

2003年，冲绳阮氏首次提出"聚集阮氏于一堂"的想法后，大陆阮氏积极回应，展开了举办国际阮氏宗亲联谊会的筹备活动。本章试图通过信件与追踪访谈来分析筹备国际阮氏宗亲联谊会的整个过程，厘清大陆、冲绳、台湾三地阮氏对联谊会的不同期待，以及他们所面临的问题。

第一节 国际阮氏宗亲联谊会的提案与进程

举办国际阮氏宗亲联谊会这一想法，确实是由冲绳阮氏首先提出的。这一想法促使大陆阮氏开始思考如何来筹备跨境联宗的盛举，并使之实现。大陆各地阮氏为了争取能在自己的地方开会，各自展开了他们的公关行动。

一、"聚集阮氏于一堂"想法的酝酿

首次让我华会会长有举办国际阮氏宗亲联谊会的想法，是在1997年前后。当时，东南亚华人在冲绳举办世界林氏联谊大会，特别邀请久米三十六姓的林氏，但久米林氏认为自己不是这联谊会的成员因而没有参加。这种集会是让我华会激起举办国际性阮氏宗亲联谊会的间接原因。

1999年，我华会带领来自台湾与漳州的宗亲访问了琉球新报。此后，报纸上就有会长的这么一句话："我们愿意通过东洋的阮氏聚会，加强国与国之间的友好关系。"这种想法真正地传递给大陆的阮氏宗亲是在2003年2月25日，我华会组织"访问阮国公的故乡"之旅，寻找始祖阮国真正的故

乡时,会长表明了酝酿已久的想法:"我的目标是能尽快地集合分散在亚洲的阮姓于一堂,虽是分居在不同的国家,但也是属于同一血统的兄弟。这就是我的希望,我们就是一家人。"

冲绳阮氏在漳州提出的想法马上传开了,福建各地的阮氏纷纷开始表达各自不同的想法,甚至筹划具体的行动。

二、国际阮氏宗亲联谊会的筹备与其进展

获悉我华会会长有"聚集阮姓于一堂"的想法后,最先谈到联谊会地点与具体环节的是福州宗亲阮武水。他于2003年4月10日发信给我华会:

……建议召开全亚洲阮姓宗亲大会之事,我们福建还未进行讨论,全省阮姓宗亲联谊会要讨论一下,才能决定召开事宜。不过福建省看来财力是极其困难的,恐怕负担不了重大会议。

地点放在哪里,放在漳州市召开呀,还是放在福州市召开?都要通过漳州市与福州市及省里领导同意,取得他们支持,才能顺利召开会议。

……与尉氏阮姓来往信件中,讲过日本阮氏我华会宗亲来闽时,建议召开世界性大会,放在福建召开。当时我告知尉氏宗亲此事,在福建召开世界性阮姓大会,福建无财无力承担此大会。如果放在开封市尉氏县召开,可不可以。

尉氏阮姓已筹备请示河南省与开封市领导取得支持,基本同意接受召开世界性或亚洲性阮姓大会。现在还在进行修建阮籍箫台、三贤苑、七贤祠庙等四处古迹,以便迎接会议召开做准备。

如果在尉氏祖籍地举行阮姓纪念两千七百七十五周年入居尉氏县纪念大会时,结合召开世界性或亚洲性阮姓大会,一起进行,可以不可以。福建阮姓祖籍地来自陈留尉氏。……

2004年3月10日、11日,大陆阮氏为筹办国际宗亲联谊会之事,在福州阮公祠召开福建省阮姓宗亲联谊会。会议的主要内容是改选联谊会的会长、秘书长等,老一辈的理事以扶助年轻理事的形式继续参加活动。因联谊会的会长(1名)限定须由福州区域的理事来担任,选举福州宗亲阮宏为(52岁,刑事警察)为会长,另有名誉会长5名,副会长10名,常务副会长3名;常务秘书长1名,秘书长1名,副秘书长3名。会议一致赞同举办国际阮姓

联谊会。

2004年5月13日,此日为福州市仓山区城门镇樟风湖地里"阮氏支祠"内供奉的房头神"大爵主"的诞辰纪念日,就在忙碌的祭祀之中,举行了新会长上任后的第一次碰头会。参加人数有连江1人,泉州西门5人,泉州大宇1人,泉州洪濑1人,漳州1人及会长,共10人。会议提出赋予各地阮氏的主要课题:

(一)明确各地理事会的组织内容及该地阮姓的沿革、人口上报联谊会。

(二)应先修建好各地的祠堂,因祠堂具有聚集族人的凝聚力。

(三)首次召开国际联谊会的会场定在福州区域,由新会长负责联系交涉,以空军的后勤设施做会场。

(四)应邀请的国家、地区范围及人数。

(五)筹集资金,暂时设定为20万元人民币,由冲绳阮氏宗亲负责13万元,台湾阮氏宗亲负责5万元,剩下的由大陆阮氏宗亲筹措。

(六)国际阮姓联谊会以"国际阮姓宗亲恳谈会"来命名,以避免缺少东南亚区域的局限性。以研讨会的形式,研究整修阮姓族谱为目的,预定于次年中秋节举行。

(七)阮彬将提供编纂家谱内容,有二十项目的提纲,及问卷表格分发到各地的阮姓宗亲会,以便上报联谊会。

(八)应注重从阮氏名人录中学习,以便弘扬祖德,教育子孙,这也是召开联谊会的意义。

(九)筹办委员会以日本冲绳县我华会会长为名誉会长。

(十)端午节将在泉州再次召开会议。

2004年3月10日、11日,各地阮姓宗亲代表,只要他们自己认为可以承办联谊会者,都主动与笔者取得联系,如福建省阮姓联谊会长阮宏为、南安阮姓联谊会长阮竭进、新任福建省阮姓联谊会名誉会长阮五溪等。阮宏为提出了可以利用福州空军后勤设施作为会场。阮竭进和阮五溪(南安出生,在南安区域内被认为具有组织能力的人)两人,为了争取能够在自己的地方举办联谊会,邀请笔者到该地去做实地了解,考察可提供的会场及有关设施。

2004年6月5日,笔者访谈南安市的阮五溪及仑苍镇大宇阮竭进,由他们带领参观会场。可提供的设施有南安市党校的会堂(350座位)、餐厅、住宿(学员楼有120床位,可供国内宗亲使用),更强调了党校内广大的停车场及清净的环境。此外,南安市内有可供国外宗亲住宿的星级饭店多处。他们还强调,阮五溪担任南安市党校办公室主任已有十三年,此前曾是中学的校长,有长期从事各种集会的实际操作经验,可谓胜任之才,同时还可以利用阮五溪的社会背景,争取得到政府方面的协助。阮五溪道出在南安市召开联谊会的理由:第一,移民到台湾、日本的阮氏宗亲都是从闽南去的,与福州的风俗习惯、语言不相融。第二,从1993年举办的"世德堂"落成庆典的结果得知,漳州的人力、组织能力或者是场所,都不可能胜任大型集会。第三,经济能力,南安的宗亲很慷慨,提供一二十万的资金是没有问题的。第四,在南安开会的话,如果会议达到一定规模,通过阮五溪的关系可以得到政府的支持,就如前次台湾的宗亲来访时,侨办的主任派车接送及宴请。

他们这么做的主要目的是希望笔者回国再次访问冲绳阮氏时,能给冲绳阮氏提供南安的场地情况,打听冲绳阮氏的看法,即是他们所谓的"摸底"。这摸底,是包括了阮姓宗亲联谊会的级次(世界性的或只限于亚洲区域),南安方面可能承担的资金、出席人数,以及冲绳阮氏是否能承担与他地阮姓事务上的联系等事项。这些事项正是大陆阮姓所急需知道的,更是南安方面必须落实的现实问题。南安宗亲认为必须在确定了自己将可以承担的费用与责任之后,才会在会议上提出愿意承办世界阮姓宗亲联谊会之事。他们认为不能全靠国外的资金,必须有些"垫底基金",而这基金应由承办地来承包筹备,因此不可随意提出承办之事。南安阮氏此次的举动,是为了能了解冲绳阮氏的反应,给予南安阮氏自我检讨、自我衡量的基准。

大陆阮氏曾通过笔者向冲绳阮氏提示"协助"举办国际阮氏宗亲联谊会,并提出具体方案,有漳州的阮彬与南安市的阮五溪,他们都对举办国际性宗亲联谊会所需的费用拟定预算表。

阮五溪在2004年6月27日做大会开支预算表如下:

参加人数:600人(海外、国内)

三天日程:住宿费　　80元(1人)　　　　　　　140000元

　　　　　餐饮费 100元(1人)　　　　　　　180000元

　　　　　会场费用　1000元(1日)　　　　　　　3000元

泉州观光的车　　　　　　　　　　　　　　　90000元

接待(乐队、花、接待员等)　　　　　　　　　50000元

礼品 100元(1人)　　　　　　　　　　　　　60000元

其他(保安、医疗费、杂费等)　　　　　　　　77000元

合计　　　　　　　　　　　　　　600000 元

再启,如果在南安市举办世界阮氏宗亲联谊大会的话,南安市仑苍镇大宇的宗亲代表阮竭进,将为大会的费用承担 100000 元人民币。

除了南安的阮五溪提出具体的开会预算,漳州方面的阮彬也表达了对联谊会的想法,同时提出开会的具体方案。

阮彬在笔者回国时,托笔者转交给我华会两封信,一封是 2004 年 6 月 28 日的,信上提议由冲绳阮氏带头以及编纂"统谱":

……2003 年 3 月 10 日,福建省阮氏宗亲联谊会改选时,各地代表都很希望阮氏能在近年内,开一次国际性的宗亲会……

但问题是经济耗费太大,若能取得你们牵头,我们积极筹备资料,先联络海内外,把各地热心人士(宗亲)发动起来,首先把经济组织好,在收集资料调查的基础上完成"统谱"……我认为能开国际宗亲会是最好,不能开,也得把纂修统谱做成,给后人有个接手,不至于断层……

而另一封信继续建议由我华会带头:

……均蒙日本冲绳阮氏我华会会长倡议,经福建省阮氏宗亲会第二届理事会齐心协力筹措,拟于后年中秋节,在福建召开第一届国际阮氏宗亲联谊会。

……建议由日本冲绳阮氏我华会领头,福建省阮氏宗亲会筹备,在一两年内召开国际阮氏宗亲联谊会,以学术研讨会形式撰写公谱,谒祖省亲,共叙宗亲天伦之乐。

他们也对联谊会的实施提出了预程表:

会议规模:海内外参加人数 500 人,日程四天,会费预计六十万元人民币,负责会议布置、会刊及与会代表人员的食宿。各地代表途中的机车费自理,会场在福州开幕,经泉州,在漳州闭幕。

会议资金:预算 600000 元(人民币),500 名

会议进展:三天三场所,举办地点福州、泉州、漳州

每天上午大会发言,下午参观名胜古迹后,移动下一个会场

凡要提供书面材料,发给与会宗亲查阅。

大会筹备委员会主任:我华会会长

副主任:阮宏为

秘书长:阮　彬

常务理事：五人

函聘大会顾问：日本2名，台湾3名，越南3名，港澳2名，新加坡1名，马来西亚1名，印尼1名，菲律宾1名，泰国2名，福建4名，广东2名。

以上人士于今年12月31日以前组织就绪，2005年开展各项筹备工作。

河南阮氏为了争取尉氏县能成为联谊会的开会地点，2004年12月25日，也发信给我华会：

……近年来，河南省已成功举办了如世界第十八届客属恳亲会、世界第四届刘姓联谊会、中华首届姓氏文化节，还有谢姓、郑姓、李姓……许多姓氏世界性联谊会。福建阮氏宗亲会曾多次致函祖地尉氏，表示海内外阮氏有意回祖地寻根谒祖……我们努力争取到地方政府和社会各界的鼎力支持，欲在祖地尉氏举办世界阮氏宗亲联谊会暨阮姓历史文化研讨会……

一个月后，河南阮氏又发信表示：

……福建阮武水宗亲数次来信，说您及海外宗亲提议举行世界阮姓联谊会，此会最好在祖地尉氏举行。为此，我们做了大量工作，争取到了地方政府的大力支持……

2005年6月28日，河南阮氏再次发信说：

……根据阮武水的指教，首先要听您的意见。武水宗亲讲，您是世界阮姓宗亲联谊的提倡人，世界各国阮姓宗亲要请您费心联系。所以首先要听您的意见，请您在百忙之中回信指教为盼。

尉氏县地处中原腹地，交通方便，物产丰富，社会和谐……

从以上的叙述可以看出，大陆阮氏为举办国际阮氏宗亲联谊会而做出各自的努力。从2003年4月10日到2005年6月28日，大陆阮氏的所有提议，诸如建议在河南开会，开会费用的预算方案等等，冲绳我华会并未做出任何回应。笔者在其间的数次访谈中，逐步了解到冲绳阮氏对此事的不同见解。

笔者在2004年8月21日访谈冲绳阮氏，会长对阮五溪与阮彬所提方案说出了他的看法。

1. 冲绳阮氏对南安方面所提方案的看法

会长与副会长看了预算表,会长一边删改阮五溪的预算表,一边说:

只提出开支预算表,为何没有资金收入的预算表?这是摆明了要我华会承担大部分的开支嘛!要是我华会会员参加此大会的话,我们将会自己安排住宿及观光等事,为什么大会还负责住宿费呢?并且哪有开会得花上三天的时间?如果能够从简的话,开会一天的费用,依我个人的看法,应是二十万人民币就可以支付一切费用。

餐饮费　　100元(1人)	107000元
会场费用　1000元(1日)	3000元
接待(乐队、花、接待员等)	35000元
其他(保安、医疗费、杂费等)	50000元
合计	195000元

会长接着又说:

195000元以大概的汇率1元等于14日元来算的话,是2730000日元,资金收入是:

外国人　100名　会费　10000日元	1000000日元
国内　　400名　会费　100元(40000元)	560000日元
南安市宗亲的捐资　100000元	1400000日元
合计	2960000日元

如果简单地照着这样的算法,举办国际联谊大会应该没有问题。

会长对笔者说出对阮五溪所提的开会费用方案的意见:

参加大会人数的设定太多,大会的经费来源由出席会议的人上缴,并自行负责旅费及住宿费,除了会场及用餐费用需要外,其余的可以省掉。我们可以透过本地的旅行社,计划四天或五天的旅程,以参加一天的会议为目的,其余时间是观光。如果只为开会而没设定包含观光其他地方的话,是召集不到人的。只需二十万人民币就可以办成的事。

我华会会长对联谊会开支上的见解表明,联谊会是可以开成的。

2. 冲绳阮氏对漳州方面所提方案的看法

会长对阮彬所提出的办法与大会开支预算,表示不理解,为什么会在三个地方举行大会,但明白为什么要会长来担当筹备委员会主任的用意。我华会迟至2004年11月6日才对此事做了如下的回答：

  ……此次得知大陆正筹备着国际阮氏联谊大会之事，我们对此感到高兴。大会的召开务必实现，并希望能成功地圆满完成。

  至于彬先生要我充当大会筹备委员会主任，我是无法胜任的。因为大会是在大陆召开，组织最好是设在那边。筹备工作的一切事务由事务总长彬先生来安排操作，所以承担工作及其工作内容的主任职责者，不应是由日本这边来担当。再说，任何组织内也没有名义上的主任存在。在此，感谢您的关照，但再次谢绝承担主任此职。

  由于从冲绳到大陆参加大会的旅费由个人负担，费用很大，因此现在尚无法确定参加大会的人数。十年前的日本经济状况与现在的经济状况十分不同，日本现在是处于就业困难、购买力下降的困境中，并且未来的趋势又不可预测，因此无法确定出席人数及对大会的援助金额。但愿您能察知这边的状况，理解我们的处境。

阮彬对我华会会长辞任大会筹备委员会主任，在2004年12月16日回复：

  ……你对社会现实的观点是正确的，全球化的经济发展，促进世界经济变动，加上战争肆桀，各阶层的分化，社会动荡，非我们所能为。我们是尽力做好准备，待时机条件成熟，才着手进行，请你们宽心。此好事要天时、地利、人和，迟早要实现的。

三、小　　结

  在冲绳阮氏提出聚集阮氏于一堂的想法之后，大陆阮氏纷纷响应，并积极展开筹备工作。大陆阮氏一致希望冲绳阮氏能带头牵动大家，使大会得以举办。大陆阮氏首次对联谊会所做的二十万人民币的开会预算，恰好与冲绳阮氏对联谊会开销所做的预算呈现出巧合。这种巧合更可能是由于冲绳阮氏与大陆阮氏之间，二十年来交流过程中，对大陆的消费水平有所了解而所产生的现象。与此同时，这种巧合体现了冲绳阮氏与大陆阮氏之间，从最初互相不了解的陌生人，经过长时间交流后，加深了双方之间的了解，呈现出双方隔阂的消融现象，也是双方长期交流的结果。

  从此节的书信内容及我华会会长对阮五溪与阮彬所提方案的看法，以及从阮彬的回信中可以看出以下几种现象。（1）大陆阮氏数次指出冲绳阮氏是举办国际阮氏宗亲联谊会的倡导人。(2)大会所需资金来源不明确。(3)纂修"统谱"。(4)由于我华会会长辞任大会的筹备委员会主任,现处于无人带头的状态。(5)由于日本经济的下滑及对前景的不乐观,我华会认为联谊会的开支偏高。(6)对已本土化至深的冲绳阮氏来说,大陆提议的会议天数、与会者人数以及三天在不同地点开会等,都令他们费解。(7)从阮彬的答复,很容易探出如果冲绳阮氏我华会不出面带头的话,大陆宗亲是不再进一步为举办联谊会而奋斗,而是完全处于被动状态,以"协助"的心理处事。

第二节 冲绳阮氏对联谊会的心声

为了能够理解冲绳阮氏对联谊会的看法,笔者针对举办联谊会之事再次造访会长。笔者以一种直截了当的询问方式,图取坦率的回答。通过叙述与会长对话的内容,归纳出冲绳阮氏对联谊会的综合性想法。

一、访谈内容之一

为了深入了解我华会理事的想法,2005年4月10日,在阮氏始祖阮国的清明祭扫结束后,笔者趁理事们与副会长都在我华会事务所,谈起了举办国际阮氏宗亲联谊会之事。

以下是笔者向会长先生进行访谈的实录("问"为笔者,"答"为会长先生)。

问:我曾向阮世可问了有关开国际阮氏宗亲联谊会是否需要一个组织来承担事务工作,又由谁来带头进行推动等一些事。阮世可说:如果现在需要一个办事处的话,由我华会承担这事,因为台湾不能直接与大陆交流,如三通实现时,办事处就可设在台湾。现在只因政治关系上的问题,希望冲绳方面来承担事务上的任务。对这件事你们有什么想法?

答:考虑到现在的经济能力,虽然是该举办国际联谊会,但我们还有一些应做的事,譬如建祖庙。我们希望能够盖个祖庙,像彰化阮姓宗祠那样,他们有座气派得像神社入口的牌坊,内部也很堂皇。

问:是的,前事务局长也期望着能建好祖庙,这样可把那些不愿祭拜的牌位集到祖庙里,大家一同祭拜。对了,上次从河南省来的信,不知您有何想法?

答:河南那边说,各地的阮氏是从那边迁出的,现在讲这些理论只是添麻烦。如依照这理论的话,全世界的阮氏都是一样的,对于冲绳阮氏从哪里来的这件事就不必较劲了。依你的看法,这亚洲阮氏宗亲联谊会开得成吗?

问:依阮世可的说法,只要有人带头组织起来,决定进行的话,大家就会跟上来。

答:如果真要让大会开得成功的话,由我打电话给阮世可,请他腾出时间在台湾见面,也请当地几位宗亲一起谈谈,我是想这么说的。但如果这话一说出来,阮世可也会说由我来带头一起做。现在如果我开头说了话,我认为大陆宗亲就会有"先说出话的人负责大会的开销"。如果想让大会成功的话,花上1000万日元也可以,但是我的儿子一定说我发疯了,就把那笔钱给他还好。其实,开个亚洲宗亲联谊会是一件很吃力的事。但要是有这个觉悟的话,趁现在来开也是我的愿望。为了此事,我也会听取阮世可的意见,意思是在开销上应由大家来分摊才对。换句极端的话,大会开销的一半由我来负担,如果不这样的话,大会一定不会成功。

问:我想你们必须约在一起,面对面地对这件事做个讨论。

答:对的,讨论如何去办这件事。我并不是看低大陆宗亲他们,如要由他们负担开销的话是办不成的。所以我认为如不由冲绳与台湾带头的话,是办不成的。至于在那里开会,应选一个经费不高的地方,这样可以减轻大陆宗亲的负担。至于资金上的问题,香港与台湾一样,只要一喊声就会马上响应的。在我与阮世可这一代人还在的话,是可以办联谊大会的,到下一代就不行了。

问:如您所说的,要办的话就得现在,对吗?

答:是的,但什么都由我来做的话,可能我华会是有意见的,因为需通过理事会的同意。所以请香港与台湾到福州开个筹备会,旅费自理。

问:是的,大陆那方也希望您能去一趟。

答:可是,只因为我说了"聚阮氏于一堂"这句话,就把我处于"必须负起责任"的这种情况是不行的。

问：可是大陆方面是个松散组织，很希望有人领头带动。

答：不是我想逃避，反过来讲，阮世可能说中国话也精通日语，并且在台湾也是个领导者，是最好的人选，我对中国话一点也不懂，对方在生气呢？还是什么的，我都不清楚，好的、坏的，我只能点头说着是的、是的。

问：那么阮世可是个最佳人选了。

答：对，只有他才能胜任。因我们要与大陆沟通，必须有人帮助翻译才行。

从这次访谈可知，对我华会来讲举办联谊会之前，建立祖庙是他们首要的职责。而且也表明河南对冲绳阮氏来说，不存在任何意义。虽然冲绳阮氏明知现在是举办联谊会的时机，也希望有台湾方面的协助，但更希望联谊会的开销由大家来分摊。

二、访谈内容之二

2006年1月29日，笔者借参加年始祭的机会，再次与会长谈到举办联谊会的事：

问：举办亚洲阮氏宗亲联谊会的目的是什么？

答：目的是在集合，不是开会。集合分散在亚洲同血缘的阮氏，与各地的领导人取得联系，建构友情，互相帮忙。

问：所谓的互相帮忙，指的是做生意吗？

答：我们不是为了做生意来举办亚洲联谊大会的，这层次未免太低了。我们是对始祖阮国公故里的一种敬爱表现。当认识了亚洲的阮氏后，如有需要互相帮忙的时候，可以通过介绍而达成目的，我华会愿意担任这角色的，这也可以包括做生意方面的事。我们所期望的是能与在亚洲范围内的阮氏做心与心的交往。

问：对了，福州的阮武水曾向你建议在河南开国际宗亲联谊会，河南的宗亲也问了你的意见，你认为如何？

答：不在河南开大会。因为地理位置不合适让大家来参加，对漳州或是广东来讲，是不是太远了，交通不方便。

问：您对大陆宗亲所提的召开大会的方案的看法如何？

答：如果大陆方面只想靠冲绳来担当大会的开支，是不想开大会。帮忙是可以，是有限度的。他们要我任筹备委员会主任，如果我当主任，我会在冲绳开大会，他们能来吗？就是开了，可能来参加的只有台湾、香港而已。

问：那您认为在那里开大会比较好呢？

答：容易集合人群，经济负担较轻的地方为开会场所。

2006年3月11日，笔者与冲绳阮氏同行到台湾的第二天，在他们参加彰化阮姓宗祠的春祭后，会长与阮世可针对召开国际联谊会之事，做了交谈。笔者在散会后，又与会长做了些交谈，其交谈内容如下：

问：刚刚会长与阮世可谈有关开亚洲阮氏宗亲联谊会的事，很快地决定由台湾的台北、彰化、屏东各派1人代表，冲绳是会长，香港1人到大陆去开筹备大会。筹备大会由阮世可带头，亚洲宗亲联谊会再由会长您来带头。

答：是，由我华会发出请帖。

问：由阮世可带头开筹备大会，那会长您就不用担心了。

答：是的，阮世可他又会说中国话，在语言上是不用担心。最担心的是在筹备大会时，计算出每个人为参加亚洲联谊会所应付的款项，大陆的宗亲是否负担得起。还有上次阮彬所说的在福州、泉州以及漳州开大会，到底他们是依照什么理论想的？到现在大陆方面的想法还是搞不清楚。

问：会长对筹备会具体上有什么样的想法？

答：我还是认为旅费、住宿费自理。做出收入的预算表，在饭店里开亚洲阮氏宗亲联谊大会，因第一次开会不必盛大，有了第一次，才有第二次，逐渐地扩大，最终来开个世界阮氏宗亲联谊会。

问：那么筹备会具体上如何操作？

答：台湾方面由台北、彰化、屏东各出一名代表，冲绳方面由我一人就可以，然后以省为单位，各省三四人代表出席来共同讨论。等你忙完学校的事后，利用我们到角美镇、石码去调查阮国公的父母亲所在地时，再到福州，请福建省联谊会长召集五六名，开个筹备会之前的小小的会。人多就会杂乱。依照我参加世界莱昂斯俱乐部的经验，程序是先开个小委员会，然后是筹备会，筹备好了就开大会。希望联谊会能够成功，联谊会的开支由参加联谊会的人来支持，为了发行纪念志，可以设定捐款。如果一切开销还不够的话,我华会也只能帮助不够费用的20％而已。

冲绳阮氏居于交通的理由,认为河南不是举办联谊会的理想地点。冲绳阮氏与台湾阮氏初步表示了如何去筹划联谊会的进程。冲绳阮氏希望联谊会能办得成,但依然强调联谊会的开销由大家来承担,也暗示了如需要捐款时,数目将不会多。

三、小　　结

从上述的内容中,可以清楚地看出冲绳阮氏对开办国际阮氏宗亲联谊会有个明显的目的。冲绳阮氏想举办联谊会是对始祖阮国公故里的一种敬爱表现。虽然冲绳阮氏不是为了做生意的需要,而来举办国际阮氏宗亲联谊会,但也可以借助联谊会,认识亚洲各地的阮氏后,对需要帮助的宗亲们通过介绍而达到目的,来充当一座有助于亚洲各地宗亲的桥梁,提供一个平台。冲绳阮氏的老一辈领导人还认识到,举办国际阮氏宗亲联谊会应当在他们这一代人还活跃于宗亲会之中才能办成。

冲绳阮氏认为举办国际阮氏宗亲会的地点应是消费便宜、交通方便、易于相聚的地方,并且应有一套程序,先是开个小会,然后才开个大会,更希望在开正式联谊会之前先有个筹备会。他们希望台湾的阮世可共同参与,这不只给冲绳阮氏带来语言上的方便,并可在与大陆阮氏商讨时能够比较顺利地达成共识。我们可在对话内容中听出,台湾阮氏也希望冲绳阮氏能来牵头促使事情的进展,但冲绳阮氏依然存有"只要谁先开了口,谁就得负起全包办的责任"这观念,因此,他们不愿轻易做出任何表示。

第三节　两国三地阮氏的期待与现实

通过以上的书信以及访谈的内容可以看出大陆、冲绳及台湾的阮氏对举办国际联谊会各有不同的期待,也面临着各不相同的现实问题。

一、大陆阮氏的期待与现实

大陆各地的阮氏宗亲,对国际阮氏宗亲联谊会的期待各不相同。有的为了提高在当地的社会地位与寻找商机而力争将其所在地定为开会点,有的希望借助开国际联谊会而达到编纂"统谱",进而达成跨境联宗的实现。

(一)争取开会地点,借以提高阮氏在当地的社会地位

河南尉氏县阮氏在信件上没有明确显示出争取开会地点的用意,但他们屡次力争尉氏县为开会点。此外,尚有南安市阮五溪及仑苍镇大宇阮竭进力争南安市为开会点,并提出开会费用预算草案。2004 年 10 月 24 日(农历九月十一日),笔者参加南安大宇阮氏的杨府真人诞辰祭奠时,向阮五溪回复了冲绳阮氏的想法,阮五溪却道出:如果开小会议的话,我是不会举办的,至少要轰动南安,比如几十部车开到南安绕一圈,并可向民政局要经费。因为戴姓在南安开过会,海外人士来召开大型会议及经商才会带动南安的经济发展,政府才会重视。据说海外的戴姓共捐了一千多万人民币,而开会经费包括旅游只用了七百多万,还剩了三百多万。如像冲绳阮氏那边所说的,参加开会人数不必多,并且住宿自理,以参加的人缴会费来开小型国际阮氏联谊会的话,倒不如不开,免得让南安人笑话。想召开大型会议的话,先别论开会的内容如何,最起码参加人数 600 个及乐队演奏是必要的,也必须请阮姓的政府人员,如福建省秘书长、2 位将军等。但这些有关政治的事,又不能向冲绳那边表明。在参加人员里,难免有如同安姓曾的召开座谈会时,有人说卖了大米当路费的情况发生,所以大会必须负责吃住及旅游的费用,以尽东道主之谊。总而言之,须由经验丰富的人来主持召开会议,因我是南安市党校办公室主任,可以请市长列席及上级人员到临,也就因此必须是召开大型的会议。开国际性会议至少须三天才可以达到开会的目的,期望海外阮氏负责四十万人民币。

从上面这一段话可知,阮五溪希望能借着举办大型的国际阮氏宗亲联谊会来提高阮氏在当地的社会地位。与此同时,也道出了当地政府对联谊会的期望,以大型的会议来带动当地的经济发展。虽然冲绳阮氏自己本身不是为了做生意的需要而想举办国际宗亲联谊会,但来参加的尚有其他东南亚的宗亲,所以大型的会议是当地政府所期盼的。同时也不难看出南安

大宇阮氏想在联谊会上寻找商机，因而慷慨提出为联谊会提供资金。

（二）统谱的编纂与跨境联宗的实现

由于我华会会长的"聚集阮姓于一堂"这句话，大陆宗亲方面认为这是构筑跨境联宗的开始。阮彬在2004年6月所写的信中说："在收集资料调查的基础上完成"统谱"……以学术研讨会形式撰修"公谱"。"表达了编纂"统谱"、"公谱"愿望的内容，还附上撰修统谱调查提纲一份。

其实大陆方面在尚无举办国际性阮氏联谊会的构想之前，就有宗亲提出编纂统谱的构想。2001年11月22日，古田县宗亲阮须霖的信上写道：

……我们想把全省阮氏的入闽乔迁等情况做全面的了解，但经费有困难，有望由你们牵头，向各国或地区阮氏宗亲组织捐一些经费，由省宗亲会组织力量，进行收集，撰写一部总谱，免得我们宗亲相逢视若路人。这不过是我的一点建议，是或可行，希望您与省宗亲会研究而定。其实这是大工程，不是一朝就能解决的问题，要从长议事……

以上的书信显示出在冲绳阮氏认祖与大陆阮氏互动后，大陆族人方面的下一步动作就是编谱。这对大陆族人来说是自然的连锁反应，编谱愿望的实现是对举办国际联谊会的期待，也就是跨国联宗的实现。

大陆阮氏对举办国际联谊会的期待，除了上述明确的两点之外，最期待的是冲绳阮氏能牵头带动整个事务的推进。

（三）大陆阮氏所面临的现实问题

最能代表福建省阮氏全体意见的应是"福建省阮氏宗亲联谊会"。该会已在2004年5月13日新会长上任后的第一次碰头会时定下了方案：(1)召开国际联谊会的首次会场定在福州区域举行，由新会长负责交涉，以空军后勤设施当会场。(2)资金的筹集，暂时设定为20万元人民币，由冲绳阮氏宗亲负责13万元，台湾阮氏宗亲负责5万元，剩下的由大陆阮氏宗亲筹备。(3)国际性的阮氏宗亲联谊会以"国际阮氏宗亲恳谈会"来命名，以避免缺少东南亚区域的局限性，以研讨会的形式，研究整修阮氏族谱为目的。

但事情的进展呈现出变化，最先是福州的阮武水最早提议在河南尉氏县开会，从而促使河南尉氏县阮氏力争开会地点，并做出大量的筹备工作。而后的南安阮氏也提议在南安市开会，并且是大型会议，也提高开会的费用。这些现象所显示的是，福建各地阮氏各自提出自己的方案，直接与冲绳阮氏联系,福建阮氏本身没有做好统合意见的工作,体现了大陆阮氏目前尚无一个真正能代表全省阮氏的组织。这是大陆阮氏面临的第一个现实问题。第二个现实问题,是由于我华会会长推辞担任大会的筹备委员会主任,现处于无人带头的状态。

二、冲绳阮氏的期待与现实

从笔者的访谈内容中,可以清楚地看出冲绳阮氏对开办国际阮氏宗亲联谊会有两个明显的目的。其一,至少在亚洲阮氏中能扮演一个重要的中枢角色。虽然冲绳阮氏不是为了做生意的需要,而来举办国际阮氏宗亲联谊会,但可以借助认识亚洲的阮氏后,对需要帮助的宗亲们通过介绍而达到目的,来充当一座有助于亚洲各地宗亲的桥梁,提供一个平台。其二,希望能借于举办国际联谊会的机会。去认识大陆各地宗亲的领导者,来更进一步了解大陆宗亲的情况,为他们实现寻根愿望做铺垫。在联谊会中所得的信息纵然是蛛丝马迹,也可使冲绳阮氏的寻根路途拉近一步。

但摆在冲绳阮氏面前的现实问题是:

1. 经济能力下滑。虽然冲绳阮氏认识到现在是举办国际联谊会的好时机,也认为联谊会是开得成的。但考虑到现在的经济能力有限,而且还有其他一些更重要的事,如修建祖庙。建祖庙是冲绳阮氏目前的重点事业。

2. 不愿带头推动。如会长所言:如果我开头说了话,我认为大陆宗亲就会有"先说出话的人负责大会开销",所以不愿意带头推动。并且从经济上考量,我华会理事会已决定在此次的交流活动中,不做带头人。

3. 语言上的困扰。会长曾向笔者表示过,在 2003 年到漳州寻找始祖阮国的故乡时,由于那次充当口译的是上海人,不懂闽南话,无法如愿,得不到满意的答复。因此如果举办筹备会进行讨论,语言障碍恐怕很严重。

三、台湾阮氏的期待与现实

以台湾彰化阮氏来说,他们对国际阮氏宗亲联谊会的期待只有一个:就是借联谊会的机会寻找开台祖的故乡。

笔者曾于 2004 年 10 月 1—4 日,参加台湾阮氏秋季祭祖,与住在宗祠附近的阮玉顿(参与祭祖仪式的主要人物之一)对话,从中可以看出他们对

联谊会的期待与面临的问题。("问"为笔者,"答"为阮玉顿)

问:你们曾到大陆去寻根吗?

答:有,在1993年。我们一团20多人参加"世德堂"落成庆典时,我们也利用时间,特意探访南安市英都乡南坪,南坪的小学阮校长带领着学生,拿着彩旗,在山路旁迎接我们的到来。我们被领到一间土角厝,厨房里坐着一位老太婆,在另一房间不知是仓库还是牛房,但打扫得很干净,在墙上贴一张写有阮姓历代祖先的红纸,我们接过香,就在那儿拜一下。当我们到阮校长的家休息时,问起我们的一世祖克环公坟墓所在的杨角山是在何处?阮校长也不知是在何处,纵使知道在那里,坟墓也被红卫兵搞没了,族谱也被烧了。找不到坟墓或族谱来对证,那次的寻根就没结果地结束了。但回到台湾后,忘不了在南坪所感受亲切的温情。

问:您对我华会到大陆寻根的看法如何?

答:如能找到祖先的真正故乡,那是最好不过。要不然,是个浪费。因为大陆那方的资料欠缺无比,就像我们去南安,找不到确实的证据来认亲。过去的虽无法得知,但也希望以后能有来往交流。

问:你们对召开国际阮氏联谊会的看法如何?

答:现在的政府对在大陆举行宗亲联谊的看法,虽不是公然的,但民进党政府在政策上是不禁止也不奖励的。我们所顾虑的是在办理"出国"手续上的麻烦促使族人的退缩。在阮英雄当县长时,有族人曾向他提过组织冲绳、台湾、大陆的宗亲会,但被阻止,也就打消这念头。族人参加国际阮氏联谊会与否,就得以开会的内容是否充足,及其所涉及的范围而斟酌。所谓的内容是指南安县二十七都英内上堂乡的着实资料,其涉及范围是要有二十七都的族亲参加,这样交流起来才会亲密。在交谈中可能得到一些线索,这样一心想要寻根的目的才可能达到。由于需要办理出境手续,只要大陆方面在事前三个月告知大会的日期、地点、参加人数及会费,将组团参加。但希望冲绳阮氏能当主办单位,这不止对政府比较好交代,也能召集更多的族人参加联谊会。

阮世可曾与我华会会长约好到大陆去开筹备会,也同时要求我华会发邀请函。阮世可曾向笔者解释,如果没有邀请函,在办理手续时办事员就会问东问西的,好像在刁难似的,就因为台湾与大陆之间政治上的紧张关系。

台湾阮氏在现实上面临着台湾与大陆之间政治上的紧张关系,因此更需要冲绳阮氏担起联谊会的主办单位,牵头带动召开国际阮氏宗亲联谊会。

从上述的对话里,我们很显然地知道,国际宗亲联谊会对彰化阮氏族人来说,须与他们的寻根有着密切的关联,只是去认识一下其他地区的宗亲就大可不必兴师动众。虽然这纯属于部分族人的看法,也明知寻根与参加国际阮氏联谊会不能并提,但也是族人内心的渴望。他们对参加国际阮氏联谊会的期望,就是希望能得到寻根的有效资料。与此同时,我们也注意到,由于大陆与台湾政治上的隔阂,导致了台湾阮氏表现出不积极的行为,这是台湾阮氏面临的现实问题。

四、国际阮氏宗亲联谊会的新动向

在笔者所收集的225封信件中,为了解释感情与隔阂以及期待与现实这两个问题,共剖析了217封信件。为了便于显示举办国际阮氏联谊会的新动向,特意将7封信件分隔开来,因除了一封信之外,其余6封信件是与冲绳阮氏一来一往的相互回应,与以前冲绳阮氏对各地阮氏所提出的方案不作任何答复有所不同。

2006年6月4日漳州阮维希的信中主要内容提示,已经向统战部与民政局汇报有关召开世界阮氏联谊会,并且得到回复意见,该会议名称以"阮氏文化交流会"命名,并且不必获得批准。与此同时,也提示了2005年在漳州召开同类会议的蔡姓、林姓世界联谊会的情况,蔡姓是会议四天,200多人参加,由一位大企业家一次性地提供大会经费30万元人民币,解决了会议代表的吃住与旅费。林姓是会议三天,150人参加,全部费用18万元,由一位大企业家捐资10万元人民币,提供了吃住,其他费用自理。并且,河南阮氏询问是否同意在河南召开联谊会。

这封信主要是暗示希望冲绳阮氏能提供大部分的会议资金,也为河南阮氏代问了是否同意在河南召开联谊会。因为冲绳阮氏对河南阮氏数次提议在河南召开联谊会之事,未曾回信过。为此,冲绳阮氏于2006年7月18日回了信,赞同会议名称为"阮氏文化交流会",并明确地告诉了提供的大会资金是1万元人民币,参加会议的旅费、住宿、旅游自理,但还是对在河南开会的事不作答复。

漳州方面接到7月18日冲绳阮氏所发出的信后,于8月27日的回信中,以台风灾情惨重为理由,不能在漳州召开联谊会,再问是否可以在河南召开联谊会？为此,冲绳阮氏也在9月6日的回信中,表示赞同在河南开会,并要求代为转告河南方面,同时再次表明参加的旅费、住宿、旅游自理。

2007年1月16日漳州的阮彬所发出的信中,竭力支持在漳州开联谊会,并提示已得到台北阮氏宗亲会会长的支持,台中、台南方面也反应热烈等。而且告知台北阮氏宗亲会会长及其广西的兄弟,以及几位大陆的宗亲是从漳州南靖县迁出的,因此支持在漳州开联谊会等,但冲绳阮氏尚未做出回应。这是笔者从信件中第二次见到大陆阮氏曾主动向台湾阮氏发出信件。

河南阮氏得到可以在河南召开联谊会后,在2007年2月9日的信中,提议成立组委会,旅居海外阮氏由冲绳阮氏我华会会长代表参加,国内的由漳州的阮维希、福州的阮宏为以及河南阮氏参加。也建议在2008年奥运时召开,并要求冲绳阮氏提供海外阮氏的联络地址。为此,在2007年2月16日冲绳阮氏的回信上,提供了海外阮氏的联络地址,并建议应有香港、台北、彰化、屏东的阮氏宗亲参加组委会,以求得台湾与香港阮氏的意见。也同时附上7月18日写给阮维希的信件,好让河南阮氏知道冲绳阮氏为大会的开销只捐一万元人民币之事。

虽然冲绳阮氏答应了在河南尉氏召开联谊会,但在真正进入召开组委会之前,举办国际阮氏联谊会的真正动向是不能肯定的。可是有一点,笔者认为冲绳阮氏答应在河南召开联谊会是出于百般的无奈,因为在笔者的访谈中,早已查知河南对冲绳阮氏来说是毫无意义的地方,而且冲绳阮氏认为河南对其他大陆阮氏来说是个交通不方便的地方。这又是一个与冲绳阮氏的心意相违的运作。

五、小　　结

两国三地阮氏显明地对联谊会各有其期待与现实问题。从上面的两国三地阮氏对国际阮氏宗亲联谊会的期待与现实问题的分析中,我们可以明显地看出,首先,有些大陆阮氏族人期待借助举办国际阮氏宗亲联谊会,以便着手编纂通谱的工作,以及达成跨境联宗。南安宗亲希望借着举办大型国际阮氏宗亲联谊会来提高阮氏在当地的地位,南安大宇宗亲希望能在联谊会上找到商机,南安政府更希望以大型联谊会来带动当地的经济发展。但大陆阮氏所面临的现实问题有二:其一,大陆福建阮氏本身没有做好统合意见的工作,大陆阮氏目前尚无一个真正能代表全省阮氏的组织。其二,由于我华会会长推辞担任大会的筹备委员会主任,现处于无人带头的状态。

其次,冲绳阮氏对举办国际阮氏宗亲联谊会的期待是:其一,至少在亚洲阮氏中能扮演一个重要的中枢角色。虽然冲绳阮氏不是为了做生意的需要,而来举办国际阮氏宗亲联谊会,但愿意成为海外各地阮氏之间的桥梁,对需要帮助的宗亲通过他们的介绍达成目的。其二,希望能借举办国际联谊会的机会,去认识大陆各地宗亲的领导者,进一步了解大陆宗亲的情况,以实现寻根的愿望。与此同时,冲绳阮氏所面临的现实问题有三:其一,经济能力的下滑。经济上大力支持开办联谊会之前,建设祖庙是冲绳阮氏的首要职责,也是目前的重点事业。其二,不带头推动。基于大陆方面认为"先说出话的人负责大会的开销"的考量,我华会理事会已决定在此次的交流活动中,不领先带头推行。其三,语言上的障碍。对已本土化冲绳阮氏,语言将给他们带来很多的不便。

然而,台湾阮氏对国际阮氏宗亲联谊会的期待只有一个:就是能借联谊会的机会来寻找开台祖的故乡。也由于大陆与台湾在政治上的隔阂,而促使台湾阮氏表现出不积极的行为,政治上的顾虑是台湾阮姓所面临的现实问题。但是最近冲绳阮氏对召开联谊会之事做出了回应,这是走向联谊会成功新的一步。

第四节 小　　结

冲绳阮氏在2003年提出"聚集阮氏于一堂"的想法之后已经四年了,但是时至今日,国际阮氏宗亲联谊会未能成功。两国三地阮氏对联谊会有他们各自的期待与面临现实的问题。

首先,我们可以明显地看出,基本上大陆阮氏族人都期待跨境联宗成功。南安宗亲希望能借着举办大型国际阮氏宗亲联谊会,来提高阮氏在当地的地位以及寻找商机。但大陆福建阮氏所面临的现实问题是目前尚无一个真正地能代表全省阮氏的组织,又由于我华会会长辞任大会筹备委员会主任,现处于无人带头的状态。

其次,虽然冲绳阮氏不是为了做生意的需要,而来举办国际阮氏宗亲联谊会,但乐意在亚洲阮氏中能扮演一个重要的中枢角色。并且希望借举办联谊会的机会,认识大陆各地宗亲的领导者,更进一步了解大陆宗亲的情况,以实现他们寻根的愿望。与此同时,冲绳阮氏认知到现在是应该举办国际联谊会的时机,也认为联谊会得以开成,但考虑到现在的经济能力,他们认为建祖庙是冲绳阮氏目前的重点事业。并且,我华会理事会已决定在此次的交流活动中,不领先带头推行。再者,语言上的障碍也是冲绳阮氏面临的现实问题。

然而,台湾阮氏对联谊会的期待只是借联谊会的机会来寻找开台祖的故乡。也由于大陆与台湾在政治上的隔阂,而促使台湾阮氏表现出不积极的行为,政治上的顾虑是台湾阮姓所面临的现实问题。

从召开联谊会的新动向中,显示了冲绳阮氏已经跨出了新的一步,但笔者也深知在河南召开联谊会不是冲绳阮氏的心意所向,在真正召开组委会之前,联谊会的趋向难于断定。虽然目前未能召开联谊会,但至少对冲绳阮氏与台湾阮氏而言,这跨境联宗不仅是同姓地缘的联盟,也是文化意义上的追求,它具有实现寻根愿望的有效渠道。

在静态联宗世系的特征上,大陆各地阮氏始终独立存在,互不隶属,资格平等。若以动态的观点来看,所呈现的现象是从召开联谊会的地点选定、开会内容、开会的开销预算、编纂联宗谱、组委会的组成等,这些跨境联宗运行中的种种事项,都要征求冲绳阮氏的同意,得到同意后才进行下一步骤。这种体现是否在某种意义上有着上下隶属关系?笔者同时也注意到,冲绳阮氏与大陆阮氏之间实际上虽无上下隶属关系,但大陆阮氏为了取得冲绳阮氏的资助,也认为有了冲绳阮氏的参与才能得到大陆当地政府的重视,因而大陆阮氏在其意识上,事实的运行操作中,事事都征求了冲绳阮氏的同意而后行事。

第七章

结　论

　　冲绳阮氏自1987年踏上前往中国大陆的寻根之旅以来,与大陆、台湾阮氏的互动交流已经延续了二十年。如前所述,基于各地阮氏之间的亲情,冲绳阮氏提出了举办国际阮氏联谊会的愿望,并得到大陆阮氏的积极响应。但是从倡议提出至今,三年多过去了,事情却未能如愿进展,而且障碍重重。一般而言,以血缘亲情为跨境联宗的基本纽带,似乎顺理成章,但为什么在阮氏的个案上,却时常出现事与愿违的情况呢? 笔者拟对此进行专门分析,作为本研究的总结。

　　笔者认为最重要的因素之一,在于对冲绳阮氏必须有一个准确全面的基本认识。与世界许多地区的华侨华人不同,冲绳阮氏是一个早已高度本土化的华裔群体。当冲绳阮氏始祖入籍琉球(1607年)定居于久米村时,久米村已经处于"祭政合一"国家体制下,以神女祭祀组织为国家社稷祈福,这是在尚真王(1477—1526)时代就已完成的、以琉球固有女神信仰形成的神女祭祀组织,同时又与以儒家教义为治国之本的指导性原则相结合。

　　进入19世纪末叶,随着琉球从一个独立国家逐渐转变为日本国冲绳县(1879年),冲绳华裔的族群认同也相应地从认同于琉球人逐渐转为认同于日本人,并一步步地、或多或少地受到日本化的影响,但并非全盘日本化。从前文关于祖先崇拜的剖析中可以看出,在今日冲绳阮氏祖先崇拜的实践中,包含着琉球王国时代的祭祀体系,而且结合中华文化,形成了自上(国王)而下(平民)的祖先祭祀形态。这祖先祭祀形态结合固有的祖灵信仰,形成了今日祖先崇拜的特殊模式。因此,冲绳阮氏依然生活在包含着琉球固有信仰因素的琉球文化圈。这特殊模式的祖先崇拜有着视祖先为神的观念。冲绳阮氏强化了视祖先为神的祖先崇拜理念,体现出对祖先的敬重与执着。更值得注意的是,每年清明时,冲绳阮氏都要在祭祖时朝向大陆敬拜大陆远祖。正是这种对大陆远祖的敬重与执着，促使冲绳阮氏一而再，再而三地重返大陆继续他们的寻根之旅。

对大陆阮氏与台湾阮氏之间的祖先崇拜实践的比较显示，他们双方在祭文、祭祀仪式、祭品设置，以及神明崇拜实践中的共同祭祀性质上与民间信仰习俗传统上，都显示了基本相似的文化特征，明显地呈现出大陆与台湾阮氏同是生活在一脉相承的中华文化圈。从两国三地阮氏的血缘认同上，以及大陆阮氏与台湾阮氏同属中华文化圈的文化相似性上来看，阮氏的跨国联宗应该得以顺利进行，但时至今日未能实现。由此可知，虽然血缘认同是跨境联宗的基本因素，但血缘认同与文化的相似性并未能够直接实现阮氏的跨国联宗。

随着中国的改革开放，一度激起了久米村华裔各姓氏"寻根"的热潮。冲绳阮氏顺应着"寻根"的热潮找到了祖籍地。但是已近四百年与大陆没有任何联系的冲绳阮氏，在想象的祖先追寻中，却意外发现其所要面对的是如何与陌生的异文化进行交流。冲绳阮氏的寻根带给了大陆阮氏无比的惊喜与振奋。由于冲绳阮氏持有执着的血缘认同观，在祖籍地修建了祖庙"世德堂"，这不只令大陆阮氏极为欣慰，更促使大陆阮氏认定冲绳阮氏为富裕的海外宗亲，理应在经济上为宗族复兴与发展做出更多贡献，故而表现出对日本族亲极高的经济期待。这种观念促使冲绳阮氏与大陆阮氏之间的互动交流呈现出中方期待高、日方却一再回避、推诿的不对等状况，进而导致跨境联宗停滞不前。

再看另一边的交流方式，冲绳阮氏与台湾阮氏虽生活在不同的文化圈，但他们之间的互动交流，却呈现出另一种的亲密感。亲密感的体现有两方面，一方面是拥有共同的语言与默契。由于台湾曾是日本的殖民地，当时日本政府实施的"皇民化"教育使得目前台湾老一辈阮氏领导人都曾经受过日本教育，能说流利的日语，能写顺畅的日文书信，这就在客观上有益于冲绳与中国台湾阮氏之间的沟通。而且，日本教育还使台湾阮氏领导人与冲绳阮氏在思维形态上比较接近，行为模式也比较相似。因此，他们双方的互动就显得比较默契，情感上也就较为融洽。

再如大陆阮氏与台湾阮氏之间的交流，笔者在对相关信件的梳理分析中，只有两封信显示出大陆阮氏曾经直接与台湾阮氏有书信联系，而唯一的台湾阮氏与大陆阮氏接触现象，是1993年"世德堂"落成庆典时，有部分台湾阮氏借机进行了他们的寻根活动，其后未见进一步交流。由此可见，两国三地阮氏之间的互动交流,以冲绳阮氏与大陆阮氏之间的交流互动为主流,而冲绳阮氏与台湾阮氏之间的交流为附属,而大陆阮氏与台湾阮氏之间交流则是少之又少。

改革开放以来,大陆与台湾之间,在民间层次上呈现出经济上与文化上的交流。在这几年来的经济与文化交流的热潮中,一部分台湾阮氏也到大陆推销农产品,但并未出现积极与祖籍地大陆宗亲进行交流。这些现象表明政治因素是大陆阮氏与台湾阮氏之间的交流障碍,也是台湾阮氏未能对跨境联宗表现出积极的态度。这政治因素也是促使跨境联宗停滞的原因之一。

从以上的论述得知,血缘与文化因素在阮氏进行跨国联宗进程中,并未发挥决定性的作用。但从冲绳阮氏与大陆阮氏的互动交流中,大陆阮氏对于冲绳阮氏过高的经济期待,以及冲绳阮氏对大陆宗亲若干行为举止的不信任,不理解,都导致冲绳阮氏在跨境联宗上放慢了脚步。尤其是经济上不平等的心态,更使得冲绳阮氏不愿轻易为跨境联宗跨出重要的第一步。与此同时,由于台湾阮氏还顾忌于台湾当局的政策,因而时至今日,与大陆阮氏之间的交往还是抱着消极的态度。这促使台湾阮氏不能积极地为跨境联宗的成功而尽到协助筹办有关事宜。总而言之,目前导致阮氏跨境联宗进程的停滞,是经济因素与政治因素相互作用所导致的直接结果。

2007年2月16日,笔者获得了关于跨境联宗的最新动态:冲绳阮氏对石码阮氏发出信件,诚恳表明冲绳阮氏还将继续寻找始祖阮国的故乡。虽然是一封简单的信件,但笔者认为这封信的意向十分重要,其表明冲绳阮氏仍然希望尽可能与大陆阮氏继续保持交流。有鉴于此,笔者认为在冲绳、大陆、台湾阮氏之间形成的三边互动方式中,冲绳阮氏与大陆阮氏之间的隔阂,将有可能随着大陆经济的发展与提高,以及伴随着双方沟通往来频繁而深化双方的相互了解,并通过双方共同努力,促使因历史上长期隔阂形成的鸿沟逐渐缩小乃至弥合。在三边的交流中,台湾阮氏虽处于相对边缘的地位,但是如能由冲绳阮氏发出邀请函并参与筹备的话,台湾阮氏也可能在促进交流与理解中发挥重要作用。因为台湾阮氏不但与大陆阮氏有着同样的语言与文化,又能与冲绳阮氏进行顺利沟通,两国三方阮氏如果能够充分发挥各自的长处,增进了解,形成有效的互动与交流,那将预示着跨境联宗跃上一个令人瞩目的新起点。

参考文献

[1] 庄国土.华侨华人与中国的关系[M].广州:广东高等教育出版社,2001.

[2] 东恩纳宽惇.东恩纳宽惇全集[M].东京:第一书房,1979.

[3] 高桥俊和.冲绳·福建交流颠末记[M].那霸:ひるぎ社,1991.

[4] 冈田谦.台湾北部村落に於ける祭祀圈[A].民族学研究 4(1)[C].东京:三省堂,1933.

[5] 刘枝万.台湾之瘟神庙[A]."中央研究院"民族学研究所集刊(22)[C].台北:"中央研究院"民族学研究所,1966.

[6] 王世庆.民间信仰在不同祖籍移民的乡村之历史[J].台湾文献,1972,23(3):1-32.

[7]许嘉明.祭祀圈至于居台汉人社会的独特性[J].中华文化复兴月刊,1978,11(6):59-68.

[8] 林美容.由祭祀圈来看草屯镇的地方组织[A]."中央研究院"民族学研究所集刊(62)[C].台北:"中央研究院"民族学研究所,1987.

[9] 施振民.祭祀圈与社会组织——彰化平原聚落发展模式的探讨(1)[A]."中央研究院"民族学研究所集刊(36)[C].台北:"中央研究院"民族学研究所,1973.

[10]庄英章.林圯埔——一个台湾市镇的社会经济发展史[M].台北:"中央研究院"民族学研究所,1997.

[11]温振华.清代一个台湾乡村宗教组织的演变[J].史联杂志,1980,1(1):91-107.

[12]石田浩.中国同族村落の社会経済構造研究——福建伝統農村と同族ネットワーク—[M].大阪:関西大学出版部,1996.

[13]末成道男.台湾汉族の信仰圈域[A].竹村卓二编.国立民族学博物馆研究报告别册(14)[C].吹田市:国立民族学博物馆 1991.

[14]植野弘子.台湾南部の王醮と村落——台南県―祭祀圏の村落間関系[A].文化人類学 5[C].东京:アカデミア出版社,1988.

[15]濑川昌久.香港新界の漢人村落と神祇祭祀[A].民族学研究 52(3)[C].东京:日本民族学会,1987.

[16]三尾裕子.从地方性庙宇到全台庙宇:马鸣山镇安宫的发展及其祀圈[A].林美容编.信仰、议事与社会[C].台北:"中央研究院"民族学研究所,2003.

[17]钱杭.忠义传说、祭祀圈与祭祀组织——浙江省平阳县腾蛟镇薛氏忠训庙的历史与现实[J].史林,2002,(1):35-42.

[18]张友庭.寮村的"张公信仰"及其祭祀圈的扩大:当前中国东南宗族重建过程中村落文化整合的个案研究[J].社会,2006,(26):85-107.

[19]林美容.乡土史与村庄史:人类学者看地方[M].台北:台原出版社,2000.

[20]潘宏立.现代东南中国の汉人社会——闽南农村の宗族组织とその变容[M].东京:风响社,2002.

[21]施振民.鹿港的氏族庙[A].洪玉华编.华人移民:施振民教授纪念文集[C].菲律宾华裔青年联合会、拉刹大学中国研究社,1992.

[22]木内裕子.庙宇活动与地方社区:以屏东县琉球乡渔民社会为例[J].思与言,1987,25(3):257-272.

[23]三尾裕子.台湾汉人の宗教祭祀と地域社会[A].竹村卓二编.国立民族学博物馆研究报告别册 14 号[C].吹田:国立民族学博物馆,1991.

[24]庄英章、李翘宏.房头神与宗族分支:以惠东与鹿港为例[A]."中央研究院"民族学研究所集刊(88)[C].台北:"中央研究院"民族学研究所,1999.

[25]李亦园.祭品与信仰[A].信仰与文化[M].台北:巨流出版社,1978.

[26]朱峰.牲礼[J].台湾风物,1967,17(4):15-17.

[27]林音.祭神酒筵中的菜单谈祭——祀供品及其忌讳[J].民俗与信仰,1986,(102):52-57.

[28]陈壬癸.谈台湾民俗——烧金银纸[J].台湾文献,1981,(32):158-162.

[29]姚衍生.杂说二——酒、金银纸与围钱[J].兰阳,1986,(47):

38-39.

[30] 李明欢.当代海外社团研究[M].厦门:厦门大学出版社,1995.

[31] 刘宏.东南亚华人社团与跨国社会/商业网络:兼论客属与非客属之异同[A].中国—东南亚学:理论建构·互动模式·个案分析[M].北京:中国社会科学出版社,2000.

[32] 刘宏.旧观念、新网络:海外华人社团的全球化及其意义[A].中国—东南亚学:理论建构·互动模式·个案分析[M].北京:中国社会科学出版社,2000.

[33] 曾玲.认同形态与跨国网络:当代海外宗乡社团的全球化初探[J].世界民族,2002,(6):45-55.

[34] 钱杭.血缘与地缘之间——中国历史上的联宗与联宗组织[M].上海:上海社会科学院出版社,2001.

[35] 潘宏立.闽南地区宗亲会的复兴及其跨国网络——以"福建省济阳柯蔡委员会"为例[A].陈志明、张小军、张展鸿编.传统与变迁——华南的认同和文化[C].北京:文津出版社,2000.

[36] 潘宏立.福建省南部農村の同姓結合と華僑:蔡姓の宗族および宗親団体を中心に[A].吉原和男·鈴木正崇編.現代東南中国の漢人社会——閩南農村の宗族組織とその変容[C].東京:風響社,2002.

[37] 瀬川昌久.跨海的宗族网络[J].史林,2004,(1):73-80.

[38] 台湾地区阮姓宗祠第100次祭祖纪念特刊[Z].台湾地区阮姓宗亲会.

[39] 王铭铭.村落视野中的文化与权力:闽台三村五论[M].北京:三联书店,1997.

[40] 陈向明.质的研究方法与社会科学研究[M].北京:教育科学出版社,2000.

[41] 阮文火、阮昌贵撰.中华阮姓通谱[Z].福建省阮氏联谊会.

[42] 阮传琛.晋江茂趣竹林紫溪阮氏家族谱[Z].

[43] 阮传琛.晋江新铺竹林紫溪阮氏家族谱[Z].

[44] 泉州西门修谱小组.泉州西门竹林紫溪阮氏族谱[Z].泉州西门阮姓联谊会.

[45] 泉州文史资料 第八辑[Z].泉州:福建省泉州市鲤城区地方志编纂委员会,政协泉州市鲤城区委员会文史资料委员会,1991.

[46] 阮位东.漳州阮氏族谱研究参考资料之二[Z].福建省漳州市政协文史委,1990.

[47] 王作民编.漳州阮氏族谱研究参考资料[Z].福建省漳州市旅游局,1987.

[48] 阮位东.漳州阮氏族谱研究参考资料之四[Z].1993.

[49] 阮宝国.福建省龙海市海澄镇豆巷村埭内社阮氏家谱[Z].1999.

[50] 比嘉春潮.比嘉春潮全集.第一卷历史篇Ⅰ[M].那霸:沖縄タイムス社,1971.

[51] 谢必震.中国与琉球[M].厦门:厦门大学出版社,1996.

[52] 田名真之.古琉球の久米村[A].琉球新报社编.新琉球史:古琉球编[C].那霸:琉球新报社,1998.

[53] 東恩納寬惇.黎明期の海外交通史[M].琉球新报社,1969.

[54] 富岛壮英.明末における久米村の衰退と振興策について[A].第一届中流历史关系国际学术会议论文集[C].台北:联合报文化基金会国学文献馆,1987.

[55] 多和田真助.門中風土記[M].那霸:沖縄タイムス社,1986.

[56] 東恩納寬惇.东恩纳宽惇全集2[M].东京:第一书房,1978.

[57] 阮氏纪念志编辑委员会.久米阮氏纪念志[Z].那霸:阮氏我华会,1998.

[58] 胡沧泽.琉球官制论[A].第五届中琉历史关系学术会议论文集[C].福州:福建教育出版社,1996.

[59] 比嘉政夫.沖縄の「門中」についてーウェーカとの対比ー[J].沖縄,2004,(27):12-14.

[60] 刘蕙孙.中国·琉球往来史の探究[A].浦添市·泉州市友好都市締結記念学術·文化討論会報告書.琉球—中国交流史をさぐる[R].冲绳:浦添市教育委员会,1988.

[61] 小川徹.沖縄民俗社会における「門中」[A].日本民俗学(74)[C].东京:日本民俗学会,1971.

[62] 新村出.广辞苑 第五版[Z].东京:岩波书店,2002.

[63] 田名真之.身分制:—士と農[A].新琉球史:近世篇[C].那霸:琉球新报社,1990.

[64] 田名真之.琉球家谱の成立とその意義[A].冲绳史料编集所纪要

(4)[C].那霸:沖縄県沖縄史料編集所,1997.

[65] 渡口真清.門中の成立[A].馬渕東一,小川徹編.沖縄文化論叢.第三卷民俗篇Ⅱ[C].东京:平凡社,1971.

[66] 宮下克也.法人化する門中——ポストモダン社会における親族組織の戦略[J].アジア遊学,2003,(53):121-129.

[67] 漳化县阮姓宗亲会成立纪念特刊[Z].彰化县阮姓宗亲会,1981.

[68] 台湾地区阮姓宗祠 第100次祭祖纪念特刊[Z].彰化县阮姓宗亲会,1986.

[69] 黄开基.和美镇志[Z].和美镇志编纂委员会,1990.

[70] 阮氏宗谱编辑委员会.阮氏宗谱[Z]台湾阮姓宗亲会,1977.

[71] 高良倉吉.久米村[J].しにか,1999,(114):32-33.

[72] 都筑晶子.琉球における道教的信仰——久米村の天妃信仰を事例として[J].アジア遊学(16).东京:勉诚出版,2000.

[73] George H Herr 著、野崎はか訳.琉球の歴史[M].沖縄:琉球列岛米国民政府,1956.

[74] 糸洲理子.戦後の沖縄県における保育に関する一考察——1945年から本土復帰(1972年)までの保育行政との関連において— http://www.seiwa-u.ac.jp/contents/guide/gs/contents/ronbun/pdf/itosu.pdf.

[75] 水流久彦.台湾漢人の同姓結合にみる柔軟性[A].拡大する中国世界と文化創造——アジア太平洋の底流[C].东京:弘文堂,2002.

[76] 东喜望.中国・琉球の国交と冊封使来琉の陸・海路[A].中国福建省・琉球列岛交涉史研究调查委员会编.中国福建省・琉球列岛交涉史の研究[R].东京:第一书房,1995.

[77] 田仲一成.中国の宗族と演劇[M].东京:东京大学东洋文化研究所,1985.

[78] 安達義弘.沖縄の祖先崇拝と自己アイデンティティ[M].福冈:九州出版社,2001.

[79] 仲原善忠.仲原善忠全集.第三卷[M].那霸:沖縄タイムス社,1978.

[80] 藤井正雄.先祖供養[A].窪徳忠.沖縄の外来宗教——その受容と変容[C].东京:弘文社,1983.

[81] 池宮正治.程順則——儒者の実践者[A].池宮正治ほか編.久米

村:歷史と人物[C].那霸:ひるぎ社,1993.

[82] 上江洲敏夫.久米村家礼と沖縄民俗[A].池宮正治ほか編.久米村:歷史と人物[C].那霸:ひるぎ社,1993.

[83] 真栄平房昭.対外関係における華僑と国家——琉球閩人三十六姓をめぐって[A].荒野泰典ほか編.海上の道[M]东京:東京大学出版社,1992.

[84] 伊波普猷.伊波普猷全集.第二卷[M].东京:平凡社,1974.

[85] 酒井卯作.琉球列島における死霊祭祀の構造[M].东京:第一书房,1987.

[86] 涌上元雄,大城秀子.沖縄の聖地——拝所と御願[M].宜野湾:むぎ社,2000.

[87] 涌上元雄.沖縄民俗文化論[M].宜野湾:榕树书林,2000.

[88] 東御廻い神々と琉球王朝のロマンを訪ねて[Z].那霸:玉城村役場経済課、知念村役場企画財政課、佐敷町役場企画財政課,1997.

[89] 比嘉政夫.《沖縄の「門中」について(2)》[J].沖縄,2005,(28):16-18.

[90] 平敷令治.沖縄の祖先祭祀[M].东京:第一书房,1995.

[91] 大田昌秀.醜い日本人[M].东京:サイマル出版社,1969.

[92] コザ暴動,www.geocities.co.jp/HeartLand-Kaede/4722/l/koza.html.

[93] 那霸市企画部文化振興课.四本堂家礼.那霸市史1(10)[Z].那霸:那霸市役所,1989.

[94] 池宮正治(翻自、解題).嘉徳堂規模帳[M].东京:法政大学沖縄文化研究所,1986.

[95] 具志堅以德.久米至圣庙沿革概要[Z].那霸:久米崇圣会,2001.

[96] 具志堅以德.久米村の民俗[Z].那霸:久米崇圣会,1989.

[97] 窪德忠.沖縄文化に及ぼした中国文化の(Ⅱ)[A].史海(6)[C]沖縄:绿林堂书店,1988.

[98] 真栄平房昭.海外情報久米村[A].池宮正治ほか編.久米村:歷史と人物[C].那霸:ひるぎ社,1993.

[99] 赤嶺守.琉球王国[M].东京:讲谈社,2004.

后　　记

　　本书是探讨两国三地阮氏之间"期待与现实"的碰撞问题,而在调研过程中,让我体会最深的是"想象与现实"的结合。想象中的闽南形象,通过实际田野调查,让我重温了三十多年前在台湾的记忆,确实地再次体验了曾经生活过的一脉相承的中华文化圈。这贵重经验的获得,是多人的支持与关照所赐予。

　　首先得感谢前泉州海交馆馆长王连茂先生,从寄来入学申请表,入学后由李明欢教授担任我的指导教师直至今日,多方面的协助与照顾,让我就读厦门大学的梦想得以实现,并且在学术上能拥有一位孜孜不倦地教导我的老师。

　　感谢李明欢教授在我经不住想家,正想放弃学习时对我的劝导,以及教导我如何有效应用田野得来的资料,并在撰写论文时,一次次地开导我如何提高论点,付出了她特别的关怀与照料。李明欢教授授课的着实性与内容的丰富性,学生获益至多,雅传于学生之间甚久。除此之外,我更欣赏也感谢她在个别指导时,以先褒奖,问出学生的想法,而后指导,最后加以鼓励的方式,不但显示了老师对学生的责任感与关照,更让我能够坚持继续完成学位论文的写作。

　　在写作的过程中,感谢俞云平老师的帮助,指导我在修改论文过程中,如何克服书写中文的技术性问题。更感谢她在我每当意志消沉时,邀请我到家里用餐,也聆听了我的倾诉,为我生活在厦门期间持续地充电,使我能顺利完成学位论文的写作。

　　感谢郭志超老师与曾玲老师对我初始论文的构想,给予坦诚且直率的意见。并且在路上碰到郭志超老师时,老师停下脚步对我的论文提出了宝贵意见,给了我温馨的感触。

　　最后,感谢我的丈夫山川宗男,在日本近乎不可能出现的"让一个家庭主妇离家出国就学"风气中,给了我这个就读厦大的机会,顶替了我作为奶奶的职责,也感谢大儿子及儿媳在经济上的支持,同时也感谢其他三个儿女给予的鼓励。

与此同时,更感谢中国大陆、台湾的阮氏以及日本冲绳阮氏的支持与配合,还有"金武町ふるさと创生委员会"的留学资助,在此一并致谢。

山川静香

2007年5月完稿